그리스도인이 보는 세계종교

신현광

민영사

머리말

하나님께서 사람에게 영원을 사모하는 마음을 주셨기 때문에 신지식은 인간의 마음속에 깊숙이 자리 잡고 있다. 지상의 어느 곳에서나 인간의 종교성을 보여주는 의식들이 발견된다는 선교사들과 인류학자들의 보고 역시 인간은 종교적인 존재임을 증명한다. 그렇지만 종교를 비교 연구하는 사람들에게 그 많은 종교들을 어떠한 기준으로 받아들이고 해석할 것인가 하는 문제는 간단하지 않다.

종교를 올바르게 이해하기 위해서는 종교의 현상과 의식들을 객관적으로 관찰하며 그 배경문화를 파악하는 것이 필요하다. 더 나아가 종교학을 비롯하여 종교와 관련된 여러 학문분야들에 대한 지식도 쌓아야 한다. 그러나 무엇보다도 중요한 것은 인간의 정체성, 즉 인간은 하나님께서 자신을 찬양하도록 지으신 피조물이란 사실을 깨닫고 하나님의 말씀에 기초하여 종교를 인식하는 자세를 견지하는 일이다. 이를 알지 못하는 많은 사람들은 존재하지 않는 허황된 신들을 섬기며, 가공의 신들로부터 인생사의 복과 위로를 받고자 몸부림치는 안타까운 현실에 처해 있다. 그리스도인의 임무는 수많은 종교 가운데 참 종교를 전파하고 거짓 종교를 배격하는 일이다.

오늘날 종교의 현상 가운데는 혼합주의와 신비주의, 그리고 다원주의의 모습들이 현저하게 나타난다. 종교들은 서로에게 영향을 주고받기 때문에 일반종교에서는 혼합주의가 자연스러운 현상일 수 있다. 그러나 거짓이 모여서 참을 이룰 수 없듯이 그것들의 실상은 헛된 사조와 철학들의 인위적인 통합일 뿐이다. 종교사를 살펴볼 때 자아를 깊이 통찰해 봄으로써, 혹은 신과의 합일을 추구함으로써 하나님을 발견해보려는 신비주의적인 시도가 종종 있었다. 그렇지만 인간 안에 있는 하나님의 형상은 죄로 인해 크게 훼손되어 인간 스스로 선과 악을 분별할 수 없기 때문에 그런 노력은 헛된 것이다. 또한 종교다원주의는 모든 종교를 동일 선상에 놓고 궁극적 선, 곧 궁극적 구원에 이르는 다양한 길로 이해하려고 하며, 그러한 포용성을 마치 넓은 아량을 가진 지혜자의 태도인 것으로 착각하고 있다. 그러나 기독교의 관점에서 볼 때 종교다원주의는 진리를 희석시키는 사상으로 결코 용납할 수 없는 거짓된 가르침이다.

종교에는 참 종교와 거짓 종교가 있다. 말씀에 근거하여 성령의 인도하심을 받지 못한다면 우리는 유일하신 하나님을 왜곡할 수밖에 없으며 종교에 대해서도 잘못된 관념을 갖게 될 것이다. 세상의 종교들이 일반적으로 가지고 있는 다소의 세속적인 선을 인정한다고 하여도, 하나님을 알지 못하는 상태에서 주장하는 거짓된 진리로 인하여 많은 사람들을 참 진리의 길에서 점점 더 멀어지게 하고 있음을 간과하지 말아야 한다. 종교를 연구하는 모든 이들이 예수 그리스도를 통한 구원의 길, 생명의 길을 명확히 제시하는 기독교의 진리를 따르기를 바라마지 않는다. 필자는 이 책이 다소나마 그 일에 보탬이 되기를 소망한다.

출판을 맡아주신 민영사 김정식 사장님과 편집과 교정에 수고해 주신 신설희 선생님께 감사드리며, 이 글을 읽는 모든 분들에게 하나님의 은혜가 함께 하기를 기도드린다.

2011년 1월

수리산 기슭에서 신 현 광

차 례

제 1 부
서론

제 1 장
종교의 본질과 기원

1. 종교의 본질

1) 종교의 어의(語義)

종교(宗敎)라는 말은 '으뜸이 되는 가르침'이란 뜻으로 과학과 철학의 이상(理想)이며, 인간 삶의 근본 법도를 다루는 본래적인 가르침이다. 종교성은 인간의 본질 속에 뿌리박고 있기 때문에 종교는 모든 인간에게 최우선적인 문제로 대두된다.

서양에서는 라틴어의 '렐리기오(religio)'라고 하는 용어에서 종교를 뜻하는 religion이 나왔는데, 이 '렐리기오'에 대해서는 두 가지의 해석이 있다. 로마의 철학자 키케로(Cicero, 106–43 BC)는 종교(religio)를 '재독(再讀)하고, 참된 것을 성실하게 숙고한다'는 의미를 가진 'relegere'에서 왔다고 하며,[1] 락탄티우스(Lactantius, 250–325)는 '다시 결합한다'는 의미인 'religare'에서 왔다고 해석하여 인간을 하나님과 결합하게 하는 것으로 이해하였다.[2] 키케로는 사람이 자신보다 존엄한 존재에 대하여 조

---

1) *Institutes*, I.12.1. cf. John Calvin, *Institutes of the Christian Religion* (Massachusetts : Hendrickson Publishers, 2008).

2) Herman Bavinck, *Gereformeerde Dogmatiek*, Deel 1 en 2 (Kampen :

심스러운 태도로 경의를 표하는 것을 종교라고 본 것이며, 락탄티우스는 인생이 범죄로 말미암아 생명의 근원이 되는 하나님에게서 떨어져 나와 죽게 되었는데 중보가 되는 그리스도로 말미암아 다시 결합하는 것을 종교라고 본 것이다. 참 종교는 우리를 유일하신 하나님께 결속시킨다.[3]

라틴어에서 '렐리기오'라는 말은 지금의 '종교'라고 하는 말보다 더 넓은 의미를 가진 말로 사용되었다. 신과의 교제와 의무수행 뿐 아니라 그 일을 위한 여러 가지 준비까지 포함하는 말이었다. 숭배의 대상을 결정하고 제사를 드리며 예배하는 일, 정신적으로 자기를 반성하고 신에게 기도하는 일, 그리고 개인적 혹은 단체적으로 그 일에 종사하는 것을 모두 '렐리기오'로 본 것이다.

2) 종교의 정의(定義)

종교는 개인적인 것이면서 동시에 사회적인, 즉 부족적이거나 국가적인 경우가 많다. 그러나 현대사회의 종교적 특징은 종교생활의 개인주의화로 볼 수 있다. 종교생활은 대체로 개인의 내외적 생활로, 집단적 의식이나 학문적 연구로 수행된다. 그리하여 현대의 종교학에서는 규범과학으로서 종교철학 뿐 아니라 기술과학으로서 종교사, 종교현상학, 종교심리학, 종교사회학, 비교종교학 등이 다루어진다.

'종교란 무엇인가?'라는 질문은 상식적인 종교의 개념 이상

Uitgeverij Kok, 1998), 207-208.

3) *Institutes*, I.12.1.

의 더 깊은 본질적인 의미를 묻는 것이다. 종교에 관한 정의는 여러 가지 측면에서 이루어진다. 긍정적인 견해가 있는가 하면 부정적인 견해가 있기도 하고, 내적인 면에 치중하는가 하면 외적인 면에 치중하기도 한다. 학술적 이론에 대해 경험적인 현상을 강조하기도 하며, 신 중심적 종교에 대해 인간 중심적 종교를 내세우기도 한다. 본래 종교적 주장들은 대개 각자의 절대성을 주장하기 때문에 보편적 정의를 내리기가 어렵다. 저명한 현대 종교심리학자인 류바(James Leuba, 1868-1946) 교수는 *God or Man* 에서 다섯 가지의 종교의 정의들 - 첫째, 신비하고 거룩한 것에 의해 야기된 감정이나 태도. 둘째, 삶의 의미에 대하여 탐구하며 무엇이 가장 가치 있는 것인가를 확정하려는 추구. 셋째, 삶에 힘을 갖게 하는 초인적인 존재에 대한 믿음. 넷째, 인류의 복지에 대한 헌신. 다섯째, 영적 세계의 실재를 내포하는 경험 - 을 제시하였다.[4] 그는 종교에 대한 모든 정의가 이 다섯 가지 부류에 다 종속될 수 있다고 생각했다.

일반적으로 지적(知的) 입장에서는 종교의 본질을 이성으로 설명하고, 정적(情的) 입장에서는 종교적 본능 또는 직관성을 토대로 하여 의존, 숭배, 경외 등 감정적 경험을 서술하여 종교를 설명하며, 의지적(意志的) 입장에서는 자유의지에 의한 실천적 윤리행위로서의 종교를 설명한다. 그리고 인격적(人格的) 입장에서는 지(知), 정(情), 의(意)가 각각의 편파성을 벗어나 신

---

4) Cornelius Van Til, *In Defense of the Faith vol. iv : Psychology of Religion* (Phillipsberg : Presbyterian & Reformed Publishing Co., 1971), 90-91.

앙의 대상과 종합적으로 관계하는 것을 종교로 본다.

(1) 이지적 측면의 정의

① **뮐러**(Max Müller, 1823–1900): 종교는 무한한 존재를 지각하는 것이다. 이 무한한 지각은 직접적으로 인간의 덕성을 감화시킬 만한 것이다. 그러므로 종교는 인간의 품성을 바로잡아 줄 수 있는 표현으로서 무한을 지각하는 곳에 나타난다.

② **라이프니츠**(Gottfried Leibniz, 1646–1716): 종교에 있어 신에 대한 지식은 신에 대한 신앙에서 뗄 수 없는 것이요, 신에 대한 지식과 신에 대한 신앙은 신에 대한 사랑에서 뗄 수 없다.

③ **래드**(George Ladd, 1911–1982): 종교를 역사적 또는 심리적 사실로 본다면 그것은 형이상학적이다. 종교는 실재에 관한 이지적인 원리를 찾는 것으로, 눈에 보이지 않는 세계, 곧 실재의 세계와 인간의 경험을 결합시켜서 세계와 인간의 모든 사실을 설명하려 하는 것이다.

(2) 감정적 측면의 정의

① **슐라이어마허**(Friedrich Schleiermacher, 1768–1834): 종교는 절대자에게 귀의하는 감정과 직관이다. 종교는 인간이 자기의 운명을 포함한 것이라고 느끼는 우주적 감정이며, 종교적 정서의 본질은 절대적으로 신뢰하고 귀의하는 감정에 속한다.

② **틸레**(Cornelius Tiele, 1830–1902): 종교란 무엇이든지 자기 이외의 것 가운데 자기보다 우월한 존재에 대하여 존경하며 자기는 그 힘의 지배 밑에 있는 줄로 믿고 그 존재를 접촉하며 갈망하는 데서 성립된다. 그러므로 종교의 현상을 정밀하게 분석하면 감사, 감격에 넘치는 심경에 도달한다.

③ **타일러**(Edward Tylor, 1832–1917): 종교는 영적 존재에 대한 숭경(崇敬)과 신뢰에서 성립한다.

(3) 의지적 측면의 정의

① **칸트**(Immanuel Kant, 1724–1804): 종교는 도덕과 같이 실천이성, 곧 의지에 기초를 두고 있다. 종교는 모든 도덕적 의무를 신의 의지요 신의 명령이라고 받드는 것이다.

② **피히테**(Johann Fichte, 1762–1814): 종교란 도덕적 질서를 내용으로 하는 신앙을 일컫는 말이며, 종교는 인간 의식에서 일어나지만 그 근본은 신에게서 온 것이다.

③ **제임스**(William James, 1842–1910): 종교란 이 세계에는 눈에 보이지 않는 신령한 질서가 있다고 하는 신앙과, 인간행위의 최선은 자기를 그 질서에 조화시키는 것이라는 신념에서 완성된다. 이 신앙과 신념이 곧 인간의 종교적 태도이다.

(4) 인격적 측면의 정의

① **칼빈**(John Calvin, 1509–1564): 종교는 인간이 신성한 마음으로 신을 신뢰하고 경외하는 데서 출발한다. 이것은 신에게 경배하고자 하는 심정만 가리키는 것이 아니요, 공인된 정당한 예배까지 포함하는 것이다.

② **벌콥**(Louis Berkhof, 1874–1957): 종교는 인간과 신 사이에 맺어진 진실하고 생명력 있는 의식적 관계를 가리키는 것으로, 그것은 신이 스스로 인간에게 계시함으로 결정된 언약이요, 또 그 표식은 예배와 교제와 봉사이다. 그 요건은 신의 존재하심과 신이 자기를 인간에게 계시하심과 또 인간이 그 계시를 받아 실행하는 것이다.

종교는 회피할 수 없는 신의 계시에 대한 인간의식 전체의 응답이다. 종교는 삶에 있어서 가장 뚜렷한 현상의 하나로, 인간의 영혼과 접촉하고 사상을 지배하며, 감정을 자극하고 행동을 지도한다. 이 같이 인간은 종교적 존재이다.

3) 종교의 요소

종교를 구성형식적인 면에서 살펴보면 세 가지 요소, 즉 주체, 객체, 그리고 주체와 객체의 관계가 있다. 일반적으로 믿는 자를 주체로, 신앙의 대상자를 객체로 본다. 한편 계시종교를 강조하는 학자들은 종교의 주체를 신이라고 주장하지만, 여기에서는 믿는 자에게 강조점을 두어 믿는 자를 주체로 살펴보기로 한다. 또한 종교의 핵심적인 구성요소는 아니지만 동일한 신앙을 가진 집단인 교단을 부수적인 요소로 고려해 볼 수 있다.

(1) 종교의 주체

종교심, 혹은 종교의식은 인간이 신에 대하여 가지는 관념과 태도를 가리킨다. 종교의식은 '자력적(自力的)'인 것과 '타력적(他力的)'인 것의 두 종류로 나눌 수 있다. 불교와 같은 자력적 종교의식은 수행과 정진을 통하여 객체와 합일하여 종교적 깨달음의 경지에 도달한다. 이와 반대로 타력적 종교의식은 자기 자신을 객체인 신에게 바쳐 절대적으로 신뢰하고 귀의하므로 구원을 얻는다. 일반적으로 종교의 주체를 인간으로 국한하지만, 불교와 힌두교는 천상의 선인(仙人)이나 동물, 또는 윤회전생하는 범위에 있는 존재들도 종교의 주체로 본다.

(2) 종교의 객체

신앙의 대상은 종교와 종파를 따라 각각 다른 특징을 가지고 있다. 원시시대에는 대체로 물질적인 대상이 많았고 문화시대에 들어올수록 정신적인 대상이 많아진다. 자연종교는 하늘, 해, 달, 별, 암석, 산천, 풍우, 초목, 짐승 등을 숭배하고, 우상종교는 신상, 불상, 호신부, 성물, 유골 등의 가공품을 숭배한다. 유교나 신도 같은 종교는 사령(死靈), 곧 이미 죽은 성현이나 조상을 숭배의 대상으로 삼는다. 불교와 천도교 같은 종교는 사람의 마음을 신으로 보며, 티벳의 라마교 같은 종교는 살아있는 인간을 신화(神化)한다. 그러나 기독교는 영적 존재, 곧 인간을 초월하는 인격적 존재인 하나님을 경배한다.

(3) 주체와 객체의 관계

종교의 주체와 객체의 두 가지 요소가 실제적으로 맺어지는 관계의 형식은 종교에 따라 다르다. 종교 중에는 신과 인간의 관계를 멀리 떨어진 것으로 만들어 두렵고 떨리는 마음으로 복종하게 하는 조로아스터교와 이슬람교가 있다. 이슬람교의 '키스메트(kismet)'라고 하는 운명론적인 체관(諦觀) 역시 이러한 관점에서 비롯되었다. 이와는 달리 기독교는 신을 공경하면서도 신과 인간은 부자(父子) 같이, 친구와 같이 서로 교제할 수 있으며, 인간이 하나님과 인격적인 관계를 맺을 수 있다고 생각한다.

(4) 종교의 교단

종교의 교단 혹은 종단은 종교의 부가적인 요소이다. 모든 인간은 종교적이지만 어떤 특정인이 홀로 가지는 신앙행위를 종교라고 칭하지는 않는다. 종교에는 그 교의를 믿고 따르는 신자들이 있는데, 이들이 서로 연대하여 갖는 조직을 교회, 교단, 혹은 종단이라 한다.

2. 종교의 기원

1) 인류역사와 종교

나라와 민족을 막론하고 역사의 시초에는 신화적 색채가 짙었으며 종교적 제의(祭儀)가 많았다. 이는 동양의 중국사나 한국사, 일본사를 비롯하여 남방의 인도사, 근동의 페르시아사, 바빌로니아사, 아프리카의 애굽사, 유럽의 헬라사, 로마사 등에서 볼 수 있다.

고대의 법률과 문화와 정치 역시 종교로부터 발생하였다. 법률로는 이스라엘 민족의 모세율법과 인도의 마누(Manu)법전, 바빌로니아의 함무라비(Hammurabi) 법전이 모두 신에게서 인간에게 전수되었다. 음악과 문학 역시 처음에는 신을 초청하고 신에게 기도하며 신의 공덕을 찬양하는 데서 시작하였으며, 건축과 예술도 신단을 쌓고 신당을 지으며 신상에게 제사하는 데서 발달하였다. 현존하는 고대의 문화재 중에서 중국의 유교와 도교, 인도의 불교, 그리고 서양의 기독교에 관한 것을 제외한다면 남는 것이 거의 없을 정도이다. 문헌학상으로 보더라도 기독교의 성경을 비롯하여 중국의 유교·도교의 경전과 인도의 베다, 우파니샤드, 불경 등이 모든 문헌의 바탕이 된다는 것을 부인할 수 없다.

고대의 정치는 신정(神政)이었으며 제정일치(祭政一致)였다. 세월이 흐름에 따라 제정이 분리되기 시작하였으나 종교의 지도자가 오랫동안 정치의 수장보다 더 큰 영향력을 발휘하였다. 콩트(Comte, 1798–1857)는 상고시대를 신학적 시대로, 그 다음 시대를 형이상학적 시대로, 근세를 실증적 시대로 나누었다. 그러나 형이상학적 시대에도 그 시대를 이끈 종교와 과학이 있었으며, 근세에도 실증적 과학뿐 아니라 추상적이고 사변적인 철학과 직관적이며 신비적인 종교가 있다. 이는 인간의 의식 가운데 종교성과 철학성, 과학성이 유기적으로 공존하기 때문이다. 다만 이전에는 편파적으로 한 분야에만 집중되던 것이 현대에는 여러 갈래로 분화되어 각각의 전문적인 영역을 가진다는 차이점이 있다.

원시민족 사회뿐만 아니라 문명이 발달한 사회일지라도 종교적 관념은 떼어놓을 수 없다. 사회주의나 공산주의와 같이 인위적으로 종교성을 제거하려 한 실증과학적 사회에서도 종교심은 여전히 존재한다. 구소련의 경우 마르크스와 레닌 사상으로 종교를 대신하고 그들의 저서들을 경전으로 삼아 새로운 종교적 신념을 가지게 되었다. 요컨대 인간의 본성에 잠재해 있는 종교의식은 시기나 상황에 관계없이 어떠한 형태로든지 드러나게 된다. 지식, 덕성, 신앙, 이 세 가지는 나면서부터 우리 속에 심기어져 있기 때문이다.[5)]

2) 종교의 기원설

종교의 기원을 알아보는 것은 매우 흥미로울 뿐만 아니라 종교의 본질을 이해하는 데도 크게 도움이 된다.

(1) 심리학적 기원설

① 공포이론

사람들은 오래 전부터 종교의 기원이 인간의 공포심에서 유래한 것이라 생각했다. 원시인이나 현대인을 막론하고 깊은 밤 산 속에서, 험한 풍랑 속에서, 천둥과 벼락 아래서, 또는 어떤 위험이 닥칠 때, 보다 큰 지혜와 힘이 있다

---

5) Johann Amos Comenius, *Gross Didaktik*, übersetzt und herausgegen von Andreas Flitner (Düsseldorf : Verlag Helmut Küpper Vormals Georg Bondi, 1970), 36.

고 생각되는 그 무엇에게 보호와 구원을 의뢰하는 것은 본능적이며 자연스러운 종교현상의 한 부분이다.

② **희망이론**

인간의 욕망과 필요에 따라 생성되는 욕구를 충족시키려는 희망이 종교의 기원이라고 본다. 이는 공포이론의 이면(裏面)이라고 할 수 있는데, 공포이론이 단지 재난을 면하려는 인간의 소극적인 태도에 집중하는 반면, 희망이론은 이상향을 향한 인간의 적극적인 자세에 주목한다. 프랑스 자유주의 신학자 사바티에(Auguste Sabatier, 1839–1901)는 “인간은 자기를 위협하는 곤란을 극복하고 거기서 구원받기 위하여 자기를 초월하는 초자연적, 초인적 존재에게 구하지 않을 수 없다. 그러므로 공포심 위에 희망을 더하여 기도를 드리며 서원을 하게 되는데 여기서 종교가 발생하였다”고 하였다.[6] 말하자면 신들은 인격화한 희망이라는 것이다.

③ **투사(投射)이론**

종교의 기원을 인간의 이기심으로 보는 이론이다. 포이에르바하(Ludwig Feuerbach, 1804–1872)는 종교의 중심이 신이 아니라 인간이며, 영혼이 아니라 육체라고 하였다. 그는 인간이 본질적으로 원하지만 가지고 있지 못하는 이상들의 투사를 종교의 기원으로 보았다. 결국 신이 인간을 그의 형상대로 창조한 것이 아니라 인간이 신을 인간의 이

6) 채필근, 『비교종교론』(서울 : 대한기독교서회, 1992), 133.

상대로 창조했다는 것이다.[7] 그는 종교를 사람이 자신을 무한 존재인 것처럼 크게 나타내 보이려는 인간의 그릇된 노력이라고 해석하였다. 투사이론에 의하면 신의 섭리는 우리의 필요가 중요하다는 것을 믿으려는 욕구의 표시이고, 인격적 신을 경험한다는 것은 우리의 인격이 가장 높은 형태의 존재라는 것을 드러내려는 노력을 의미하는 것이며, 기도는 우리 자신으로 더불어 담화하려는 욕구의 표현이라고 한다. 또한 기적이란 인간의 희망과 욕구가 자연스럽게 충족되는 방법이 있다고 할지라도 그 기다림의 과정을 생략하고자 하는 이상을 투사하는 것이라고 한다. 포이에르바하는 이와 같이 각 개인이 신에게 자기 자신을 묘사했기 때문에, 개인의 지식과 관념의 차이를 따라 신의 형상이나 속성에도 차이가 생기게 된다고 보았다.

④ **절대귀의이론**

인간이 자신을 절대자에게 귀의시킨다고 의식하는 직관과 감정을 종교의 본질로 본다. 직관은 인간이 이성으로써 무엇을 분석하고 종합하여 개념화하기 전의 것이며, 감정은 인간이 의지를 가지고 무엇을 할지 선택하고 행동하기 전의 것이다. 슐라이어마허에 의하면 인간이 직관을 통해 무한자의 존재를 발견하는 것이 종교의 시작이며, 그 무한한 대상에게 귀의의 감정으로 향하는 것이 바로 신앙이라고 한다.

---

7) 오강남, 『세계종교둘러보기』(서울 : 현암사, 2004), 359.

(2) 사회학적 기원설

① 사회의식이론

'인간은 종교적 동물이다'라고 인간에 대한 새로운 정의를 내린 프랑스의 종교사회학자 뒤르깽(Emile Durkheim, 1858–1917)은 종교를 사회의식의 산물이라고 단언하였다. 뒤르깽은 *Les Formes élémentaires de la Vie religieuse*(종교생활의 원초적 형태)에서 "종교는 분명히 사회적 산물이다. 즉, 종교적 표상들은 집합적 실체를 나타내는 집합적 표상들인 것이다. 종교의식(儀式)이란 결집된 집합체 속에서만 생겨날 수 있는 행동양식으로 이러한 집단들의 어떤 심적 상태를 불러일으키고, 유지하고 회복시키기 위한 방식이다. 이러한 범주들 역시 사회적 산물이며 집합적 사고의 산물이어야만 할 것이다."[8]라고 하며, 종교의식의 근원을 사회의식의 관점에서 해석하였다. 뒤르깽의 이 주장은 종교를 순전히 개인적 요구와 희망에서 나온 결과물인 것처럼 생각하는 이전 시대의 협의(狹義)의 관찰에 대조되는 새로운 견해를 제시하였다.

그는 종교가 인간에게 본질적이고 영속적인 것이며, 인간 사유의 일반적 범주는 종교적인 것이라고 주장했다. 뒤르깽은 모든 종교에 적용 가능한 종교의 기본적 특성이 '성(聖)'과 '속(俗)'의 구분이라는 점에서 출발하며, 종교는 성스러운 것에 관련된 믿음과 실천의 통일된 체계이고, 그 믿음과 실천을 교회라는 하나의 도덕적 공동체로 통합시

---

8) Emile Durkheim, *Les Formes élémentaires de la Vie religieuse*, 노치준·민혜숙 역, 『종교생활의 원초적 형태』(서울 : 민영사, 1992), 32.

키는 것이라고 하였다.[9] 여기서 중요한 것은 그가 믿음만이 아니라 실천과 공동체에 관심을 기울임으로써 종교의 사회적, 공동체적 기능을 강조했다는 점이다.

② **조작이론**

유물론자들과 무신론자들이 사회과학 서적에서 자주 언급하는 이론이다. 그들은 정치가나 사회운동가들이 자신들의 뜻대로 민중을 조종하기 위한 수단으로 만들어낸 것이 종교라고 주장한다.

(3) 철학적 기원설

① **추리이론**

종교를 지성(知性)의 기초 위에 건축된 것이라고 보는 이론이다. 선천적으로 인간은 무엇을 생각하고 이론적으로 조직하는 추리력을 가지고 있기 때문에 자연계나 인간계에 주의를 끌고 호기심을 일으키는 현상을 발견하면 그 원인을 탐구하려는 경향이 있다. 그러나 사물의 인과관계를 자세하게 알아보는 일은 결코 용이하지 않다. 아무리 정밀하게 원인과 결과를 조사하더라도 누락되거나 등한시되는 방면이 있기 때문에 완전히 알 수는 없다. 결국 초자연적이고 초인간적인 원인의 존재를 인정하며 그것을 인격화하여 신화(神化)하고 숭배의 대상으로 삼게 되는데, 이를 종교의 기원으로 본다.

---

9) Ibid., 81.

② **상상이론**

스펜서(Herbert Spencer, 1820–1903)는 종교가 인간심리의 상상작용에서 발생한 것이라고 주장하였다. 그는 인간을 물질적인 신체와 정신적인 영의 합성체로 보았는데, 이 정신적인 영에 중점을 두고 생활하는 것을 종교라고 생각하였다. 상상이론은 여러 현상의 실례들, 즉 사람이 잘 때 꾸는 꿈이나 명상 중에 나타나는 환상, 실신상태에서의 몽롱한 의식 등이 내세(來世) 또는 신의 활동으로 말미암은 것이라고 여기는 인간의 상상에서 종교가 시작되었다고 한다.

③ **무한감**(無限感)**이론**

뮐러 등이 주장한 무한감이론에 의하면 인간의 외계경험은 유한한 감각에서 발생하지만 그 경험을 가능하게 하는 것은 바로 무한감이다. 지각과 감정을 만족시키는 이 무한의 느낌을 신에 대한 신앙심으로 전환시키는 것이 인간정신에서 일어나는 종교의식의 발현인 것이다. 무한자를 볼 수도 없고 생각할 수도 없는 인간이지만 무한자를 동경하고 자기 속에 무한성을 지니고 있음을 느끼는 것만은 부인하지 못한다. 인간이 스스로를 유한하고 상대적인 존재로 여기는데 이는 무한과 절대를 근거로 하여 일어나는 관념이라는 것이다. 나면서부터 소경인 사람은 빛에 대한 관념이 없고 나면서부터 듣지 못하는 귀머거리는 소리에 대한 관념이 없다는 사실을 볼 때, 인간에게 만일 무한성이 없다면 무한이란 생각을 할 수도 없다는 것이다.

④ **도덕의식(양심)이론**

칸트는 종교를 도덕과 같은 평면에 놓고 종교와 도덕은 모두 인간의 실천이성이 발현된 것이라고 하였으며, 칸트와 유사한 사상을 지닌 피히테는 의지야말로 이지(理智)와 감정보다 인간의식의 주체가 되는 것이라고 하였다. 사람은 마음속에서 나오는 소리를 듣는데, 이를 듣고 그대로 따르면 마음이 평안하지만 만일 거스를 때에는 번민이 생기게 된다. 도덕의식이론은 마음속에서 나오는 소리가 바로 양심이며, 이는 곧 신으로부터 말미암은 것이라고 생각한다.

(4) 계시기원설

계시이론은 종교의 주체가 인간이 아니라 신이며, 신의 계시로 종교가 시작되었다고 주장한다. 어떤 종교에서는 자기들이 믿고 따르는 가르침이 신의 계시이기 때문에 착오나 결함이 있을 수 없다고 한다. 이슬람교에서는 『꾸란』의 모든 문구가 신의 직접적 계시라고 하며, 힌두교에서도 『베다』를 신의 계시라고 믿는다.

기독교의 교의에 의하면 종교는 본래 하나님이 인류의 시조에게 계시하신 것이며, 선지자들에게 자신의 뜻을 점진적으로 드러내신 것이다.

제 2 장
종교의 분류와 비교

1. 종교의 분류

종교학자들은 종교를 문화적 발달 정도에 따라 원시종교와 문명종교로, 또는 하등종교와 고등종교로 구분한다. 대체적으로 원시·하등종교는 다신적 자연종교이며 문명·고등종교는 일신적 윤리종교이다. 종교는 그 분포 정도에 따라 부족종교, 민족종교, 보편종교로 구분된다. 대부분의 부족종교와 민족종교는 자연종교이며 기독교, 불교, 이슬람교와 같은 보편종교는 민족과 국가를 넘어서 범세계적 종교를 지향한다.

신앙의 대상에 따라 종교를 분류하면 자연을 숭배하는 종교, 신을 숭배하는 종교, 그리고 자연과 인간과 신을 일체로 보는 범신교 등으로 나누어 볼 수 있다. 또 종교를 자력(自力)종교와 타력(他力)종교로 구별하기도 하는데, 자력종교는 불교처럼 고행 또는 명상을 중심으로 수행하는 인본적인 특성을 가지며,[10] 타력종교는 기독교와 같이 계시와 기도를 통해 신

10) 석가모니는 매우 강력한 자력종교를 내세웠다. 그는 "어느 누구에게도 의지하지 않고 스스로 굳게 서는 사람만이 최고의 경지에 이를 수 있다"고 하였다. [E. A. Burtt, *Teachings of Compassionate Buddha* (New York : Mentor Books, 1955), 50] 그는 제자들에게 자신이 떠난

의 뜻을 분별하려는 신본주의적 특성을 가진다.

종교의 분류에는 다양한 설(說)이 있으나 여기에서는 뮐러의 계통적 분류, 틸레, 타일러의 발달사적 분류, 그리고 헤겔의 형태학적 분류를 살펴보고자 한다.

1) 뮐러(Max Müller, 1823-1900)의 계통적 분류

Ⅰ. 아리안계(인도 게르만계)
1. 동방 아리안계
1) 인도계
(1) 베다교
(2) 브라만교
(3) 불교
(4) 자이나교
2) 페르시아계
(1) 조로아스터교
(2) 마니교
3) 소아시아계
(1) 프르기아교
2. 서방 아리안계
1) 헬라 고대인의 종교
2) 로마 고대인의 종교
3) 게르마니아 고대인의 종교

후에 자신에게 기도하지 말라고 했다. 그는 "스스로 정진해서 너의 구원을 이루라"고 하였다. [Christmas Humphreys, *Buddhism* (Harmondsworth, England : Pelican Books, 1951), 120]

4) 스칸디나비아 고대인의 종교

5) 켈트인의 종교

6) 슬라브 고대인의 종교

Ⅱ. 셈계

1. 남방 셈계

1) 사비아인의 종교(아라비아반도 서반부)

2) 아라비아 고대인의 종교

3) 이슬람교

2. 북방 셈계

1) 아람인의 종교(시리아 지역)

2) 소아시아 고대인의 종교

3) 블레셋인의 종교(이스라엘 서남편)

4) 페니키아인의 종교(레바논 지역, 두로와 시돈이 그 중심도시)

5) 가나안인의 종교

6) 히브리인의 종교

(1) 이스라엘의 고대종교

(2) 모세의 율법교

(3) 예언자들의 종교

(4) 유대교

Ⅲ. 튜라니안(Turanian)계

1. 북방 튜라니안계

1) 샤만교

2. 남방 튜라니안계

1) 도교

2) 유교

Ⅳ. 아프리카계

1. 애굽 고대인의 종교
2. 아카디아인의 종교(고대 서아시아의 Accadians)
3. 아프리카 고대인의 종교

Ⅴ. 아메리카계

1. 에스키모인의 종교(캐나다 북편)
2. 마야인의 종교(멕시코)
3. 잉카인의 종교(페루)

Ⅵ. 대양주(大洋洲)계

1. 말레이인의 종교(말레이시아와 인도네시아)
2. 멜라네시아인의 종교(호주 동북편)
3. 오스트레일리아 원주민의 종교
4. 미크로네시아인의 종교(태평양 서북편)
5. 폴리네시아인의 종교(태평양 동편)

2) 틸레(Cornelius Tiele, 1830-1902)의 발달사적 분류

Ⅰ. 자연종교

1. 정령숭배교(애니미즘)
2. 의수인적(擬獸人的) 다신교

1) 중국의 고대종교

2) 애굽의 고대종교

3) 페르시아의 고대종교

4) 아라비아의 고대종교

3. 의인적(擬人的) 다신교

1) 인도의 베다교

2) 조로아스터 이전의 페르시아인의 종교

3) 바빌로니아인의 고대종교

4) 앗시리아인의 고대종교

5) 페니키아인의 고대종교

6) 가나안인의 고대종교

7) 켈트인의 고대종교

8) 게르마니아인의 고대종교

9) 로마인의 고대종교

Ⅱ. 윤리종교

1. 민족적·율법적 종교

1) 유교

2) 도교

3) 브라만교

4) 초기 불교

5) 자이나교

6) 조로아스터교

7) 모세의 종교

8) 유대교

2. 세계적 종교

1) 기독교

2) 불교

3) 이슬람교

3) 타일러(Edward Tylor, 1832-1917)의 발달사적 분류

Ⅰ. 미개인의 종교

1. 신념의 애니미즘
2. 행위의 주술
3. 조상숭배

Ⅱ. 반개(半開) 민족의 종교

1. 다신교
2. 이원(二元)신교
3. 교체(交替)신교
4. 유일신교

Ⅲ. 문화인의 종교

1. 윤리적 종교

 1) 율법적 종교

  (1) 브라만교

  (2) 원시 유대교

 2) 도덕적 종교

  (1) 예언자의 종교(이스라엘)

  (2) 조로아스터교

  (3) 이슬람교

2. 보편적 종교
1) 기독교
2) 불교

4) 헤겔(Georg Hegel, 1770-1831)의 형태학적 분류

Ⅰ. 자연종교(인류의 유년기)
1. 직접적 종교
1) 마법
2) 주술
3) 서물숭배
2. 만유신교(범신론적 종교)
1) 법규의 종교인 유교
2) 공상의 종교인 브라만교
3) 실상에 관한 종교인 불교
3. 자유의 종교
1) 광명의 종교인 조로아스터교
2) 비애의 종교인 시리아교
3) 비의의 종교인 애굽교

Ⅱ 심령종교(인류의 청년기)
1. 히브리인의 주권적 종교
2. 헬라인의 예술적 종교
3. 로마인의 오성적 종교

Ⅲ. 절대종교(인류의 성년기) : 기독교

2. 종교의 비교

세계의 다양한 종교들을 비교하는 연구는 광범위한 증거를 기초로 하여 다양하고 깊이 있는 의미 파악을 통해 이루어져야 한다.[11] 기독교 역시 종교의 모습을 가지므로 종교들 중에 포함되는 것이 자연스럽다. 그러나 우리의 연구의 최종 목표는 종교의 비교연구를 통해 기독교가 수많은 종교 가운데 유일한 참 종교라는 사실을 변증하는 것이다.

1) 기독교의 변증

19세기 이후, 현대 종교사 연구는 모든 종교에 호의를 가지고 각자의 선(善)을 인정하며 기독교의 특별한 위치를 인정하지 않으려고 한다. 그러나 선지자 예레미야는 "너희는 이같이 그들에게 이르기를 천지를 짓지 아니한 신들은 땅 위에서, 이 하늘 아래서 망하리라 하라"[12]고 하였으며, 사도 베드로는 "다른 이로써는 구원을 받을 수 없나니 천하 사람 중에 구원을 받을만한 다른 이름을 우리에게 주신 일이 없음이라"[13]고 하였다. 또 사도 바울은 아테네에 가득한 우상을 보고 통탄하여 "아덴 사람들아 너희를 보니 범사에 종교심이 많도다 내가 두루 다니며 너희가 위하는 것들을 보다가 알지 못하는 신에게라고 새긴 단도 보았으니 그런즉 너희가 알지 못하고 위하

---

11) Eric J. Sharpe, *Comparative Religions : A History* (La Salle : Open Court, 1986), 43.

12) 렘 10:11.

13) 행 4:12.

는 그것을 내가 너희에게 알게 하리라"[14]고 하였으며, 이어 기독교신학의 핵심을 전파하였다. 그러므로 진정한 비교종교는 단순히 세계 여러 종교의 역사와 내용을 전달하는 데 그치지 않고 한 걸음 더 나아가 여러 종교의 장단점을 지적하고 하나님이 정하신 기독교의 특수한 지위를 제시하여야 한다.

2) 비교의 요점

각 종교에 공통적으로 나타나는 여러 가지 근본적인 요점들을 살펴봄으로써 종교를 비교할 수 있을 것이다. 그 중에서 어떤 종교가 신관, 도덕관, 죄관, 내세관, 보편성, 실용성 등에서 우수한 견해를 가지고 있는지 살펴야 한다.

모든 종교는 사람이 의뢰하는, 사람의 운명을 주관하는 초인간적인 능력의 존재를 인정한다. 그 성질에 관하여는 여러 종교가 일치하지 않기 때문에 우리는 각 종교가 가지고 있는 신관을 비교하여야 한다. 또한 신과 사람의 관계에서 신에 대한 사람의 의무가 발생한다는 사상도 여러 종교에서 발견된다. 종교는 사람의 행동에 대한 어느 정도의 책임감을 요구하므로 각 종교의 도덕관을 잘 살펴보아야 한다.

사람이 신에 대해 가지는 죄악감은 모든 종교에 공통적으로 존재한다. 이는 각기 숭배하는 신에게 제사하므로 화목을 도모하는 일에서 분명히 표현되는데, 각 종교가 가지고 있는 죄관에 대해서도 어떤 차이가 있는지 살펴야 한다. 내세관이 불분명한 종교도 있지만 대체로 많은 종교들이 사후 세계를

---

14) 행 17:22-23.

인정하며 상선벌악(賞善罰惡)이 그곳에서 실현된다고 믿는다. 따라서 어떤 종교가 종말과 내세를 체계적으로 명료하게 제시하는지 살펴야 한다. 그리고 종교가 일부 종족이나 지역에 국한된 종교인지 아니면 인종과 국가를 초월하는 보편적 종교인지도 살펴보아야 한다.

종교생활은 현실과 동떨어진 것이 아니라 실제 삶에서 실천하는 것이기 때문에 개인의 생활이나 사회의 상태에 막대한 영향을 미친다. 많은 사이비 종교가 사회에 큰 해를 끼치고 있는 현실을 볼 때, 어떤 종교가 사회에 긍정적인 역할을 감당할 수 있는지 살펴보는 것은 매우 중요하다.

제 2 부
원시 종교

제 3 장
자연숭배 원시종교

1. 무생물숭배

1) 천상(天象)숭배

원시종족들은 하늘의 장엄한 풍경에 경이로움을 느끼고 하늘에 있는 모든 것을 의인화하여 종교적으로 숭배하며 천상(天象)에 관한 신화를 만들었다. 그들은 태양이 서쪽으로 졌다가 다시 동쪽으로 올라옴을 보고 태양이 지하의 죽은 사람의 세계를 매일 왕래한다고 상상하기도 하였고, 해와 달이 원래 부부였으나 지금은 떨어져 있는데 달이 차고 이지러지는 것을 달이 후회하는 상태라고 보기도 하였다. 우레는 신의 소리요 번개는 신의 화살이라고 믿으며, 각종 별들을 신화(神化)하는 사상도 원시인들에게서 많이 나타난다.

2) 암석숭배

자연상태에 있는 돌의 특이한 형태나 단단한 특질, 혹은 하늘에서 내려온 운석의 신비함 등은 원시종족들의 종교적 호기심을 자극하였다. 『증보문헌비고(增補文獻備考)』에는 단군이 강화도 마니산에 누석(累石)으로 참성단(塹城壇)을 설치하고 제천행사를 하였다는 기록이 있다. 민간에서는 주로 기자(祈子), 생산의 풍요 등을 목적으로 암석을 숭배하였다. 암석은 산과 바다의 영기(靈氣)가 응결된 영적인 존재라고 믿었기 때문에 영웅이나 장군 등의 탄생을 기원하며 치성(致誠)을 바치기도 하였고, 인명에 암자(岩字)나 그와 유사한 뜻을 넣어 작명하는 풍습이 생겨났다.

3) 산악숭배

성산(聖山)신앙은 신의 계시가 산에 내린다는 믿음으로, 북아메리카, 인도, 아프리카, 중국 등을 비롯한 여러 지방에서 나타나며, 최초의 인류가 산으로부터 나왔다고 하는 바벨론 신화와 유사한 전설들이 많다. 예로부터 산악은 인간에게 두려움과 외경의 대상이 되어 왔다. 산악은 구름을 뚫고 하늘에 닿아 있으므로 산은 천신(天神)과 밀접한 관련이 있으며, 산정(山頂)은 세속으로부터 분리된 신비로운 곳이라고 생각되었다. 신선신앙(神仙信仰)은 물론이고 민속이나 무속에 관련된 많은 민간신앙들이 산악과 직·간접적으로 관계를 맺고 있다.

4) 물의 숭배

물을 신성하게 여긴 고대 인도인들과 이집트인들은 갠지스 강과 나일 강이 병을 고치며 영육을 정화한다고 믿어 하수에 공물을 바치며 서원하였다. 바벨론의 에아, 그리스의 오케아노스와 포세이돈 등은 물의 신으로 유명하였다. 또한 우물은 가

정의 일상생활과 밀접히 관계되었기 때문에 사람들은 단을 쌓고 제사하였다. 우물과 내(川)를 신의 계시를 받는 장소로 여겨 공물을 물에 던지고 그 뜨고 가라앉는 모양으로 길흉을 점복하는 풍습도 있었다.

5) 불의 숭배

원시종족들은 불을 성물로 생각하였으며, 이 같은 실례는 바벨론, 멕시코, 인도, 그리스, 로마 등지에서 발견할 수 있다. 특히 페르시아 종교는 다수의 신전을 세워 불의 숭배를 제의화 하였다. 이외에도 불을 신화하거나 혹은 의식의 요소로 사용한 종교가 많았다.

2. 생물숭배

1) 식물숭배

원시종족들은 식물을 신성하게 보아 그 안에 죽은 자의 영혼이 머문다고 생각하였다. 그들은 식물에 내재하는 인간 이상의 힘이 비를 내리게 하며 동물을 양육하는 것으로 보았다. 어떤 종족은 식물의 영혼에 선악의 두 종류가 있는데, 약초와 열매 맺는 나무처럼 인간에게 유익한 나무에는 선한 영혼이 깃들어 있다고 믿었다. 또한 많은 족장들이 큰 나무 그늘에 우거하며 재판을 열었으므로 큰 나무 아래는 위난(危難)을 피하는 장소가 되었으며, 큰 나무가 장엄하게 솟아오른 곳을 성역으로 정하기도 하였다. 따라서 성수(聖樹)를 찍는 것은 큰 죄였으며 나무의 영혼이 즉시 벌한다고 믿었다. 개화되지 못한 사람들은 곡식에도 영혼이 있다고 생각해서 그 영혼이 살고 죽음에 따라 곡물의 풍작과 흉작이 생긴다고 믿었다.

2) 동물숭배

인간과 친숙하며 감정을 표현한다는 점에서 고대인들은 동물이 영혼을 가지고 있다고 생각하였다. 호주, 아프리카, 북아메리카, 그리스 등에서는 인간과 동물의 윤회, 즉 사람이 동물로 혹은 동물이 사람으로 산다는 전설을 흔하게 찾을 수 있다. 원시적인 사람들은 동물의 특징에 착안하여 동물의 이름을 개인과 부락에 붙이거나, 혹은 특수한 능력을 가진 동물을 흠모하여 종족의 선조로 숭배하였다.

3) 토템(totem)숭배

(1) 토템의 의의

토템(totem)[15]이란 말은 18세기 초에 북미 인디언들이 문족(門族)의 이름이나 부족의 수호자로 삼은 동물 혹은 식물을 지칭하는 용어이다. 토템이란 말은 알곤퀸 인디언(Algonquian Indian)의 오집와(Ojibwa)어인 오토테만(ototeman)에서 유래되었다.[16] 종족의 단결성을 중시하는 원시사회에서는 자연과 자기 종족의

---

15) 그 의미는 표식 혹은 신호(mark or sign)라는 뜻이다.

16) *Britannica Encyclopedia of World Religions* (Chicago : Encyclopedia Britannica, Inc., 2006), 1105.

유사성을 인정하여 특정한 식물, 혹은 새나 짐승이 자기 종족과 혈맥이 상통한다고 생각했다. 심지어 많은 인디언 부족들은 그들의 조상이 토템에서 나왔다고 상상했다.[17] 지연적으로나 혈연적으로 같은 부족은 동일한 토템을 가지며 때로는 토템을 부족의 이름이나 부족의 문장으로 사용한다. 토템을 숭배하는 부족은 토템이 당하는 학대나 손해가 부족 전체에 미치는 것으로 여긴다. 그러므로 토템에 속한 전체 구성원들은 공동으로 토템을 보호하는 일이나 증식하는 일에 엄격한 타부를 제정한다.

토템숭배를 넓게는 자연숭배의 연장으로 볼 수 있다. 토템 현상은 아메리카뿐만이 아니라 아프리카, 인도네시아, 멜라네시아에서도 찾아볼 수 있으며, 또 비교적 문명이 발달했던 일부 고대 민족에게도 그 풍속이 남아 있다. 토템은 동물, 식물, 무생물의 세 종류로 분류되지만 가장 원시적이며 보편적인 것은 악어, 캥거루, 물소, 매, 곰 등의 동물이다.

(2) 토템에 관한 규정

원시종족은 특정 동물과 자기 종족의 혈족 관계를 인정하기 때문에 토템 동물을 죽이는 것을 용납하지 않는다. 간혹 살해를 허용하는 경우는 종족의 단결성을 굳게 하기 위한 향연이나 종교행사 때뿐이며, 죽이기 전에 예를 갖추는 것이 상례이다. 토템 동물이 다른 동물이나 다른 종족에 의해 살해를 당하면, 토템 종족은 복수해야 할 의무가 있다. 식물 토템의

---

17) Norman Anderson ed., *The World's Religions*, 민태운 역, 『세계의 종교들』 (서울 : 생명의 말씀사, 2003), 53.

경우에도 이와 유사한 방식이 취해진다.

(3) 만찬의 제도

종족 전체가 참여하는 만찬의식은 종족의 단결을 굳게 하기 위해 생겨났으며, 원시인들은 토템의 살과 피를 먹음으로써 토템이 가진 특수한 능력을 전수받으며 토템의 보호를 입는다고 믿었다. 아라비아 사람들은 제례 때 낙타를 희생으로 바치는데, 종족의 모든 사람들이 그 고기를 먹고 피를 마시는 풍습이 있다. 시베리아의 어떤 종족은 토템의 피를 병 치료에 쓰며, 피를 남기는 것을 죄악으로 보고 부득이 남아 있는 것은 불살라 버린다. 만찬은 토템과 종족 사이를 맺는 피의 계약이기 때문에 종족의 구성원은 분배된 것을 반드시 먹어야 했다. 페루와 하와이에서는 배당된 것을 먹지 않는 자를 죽이기도 하였다.

제 4 장
기타 원시종교

1. 마나(mana)숭배

남태평양 멜라네시아 군도에 선교사로 갔던 코드링턴(Codrington, 1830–1922)은 마나이즘(manaism), 곧 영력설의 현상을 종교의 원형으로 생각하였다. 원시인들은 물체 내에 존재한다고 여겨지는 비인격적인 '힘'을 믿었는데, 이러한 성스러움을 묘사하기 위해 학자들은 멜라네시아어인 마나(mana)를 사용했다. 마나는 돌, 식물, 나무, 동물 그리고 사람과 다양하게 관련되어 있으며, 공동체에서 한 인간의 지위는 그가 소유하고 있는 마나의 양에 달려 있다. 모든 성공과 모든 이익은 이 마나를 유익하게 발휘함으로써 온다. 코드링턴에 의하면 마나는 비인격적, 초자연적 영력으로 자연과 인간에게 영향을 미치는 세력이다.[18] 이 힘은 보통 자연의 힘과는 다르게 선의(善意) 또는 악의(惡意)로 말미암아 동작하는 신비한 영력이다. 가령 부족 사이의 전쟁에서 승리를 얻게 되면 그것은 자신들의 힘이나 무기 때문이 아니라 그들에게 있는 마나의 힘이 우수하여 이겼다고 믿는다.

---

18) R. H. Codrington, *The Melanesians* (Ann Arbor : Midway, 1891), 119.

2. 타부(taboo)숭배

1) 타부의 의의

타부는 폴리네시아어의 'Tapu'에서 유래된 말로 '금제(禁制)의 물건'이라는 뜻이며 '금제' 혹은 '접촉금지'를 의미한다. 이 용어는 1771년에 폴리네시아 통가(Tonga)를 방문했던 선장 제임스 쿡(James Cook)에 의해 처음으로 주목되었다.[19] 타부는 거룩하고 신성한 것 혹은 부정하고 저주받은 것으로서, 의식적인 구별에 기초하여 행동이나 그 대상의 사용을 금지하는 것을 말한다. 타부의 제도는 각지에 두루 퍼져 있으며, 토템숭배와 동시대에 시작하였으나 그보다 더 유행하였다.

2) 타부의 실례

이집트에서 연중의 어떤 날들은 중요한 활동을 수행할 수 없는 타부로 간주되었다. 이 날들은 원래의 360일에 '덧붙여진(epagomenal)' 다섯 여분의 날들로, 신화에 따르면 게브(Geb)와 누트(Nut)의 다섯 자녀(Osiris, Isis, Seth, Nephthys, 그리고 장남 Horus)가 태어난 날이다. 하지만 다섯 날 모두 '악마들의 날들(the days of the demons)'로 알려져 있다.[20]

보통 성역(聖域)은 그 지역에서 신의 현현(顯現)을 찬양하기 위한 의식과 관련이 있다. 성역은 입문하지 않은 사람들에게는 금지지역이며 특별히 훈련받고 성화된 사람들만이 그곳을

---

19) *Britannica Encyclopedia of World Religions*, 1050.

20) Lora Oakes and Lucia Galin, *Ancient Egypt* (New York : Hermes House, 2002), 460.

돌볼 수 있다. 루마니아 출신의 저명한 종교사가인 엘리아데(Mircea Eliade, 1907-1986)는 이 성역의 관리제도에서 인생의 소우주를 본다고 하였다.[21] 한국에서도 비기독교인들 가운데는 손(損)없는 날을 택해 혼례를 치르거나 이사를 가는 경우가 있는데, 이것은 미신이기도 하지만 일종의 타부이다.

3) 타부와 사회도덕

폴리네시아제도(諸島)에서는 타부가 정치제도(制度)와 밀접히 관계되어, 타부의 규정은 문명국의 법률과 같은 지위를 차지하였다. 그들의 사회에서 범죄인이란 타부의 규정을 어긴 사람을 말하며, 타부에 접촉한 사람은 타부로 간주되었다. 타부에 저촉된 사람에게 부가된 사회적 제재는 관계금지 혹은 추방이다.

3. 인신(人神)숭배

동물, 식물, 무생물보다 생활에 더 밀접한 관계를 맺고 있는 사람이 숭배의 대상으로 여겨지는 것은 놀라운 일이 아니다. 인신숭배는 과거에도 있었고 오늘날에도 유행하고 있는데, 주요 대상은 조상과 사령 및 살아있는 사람 등이다.

---

21) Mircea Eliade, *Patterns in Comparative Religion* (Cleveland : World Publishing Co., 1963), 367.

1) 조상숭배

조상숭배란 죽은 조상을 숭배하는 것으로, 여기서 조상이란 종족의 기반을 닦은 시조, 혹은 종족을 수호하고 법률을 반포한 영웅을 가리킨다. 개화되지 못한 사람들은 죽은 조상이 자신들을 지켜준다고 믿으며 복을 빌었다. 이러한 조상숭배는 후대에 이르러 가족생활이 중시됨에 따라 일종의 가정제사가 되었다.

2) 사령(死靈)숭배

죽은 자의 영을 신으로 숭배하는 것을 사령숭배라고 한다. 종족을 잘 이끌었던 지도자(왕)들과 종족의 안녕과 번영을 이루어 낸 은인들을 기려 신으로 제사하였다. 종교의 교조, 성자, 순교자들은 또한 숭배의 대상이었다. 일반적인 인물들도 죽음 이후에 영으로 존재한다고 믿어서 사령에게 제사하는 풍습이 고대부터 있었다.

3) 살아있는 인물의 숭배

극단적인 군주독재 정치의 경우 왕을 신으로 간주한 실례를 바벨론, 이집트, 로마, 멕시코, 그리고 일본의 역사에서 확인할 수 있다. 그 원인이 왕권신수를 믿었기 때문인지 아니면 종교적으로 왕을 신의 현신(現身)이라고 인정하였기 때문인지는 확실하지 않다. 원시종족 가운데는 살아있는 인물숭배가 드물게 있었다. 오늘날에도 종종 이방종교 가운데 살아있는 교조나 그 후계자를 신으로 받드는 경우가 있다.

4. 물신(物神)숭배

여기에서 언급하려는 성적숭배, 서물숭배, 우상숭배는 보통의 자연숭배와는 다른 특성을 가진 것으로 물신숭배라고 부른다.

1) 성적(性的)숭배

남녀의 생식기를 숭배의 대상으로 삼는 신앙은 세계 도처에 존재하였다. 성적 숭배의 원인은 인류의 생명력의 신비를 찬양할 뿐 아니라 종족간의 투쟁의 승패가 사람 수의 많고 적음에 좌우되었기 때문에 종족의 증가를 기원한 데 있다. 원시종족은 신전 안에 생식기 형상의 구조물을 갖추어 두고 제사 때에는 종족의 남녀가 일종의 집단 성행위를 하기도 하였다. 그리스에서는 풍작과 식물의 성장을 담당하는 자연의 신 디오니소스(Dionysos)의 제사에 한 무리의 부인들이 작은 성적 표상을 휴대하고 찬가를 부르며 나가는 풍습이 있었고, 동식물의 다산(多産)의 신인 프리아푸스(Priapus)는 거대한 남근을 지닌 기형적인 사람의 형상으로 묘사되었다. 이 신의 제사에는 나귀가 바쳐졌는데, 그것은 나귀가 색욕을 상징하고 이 신의 성적 능력을 연상시켰기 때문이다. 바벨론과 팔레스틴에서는 성적 숭배에 관련이 있다고 추측되는 돌기둥이 발견되었다.

2) 서물숭배

15세기 중엽에 유행했던 서물(庶物)숭배는 페티소스(fetissos)라고도 불리는데, 이는 포르투갈어로 무당 혹은 마귀를 뜻한다. 서물이란 그 소유자를 보호하며 도움을 주는 마술적 능력을 가지고 있다고 여겨지는 조그만 상(像)이다.[22] 서물숭배자들은 신이 시내와 암석 같은 큰 대상 속에 있는 것이 아니라 나무조각과 돌뭉치 같은 작은 물체에 머문다고 믿었다. 그들은 신이 거한다고 믿는 서물을 몸에서 떠나지 않게 주야로 간직했다. 또한 전쟁이나 사냥을 떠날 때에는 이 서물에 공물을 바치고 신의 가호에 의하여 목적을 달성하면 새 공물을 바치기로 서약했다. 그러나 일이 실패하면 효험이 없는 이전 페티소스를 버리고 새 페티소스를 물색하였다. 서물숭배는 우상숭배의 초기단계에 속한 것으로 볼 수 있다. 서물숭배는 자연숭배보다 조금 늦게 발달한 종교의식이지만, 세계 여러 곳에서 많이 발견되고 있다.

3) 우상숭배

동물숭배의 관습을 떠나 농업시대로 들어가게 되자 원시종족은 자연숭배에 만족하지 않고 초자연력을 의인화하여 눈에 보이는 우상을 만들기 시작했다. 또 사람들의 의식수준이 높아짐에 따라 우상들도 기괴한 형상을 버리고 미와 균형을 갖추게 되었다. 처음에는 우상 속에 신령이 머문다고 믿었으나 후대에 이르러서는 단지 종교적 대상을 상징한 것이라 여겨졌다.

---

22) *Britannica Encyclopedia of World Religions*, 351.

제 3 부
중국에서 발생한 종교

제 5 장
유 교

1. 유교의 배경과 발전

예로부터 중국은 광대한 영토와 더불어 많은 인구로 인해 국가라기보다는 세계라고 일컬어졌다. 유교는 중국의 대표적인 사상으로, 춘추시대 말기의 혼란한 시기에 나라를 회복하고자 하는 공자로부터 시작되었다.

BC 5-6세기는 중국 역사에서 보통 춘추시대의 말기에 해당한다. 춘추시대는 공자가 편찬했다고 전해지는 『춘추(春秋)』의 연대기가 포괄하고 있는 시기를 의미한다. 정확히 말하면 BC 722년에 시작해 BC 481년에 끝나는 242년에 걸친 시기이다. 주왕조의 권위는 땅에 떨어지고 중국은 12개의 제후국으로 나뉘어 서로 패권을 다투었다. 뒤이은 BC 478년부터 BC 221년까지 7개의 강대국으로 정리되어 서로 더욱 치열한 전쟁을 벌였는데, 이를 전국시대(戰國時代)라 한다. 결국 BC 221년에 부국강병책을 강행하여 극단적인 군국주의 국가로 변모한 진(秦)이라는 서방의 신흥국이 통일제국을 이루었다.

춘추시대 말기는 중국 봉건제도의 해체가 가장 격심하게 진행되고 있었던 반면, 이를 대신할 새로운 정치 기구는 아직 나타나지 않은 상태였다. 정치적으로는 통일 조직이 파괴되어 무정부 상태가 계속되었고, 사회적으로는 봉건제에 적합했던 신분제도가 약화되면서 도덕부재의 상태로 전락하였다. 공자는 이러한 상황 속에서 주왕조를 창업하였던 주공(周公, ?–1094 BC)의 정신을 되살리고자 하는 이상을 세우고 정치도덕의 재건을 도모하였다.

공자와 맹자가 유교를 창시한 이후, 그 영향력은 막강하였다. BC 130년경에는 유교의 경전들이 정부 관리의 교육을 위한 기본 교재로 채택되었다. 중국의 유명한 공직선발제도는 여타 국가들이 꿈꿔오기 수세기 전에 이미 정착되었으며, 이때 유교적 세계관을 체득하는 것은 필수적인 것이 되었다. 송나라 시대(10세기 후반–13세기 후반)에는 이러한 제도가 완성되었으며, 이러한 전통은 1905년 청나라가 붕괴되기까지 계속 유지되었다.[23] 그리고 유교의 영향력은 중국뿐만이 아니라 동북아시아 전역에 미쳤다.

한나라 시대에 이르러서는 실질적으로 유교가 중국의 국교가 되었고, 59년경에는 모든 서당에 공자를 기리는 제사가 제정되었으며, 7, 8세기에 이르러서는 제국의 모든 지방도시마다 공자와 제자들을 모시는 사당인 사원이 건립되었다.

---

23) Huston Smith, *The World's Religions*, 이종찬 역, 『세계의 종교』(서울 : 도서출판 은성, 2001), 254-255.

2. 유교의 창시자 : 공자와 맹자

공자(孔子, 551-479 BC)가 비록 유교의 창설자는 아니지만 유교를 집대성하였기 때문에 유교를 공자교라고 칭하기도 한다. 영어로는 공자를 콘푸시우스(Confucius)라 하고, 유교를 콘푸시아니즘(Confucianism)이라 하며, 유교도를 콘푸시안(Confucian)이라고 한다.

공자의 이름은 구(丘)요, 자호는 중니(仲尼)이다. 공자는 자신이 선왕의 도를 진술할 뿐이며 창작은 하지 않는다는 뜻으로 술이부작(述而不作)이라고 하였다. 공자는 자기가 태어나고 자란 노(魯)나라에서 높은 벼슬을 하며 강대한 제(齊)나라를 제어하고 백성을 잘 교도하였다. 그러나 관직에 오래 있지 않고 여러 나라를 시찰하면서 천하를 주유하였다. 그 후에 본국에 돌아와 제자들을 모아 가르치고, 이전부터 내려오는 주역과 시서 등을 비롯한 모든 경서를 정리하여 후세에 전하였다.

공자의 교의를 간단히 말하면 경천애인(敬天愛人)이라고 할 수 있다. 사람의 모든 운명이 다 천명이라 하여 하늘에 죄를 지어서는 안 된다고 하였다. 또 인도(人道)로서는 효(孝), 제(悌), 충(忠), 신(信)과 인(仁), 의(義), 예(禮), 지(智)와 지(知), 인(仁), 용(勇), 덕(德) 등의 덕목으로 교훈하였다. 그는 위정자는 덕이 있어야 하며, 도덕과 예의에 의한 교화가 이상적인 지배방법이라 생각했다. 이러한 사상의 중심에 놓인 것이 인(仁)이다. 공자는 인을 최고의 덕으로 보고, 이를 '사람을 사랑하는 것'이라고 정의했다. 이는 기독교의 사랑이나 불교의 자비와는 다른, 부모형제에 대한 골육의 애정, 곧 효제(孝悌)이며 이것이

타인들까지도 감화시킨다는 사상이다.

공자는 모든 사람이 인덕(仁德)을 지향하고, 이를 갖춘 사람이 높은 지위에 올라 인애(仁愛)의 정치를 한다면, 세계의 질서도 안정을 찾을 수 있다고 생각하였다. 수양을 위해 부모와 연장자를 공손하게 모시는 효제를 가르쳤으며, 충(忠)과 인(仁)의 실천을 위해 예(禮)라는 형식을 강조하였다. 예란 전통적, 관습적인 형식이며, 사회규범의 성격을 가진다.

공자가 숭배했던 인물은 봉건적 의례제도를 확립하고 완성시킨 인물로 여겨지는 주공(周公)이다. 주공의 의례제도는 혈연과 혼인으로 맺어진 인척관계를 비롯하여 다양한 협약에 바탕을 둔 것으로 상호의존적이었다. 또한 주공은 국내질서뿐 아니라 제후국들과의 연합관계를 유지하기 위해서 많은 사람들이 호응하는 문화적 가치와 사회적 규범을 정치 이상으로 삼아야 한다고 하였다. 즉 국가는 윤리적이고 종교적인 권한을 갖춘 보편적 왕권확립과 법적 구속이 아닌 예의범절에 의해 사회적 유대를 이루어내는 통치이념을 세워야 한다고 하였다.

공자는 먼저 인간이 되기 위한 학문의 수행을 강조하면서 의례제도의 기반인 가정, 학교, 향리 등의 의미를 활성화시키려 했다. 또 개인의 존엄성, 사회연대, 정치질서를 위해서 개인의 인품과 지도자적 자질의 바탕이 되는 도덕심을 길러야 한다고 하였다.

공자의 뒤를 이어 맹자(孟子, 372–289 BC)라는 현인이 일어났는데, 맹자는 스스로 공자의 후계자라 자처하고 여러 나라를 다니면서 공자의 도를 선포하였다. 맹자가 만년에 제자들과 함께 문답식으로 교훈한 것과 여러 나라의 왕후(王侯)들과 논

변한 내용을 기록한 『맹자(孟子)』 7권이 지금까지 전하여 온다. 후세에 이르러 맹자를 아성(亞聖)으로 받들고, 공자와 맹자를 합하여 공맹(孔孟)이라 하며, 유교를 '공맹의 교'라고도 칭하게 되었다.

3. 유교의 경전

유교의 경전으로 보통 사서삼경(四書三經)을 말한다. 사서(四書)란 『논어(論語)』, 『맹자(孟子)』, 『대학(大學)』, 『중용(中庸)』을 말하며, 삼경(三經)은 『시경(詩經)』, 『서경(書經)』, 『역경(易經)』을 말한다. 그리고 사서오경(四書五經)이라고도 말하는데, 오경은 위의 세 경서에 『예기(禮記)』와 『춘추(春秋)』를 포함한 것이다. 그리고 시대에 따라서 추가되기도 하는데 『악기(樂記)』를 추가하여 육경이라고도 하였다. 당나라 때에 와서는 『예경(禮經)』을 「주례(周禮)」와 「의례(儀禮)」로 나누고 『춘추』를 「춘추공양전(春秋公羊傳)」과 「춘추곡량전(春秋穀梁傳)」으로 분리하며 『효경(孝經)』과 『논어(論語)』 등을 추가하여 12경이라 하였으며, 송나라 때에는 『맹자(孟子)』를 추가하여 13경이라 하였다. 그러나 가장 일반적으로는 송나라 이후 확립된 사서오경을 유교의 경전으로 지칭한다.

1) 대학(大學)

『대학』은 본래 『예기』 49편 중 42번째 편이었던 것을 송대에 사마광(司馬光)이 분리하여 『대학광의(大學廣義)』를 지었고, 이에 이정자(二程子)가 『대학정본(大學定本)』을 지어 사서 중 하나로 칭하였다. 『대학』의 내용은 삼강령(三綱領)과 팔조목(八條目)으로 구성되어 있는데 삼강령은 교육의 목적이며, 이 목적을 이루는 방법이 팔조목이다. 『대학』의 도는 학문과 덕행을 연마하여 자신의 덕을 쌓은(修己) 후 타인의 덕을 밝혀(治人) 조화를 이루는 것이다.

(1) 삼강령(三綱領)

① **명명덕**(明明德): 훌륭하게 덕을 밝힘(제1장)
② **신민**(新民): 백성을 새롭게 함(제2장)
③ **지어지선**(止於至善): 지극한 선에 머무름(제3장)

(2) 팔조목(八條目)

① **격물**(格物): 근본을 아는 일, 사물을 궁구함(제5장)
② **치지**(致知): 앎을 투철히 함, 앎의 정도를 극대화함(제5장)
③ **성의**(誠意): 뜻을 성실히 함(제6장)
④ **정심**(正心): 마음을 바르게 함(제7장)
⑤ **수신**(修身): 몸을 닦음, 인격을 도야함(제7장–8장)
⑥ **제가**(齊家): 집안을 다스림, 집안을 꾸림(제8장–9장)
⑦ **치국**(治國): 나라를 다스림, 사회를 지도함(제9장–10장)
⑧ **평천하**(平天下): 천하를 평화롭게 함, 세계에 평화를 가져옴(제10장)

2) 중용(中庸)

유교 경전 중에 가장 조직적인 도덕교육서인 『중용』은 원래 『예기(禮記)』 49편 중 31번째 편이었다. 사마천(司馬遷)의 『사기(史記)』에는 자사(子思)[24]가 『중용』을 지었다고 하지만 논란이 많다. 『중용』은 총 33장으로 되어 있으며, 첫머리에 "하늘이 명(命)한 것을 성(性)이라 하고, 성에 따름[率]을 도(道)라 하며 도를 닦는 것[修]을 교(敎)라 한다"고 교육의 본질을 밝힌다. 즉 사람의 성품은 하늘로부터 부여받은 것이고 그 성품에 따라 도(道)를 닦는 것을 교육이라고 하는데, 이는 성(誠)으로서 이루어지며, 성은 중화(中和), 곧 중용에 있다. 따라서 중용은 중화와 성의 도리라고 볼 수 있는데, 중화란 천도(天道)와 인도(人道)를 통합하는 것이며, 성(誠)은 수양(修養)의 목표이다. 『중용』의 내용은 다음과 같이 구분하여 볼 수 있다.

제1장: 천명(天命), 성(誠), 도(道)와 관련하여 중용의 철학적 근거와 사상을 논한다. 그리고 중화의 공효(功效)를 말하며 '치중화(致中和)하면 천지위(天地位) 만물육(萬物育)'이

24) 자사(子思, 483-402 BC)는 노나라(魯)의 유학자이다. 공자의 손자이자 공리(孔鯉)의 외아들이다. 사서(四書) 중 하나인 『중용(中庸)』의 저자로 전해진다. 3세에 아버지를 잃고 할아버지 손에 양육되었으나 할아버지 공자 역시 BC 479년에 사망하였다. 장성한 뒤에는 공자의 애제자 중 생존자였던 증자의 제자가 되어 수학하고, 학맥을 계승하였다. 훗날 그의 제자의 제자 중의 한 사람에게서 나온 문하생이 맹자이다. 자사는 증자의 유심주의(唯心主義) 철학을 이어받았고, 그것이 맹자에게 이어져서 선진유가(先秦儒家)의 유력한 한 학파를 형성하였다. 뒤에 주자학에서 공자, 증자, 자사, 맹자의 학통을 도통으로 존숭했다.

라는 중용의 최고의 경지인 '중용의 도'를 논하고 있다.

제2장-11장: 여기서는 공자의 말을 인용하여 제1장의 의미를 완결시킨다.

제12장-20장: 공자의 말과 시경(詩經)을 인용하여 '중용의 도'의 원리와 작용에 대해 밝힌다.

제21장-26장: 성(誠)에 대해 논한다.

제27장-33장: 지성(至誠)을 체득한 성인(聖人)의 도덕과 교화(敎化)에 대해 논한다.

3) 논어(論語)

『논어』는 공자의 어록이 담긴 경전으로서 공자가 죽은 후 그의 제자들이 편찬한 것이다. 『논어』는 총 20편으로 구성되어 있으며, 「학이(學而)」, 「위정(爲政)」, 「팔일(八佾)」, 「이인(里仁)」 등의 제목들은 각 편의 처음 글자를 따라 붙인 것이다. 『논어』의 내용은 대부분 공자가 제자들과 더불어 정치와 도덕에 관해 문답한 담론이다. 『논어』에는 공자가 학문에 뜻을 두어 학문을 이루기까지의 그의 행적과 사상 등이 기록되어 있다. '논어'라는 책명이 실려 있는 가장 오래된 문헌은 『예기(禮記)』이다. 그리고 주석서로는 위(魏)나라 하안(河晏)이 쓴 『논어집해(論語集解)』가 가장 오래된 것이다. 우리말로는 신라의 설총(薛聰)이 처음으로 해독했다는 기록이 있다.

공자는 참된 인(仁)을 이루기 위해서 "자기가 바라지 않는 바를 남에게 하지 말라"[25]고 하였으며, 또 "자기가 서고자 하

---

25) 己所不欲 勿施於人.

여 남을 세워주며 자기가 이루고자 하여 남을 이루게 하여 주라"[26]고 하였다. 인과 더불어 의(義)를 강조한 공자는 일에 임하여 그것이 나에게 이익이 되는지를 살피기보다 먼저 그것이 옳은 일인가를 살펴서 옳은 일이라면 이익과 상관없이 추진해야 한다고 했다. 그는 "군자는 의(義)에 밝고 소인은 이(利)에 밝다."[27]고 하였다.

종교적인 문제에 관하여 공자는 "사람도 잘 섬기지 못하는데 어찌 귀신 섬기는 일을 이야기 하겠는가?"[28] "이생도 알지 못하는데 어찌 죽음을 알겠는가?"[29]라고 하며 현실을 강조하는 태도를 보였다.

『논어』에서 공자는 "내가 열다섯에 학문에 뜻을 두고, 삼십에 일어서고, 사십에 흔들림이 없어지고, 오십에 하늘의 뜻을 알게 되고, 육십에 하늘의 뜻을 쉽게 따를 수 있게 되고, 칠십에 하고 싶은 바를 해도 올바름에서 벗어나지 않게 되었다."[30]라며 자신을 회고하였다. 『논어』에는 패도정치가 성행하고 개인의 도덕관이 타락한 상황에서 인정(仁政)을 역설하며 제자를 인인(仁人)으로 육성하려는 공자의 교육철학과 통치이념이 담겨 있다.

---

26) 己欲立而立人 己欲達而達人.
27) 君子喩於義 小人喩於利.
28) 未能事人 焉能事鬼.
29) 未知生 焉知死.
30) 吾十有五而志于學 三十而立 四十而不惑 五十而知天命 六十而耳順 七十而從心所欲 不踰矩.

4) 맹자(孟子)

『맹자』는 중국 전국시대의 추(鄒)나라에서 태어나 자사(子思)의 문인에게서 수학한 맹자(孟子)에 의해 써진 유교의 경전이다. 맹자는 공자의 사상을 계승 발전시켜 유교가 공맹지도(孔孟之道)라고 불릴 정도로 유교 정통성의 맥을 이어가고 있다. 맹자는 당시에 횡행하던 이단사설을 물리치고 선왕(先王)의 정치와 공자의 교훈을 천명하였다. 맹자의 학설은 크게 인성론(人性論), 수양론(修養論), 정치론(政治論), 경제론(經濟論)으로 구분된다.

(1) 인성론

맹자의 인성론은 인간의 본성을 논한 것으로서 성선설(性善說), 사단설(四端說), 양지양능설(良知良能說)로 체계화되었다. 성선설에 의하면 모든 인간의 마음속에는 하늘이 부여해준 선한 인성이 존재한다. 바로 이러한 인성의 선함은 네 가지 것(四端), 측은지심(惻隱之心), 수오지심(羞惡之心), 사양지심(辭讓之心), 시비지심(是非之心)으로 나타난다는 것이다. 즉 불쌍히 여기는 마음과 부끄러워하는 마음과 사양하는 마음과 시비하는 마음은 하늘에서 받은 성품으로부터 나오는 것인데, 인간이 이러한 선한 인성을 발전시켜 나가면 인(仁), 의(義), 예(禮), 지(智)의 사덕(四德)에 이르게 된다고 하였다. 그리고 교육이나 경험에 의하지 않고 선천적으로 사물을 판단하고 행할 수 있는 마음의 작용을 양지양능이라고 하였다. 양지양능은 생각하지 않고도 아는 것, 배우지 않고도 행하는 것으로, 타고난 깨달음이요 타고난 능력을 말한다. 맹자는 "사람이 배우지 아니하고도 잘 할 수 있는 것을 양능(良能)이라 하고, 생각하지 아니하고도 아는 것을 양지(良知)라고 한다"[31]고 하였다.

(2) 수양론

맹자의 수양론은 성선설을 바탕으로 하여, 인간에게 선천적으로 부여되어 있는 이러한 덕성을 연마하고 발전시켜 나갈 때 하늘을 섬기며 그 뜻을 따르게 된다고 한다. 그 방법으로 인의예지(仁義禮智)의 사단(四端)을 발전시켜 호연지기(浩然之氣)를 길러야 한다고 제시하였다.

(3) 정치론

맹자는 왕도정치를 주장하였는데, 왕도정치란 요순임금과 성왕들에 의해 다스려진 덕치주의를 본받아 실행하는 것이다. 그 통치이념으로 맹자는 백성을 인의(仁義)로 다스려 백성의 고통과 행복을 함께 나누는 여민동락(與民同樂)을 강조하였다. 또한 맹자는 임금이 백성의 뜻을 거스르고 천명을 어길 때에는 포악한 군주를 몰아내고 백성을 위한 군주를 세울 수 있다는 혁명론도 제시하였다.

(4) 경제론

맹자는 백성의 유익을 보장하기 위해 정전제(井田制)를 주장

---

31) 孟子曰, 人之所不學而能者 其良能也 所不慮而知者 其良知也. 盡心章句上 15章.

하였으며, 백성이 안정되어야 인의예의(仁義禮儀) 교육이 실시될 수 있다고 보았다. 맹자의 정치경제 사상은 오늘날의 공리주의, 후생주의에 가깝다. 당대에는 별로 시행되지 않았으나 송(宋), 명(明)의 유학사상에 크게 기여하였다.

5) 역경(易經)

『역경』은 우주의 원리를 상징이나 수리로 표현하여 다루고 있다. 전설에 의하면 『역경』의 「서괘(書卦)」는 복희씨(伏犧氏)가, 「괘사(卦辭)」는 문왕(文王)이, 「효사(爻辭)」는 주공이, 「십익(十翼)」은 공자가 지었다고 한다. 하지만 이것은 오랜 세월에 걸쳐 여러 사람의 손에 의해 이루어진 것으로 보인다. 『역경』은 본래 경(經)과 전(傳)으로 구성된 점서(占書)인데, 전 중에서 특히 계사전(繫辭典)은 종교적 이론의 성격을 띤다.

① **경**(經): 경(經)에는 육효(六爻)로 이루어진 64괘와 경문(經文)이 있다.

② **전**(傳): 전(傳)이란 경(經)에 대한 해석을 말한다. 주역의 전(傳)을 십익(十翼)이라고도 하는데, 전이 열 부분으로 이루어져 있기 때문이다. 익(翼)이란 본문의 이해를 돕는다는 뜻이다.

『역경』은 흔히 주역(周易)이라고도 불린다. 이 책은 점복(占卜)을 위한 원전(原典)과도 같은 것이며, 동시에 흉운을 물리치고 길운을 잡는 처세술을 추구한다. 역이란 말은 변역(變易), 즉 '바뀐다', '변한다'는 뜻으로 끊임없이 변화하는 자연현상의 원리를 설명하고 풀이한 것이다. 역에는 태극이 있으며, 태극에게서 양의(兩儀, 양과 음)가 나오고, 양의에서 사상(四象)[32]이 나오며, 사상에서는 팔괘(八卦)[33]가 나온다. 팔괘가 형성된 후에는 두 괘씩 덧놓아 64괘가 되는데 거기에 괘사와 효사를 붙여 설명한 것이 바로 주역의 경문이다. 이 64괘를 가지고 점을 쳐 국가의 흥망성쇠와 인간의 길흉화복을 판단한다.[34]

6) 서경(書經)

『서경』은 상고시대의 성왕 요 임금으로부터 주(周)대에 이르기까지 여러 군왕들의 언행을 기록한 것인데, 『시경』과 더불어 일찍부터 경서로 인정된 최고(最古)의 산문집(散文集)이다. 『서경』의 성립과정에 대해서는 여러 설이 있는데, 본래의 서(書)는 주서(周書) 몇 편이었으나 후대에 보충된 것으로 보고 있다. 한대(漢代)에 이르러 서(書)를 상서(尙書)라고 하였는데, 상서의 뜻은 상세(上世)의 글이라는 뜻이다. 고대의 역사적 전설과 도덕

---

32) 2의 승수로 분화되어 나가는 주역의 특성상 음과 양은 다시 변화를 거듭한다. 양에서 음과 양이 또다시 나타나고, 음에서 음과 양이 다시 한 번 발생한다. 이렇게 분화된 네 개의 형상, 즉 노양, 소양, 노음, 소음을 사상(四象)이라고 한다.

33) 팔괘는 건(乾), 곤(坤), 진(震), 손(巽), 이(離), 감(坎), 태(兌), 간(艮)인데 이는 각각 자연현상의 천(天), 지(地), 뇌(雷), 풍(風), 화(火), 수(水), 택(澤), 산(山)을 의미하는 것이다.

34) 삼라만상 자연현상을 압축하여 64괘로 표현한 주역의 가장 기본적인 구성요소는 양효(陽爻)와 음효(陰爻)이다. 일직선으로 그어서 양(陽)의 개념을 표현한 것이 양효(—)이며, 끊어진 두 개의 선으로 나타낸 것이 음(陰)의 기운을 표상하는 음효(- -)이다. 곧 팽창, 발산, 밝음의 총체적 상징인 양의 기운은 양효로, 수축, 수렴, 어두움의 표상인 음의 기운은 음효로 표현된다. 혼돈 상태의 태극에서 분화된 음과 양을 묶어서 양의(兩儀)라고 표현한다.

적 교훈을 종합한 것이다.

『서경』의 내용은 '명덕신벌(明德愼罰)'에 대한 것으로서 제왕들이 지켜야 할 규범에 대해 다루고 있다. 『서경』은 애민(愛民)사상과 중민(重民)사상을 보여주는 유교의 정치철학으로 위정자의 권력남용을 제어하는 역할을 하였다.

7) 시경(詩經)

『시경』은 고대 각 지방의 가사(歌詞)들을 모아놓은 가장 오래된 시가집이다. 『사기(史記)』의 공자세가(孔子世家)에 의하면 공자가 노(魯)나라에 전해지던 3천여 편의 시(詩)들을 305편으로 간추려 편찬하였다고 전해진다. 춘추시대의 민요를 중심으로 한 것으로, 크게 국풍(國風),[35] 아(雅),[36] 송(頌)[37]의 세 부분으로 되어 있다.

시는 그것을 전한 사람의 나라 이름을 따라 제(齊)시와 노(魯)시가 있고, 전한 사람의 성을 따라 한(韓)시와 모(毛)시가 있다. 그러나 지금까지 전해 오는 것은 모형(毛亨)이 전한 모시뿐이다.

---

35) 국풍(國風)은 주(周)나라 대의 여러 제후들의 나라에 유행하던 민간의 가요들을 모아놓은 것이다. 정풍과 변풍이 있으며 모두 135편이다. 주남(周南), 소남(召南), 패(邶), 용(鄘), 위(衛), 왕(王), 정(鄭), 제(齊), 위(魏), 당(唐), 진(陳), 회(檜), 조(曹), 빈(豳) 등 15나라의 시가 실려 있다.

36) 아(雅)는 왕조들을 중심으로 유행하던 음악을 모아 놓은 것으로서 소아(小雅)와 대아(大雅)로 나뉜다. 소아(小雅)는 녹명(鹿鳴), 남유가어(南有嘉魚), 홍안(鴻雁), 절남산(節南山), 곡풍(谷風), 포전(浦田), 어조(魚藻) 등 칠십(七什)으로 되어 있고, 대아(大雅)는 문왕(文王), 생민(生民), 탕(蕩)의 삼십(三什)으로 되어 있다.

37) 송(頌)은 왕실에서 조상에게 제사지낼 때 바친 노래가사를 말한다. 상송(商頌)과 주송(周頌)과 노송(魯頌)이 있다.

8) 예경(禮經)

구경(九經)이나 십삼경(十三經)에 들어간 「주례(周禮)」와 「의례(儀禮)」와 「예기(禮記)」의 세 가지를 총칭하는 말이다.

(1) 주례(周禮)

「주례」는 주나라의 성왕(成王) 때 주공단(周公旦)이 저술한 것으로 주대(周代)의 관제(官制)를 기록한 일종의 행정법전이다. 이 책은 천(天), 지(地), 춘(春), 하(夏), 추(秋), 동(冬)을 상징하는 관제를 세우고, 끝에 관(官)을 붙여 직책을 논하고 있다.[38] 이것을 육관(六官) 혹은 육전(六典)이라 하는데 동관(冬官)은 현존하지 않고 대신 『고공기(考工記)』가 보충하고 있다.

육관 아래에는 30개에서 76개의 부속관직이 있었는데, 각 속관(屬官)은 전문적인 업무를 담당하는 기관으로서 국가의 체제, 정치, 경제, 시장, 교역, 혼인 등에 대해 서술하고 있다.

(2) 의례(儀禮)

「의례」는 관혼상제를 비롯한 중국 고대의 사회적 의식을 자세히 기록한 경서이다. 군례(軍禮)를 제외한 오례(五禮)를 다루고 있으며, 고대 사회의 종교학적이고 사회학적인 연구에

---

38) 천관(天官)은 치관(治官)으로서 전 관료를 통괄하며, 지관(地官)은 교관(敎官)으로서 교육, 재정, 지방행정을 담당한다. 춘관(春官)은 예관(禮官)으로서 국가의 의례와 제사를 담당하며, 하관(夏官)은 정관(政官)으로서 병마와 군대를 통솔한다. 그리고 추관(秋官)은 형관(刑官)으로서 국가의 법률문제를 담당하며, 동관(冬官)은 사관(事官)으로서 토목과 공예를 담당한다.

귀중한 자료이다. 주공(周公)이 지었다고 추측되나, 춘추시대부터 전국시대에 걸쳐 성립된 것으로 보인다. 「의례」는 원래 57편이었으나 오늘날에는 17편만이 전해진다.

(3) 예기(禮記)

「예기」는 주나라 말부터 진·한대(秦·漢代)에 걸쳐 여러 유학자들이 고대의 예(禮)에 관한 것을 편찬한 것이다. 일반적으로 공자가 예(禮)에 대해 가르치고 체계화한 것을 제자들이 정리한 것으로 보고 있다. 한나라 때에는 약 200여 편의 예설(禮說)이 있었으나, 대덕(戴德)이 85편으로 만들고, 대성(戴聖)이 49편으로 만들었다. 대덕이 만든 것을 「대대례기(大戴禮記)」라 하고 대성이 만든 것을 「소대례기(小戴禮記)」라고 한다. 그 후 정현(鄭玄)이 「주례(周禮)」와 「의례(儀禮)」 그리고 「소대례기」에 주석을 붙여 '삼례(三禮)'라고 불렀는데, 보통 이 「소대례기」를 「예기」라고 부른다. 「예기」의 구성은 통론, 제도, 명당음양기(明堂陰陽記), 상복(常服), 세자법(世子法), 자법(子法), 제사(祭祀), 길례(吉禮), 길사(吉事), 악기(樂記) 등의 10항목으로 나누어진다.

9) 춘추(春秋)

『춘추』라는 제목은 봄바람과 가을비로 세월이 흘러간다는 의미이다. 공자가 직접 저술한 책으로, 옳지 못한 일이 있으면 강대국의 왕에 관한 일이라도 사실 그대로 기록하였다고 한다. 비록 공자에게는 정치적 세력도 없었고 모국인 노(魯)나라 역시 약소하였지만, 학문과 도덕의 권위로 공정하게 기록하였기 때문에 난신적자들이 두려워했다고 한다. 춘추에 대한 해석으로는 좌구명이 전한 『좌전(佐傳)』, 공양고가 전한 『춘추공양전(春秋公羊傳)』, 곡량고가 전한 『춘추곡량전(春秋穀梁傳)』 세 가지가 있는데 이를 춘추삼전이라 한다. 이 해석서들에는 다소 다른 점들이 있기 때문에 각각 따로 13경에 포함되었다.[39]

10) 효경(孝經)

『효경』은 유교 십삼경(十三經) 중의 하나로서 효도(孝道)에 대한 내용을 다루고 있다. 공자가 제자인 증자(曾子)에게 효도의 도리를 교수한 것을 증자가 편수하였다. 『효경』은 「금문효경(今文孝經)」과 「고문효경(古文孝經)」 두 종류가 있다. 「금문효경」은 진나라 분서(焚書) 때 안지(顔芝)가 보관했던 것인데, 이를 정현(鄭玄)이 주석하여 정주본이라 한다. 「고문효경」은 한무제(漢武帝) 때 노(魯)의 공왕(恭王)이 공자의 옛집을 헐면서 나온 것인데 이를 공안국(孔安國)이 주석하였기 때문에 『공안국전』 또는 『공씨전』이라 한다. 「금문효경」은 18장, 「고문효경」은 22장으로 구성되어 있다. 우리가 말하는 일반적인 『효경』은 『어주효경(御注孝經)』인데 이것은 당(唐)의 현종 때 「금문효경」을 중심으로 소(疏)를 달은 것을 말한다.

11) 이아(爾雅)

『이아』는 고대 중국의 자전(字典)으로 여러 가지 사물에 관한 문자와 언어를 해석한 책이다. 주공이 저술했다고 한다.

---

39) 금장태, 『유교사상과 의례』 (서울 : 예문서원, 2000), 63.

12) 악기(樂記)

『악기』는 주(周)대에 사용하던 음악에 관한 기록이다. 주나라 때 악률(樂律)을 맡은 악부(樂府)가 편찬한 책이다.

4. 삼강오륜(三綱五倫)

유교 도덕의 기본이 되는 세 가지 강령과 사람이 항상 행해야 할 다섯 가지 실천 덕목을 말하는 것이다.

1) 삼강(三綱)

삼강은 군위신강(君爲臣綱), 부위자강(父爲子綱), 부위부강(夫爲婦綱)을 말한다. 이는 각각 임금과 신하, 어버이와 자식, 남편과 아내 사이에 지켜야 할 도리를 강조했다. 유가에서는 전통적으로 충(忠)과 효(孝), 그리고 남편에 대한 아내의 순종을 말하고 있다. 이를 공맹의 교리에 입각해 삼강으로 체계화한 학자가 한대의 동중서(董仲舒, c. 179–c. 104 BC)[40)]이다. 그는 『춘추

---

40) 한무제(漢武帝, 140-87 BC) 때의 재상이었던 동중서는 BC 136년 유교를 중국의 국교이자 정치철학의 토대로 삼는 데 이바지한 철학자이다. 유교는 그 뒤로 2,000년 동안 국교 지위를 유지해왔다. 그는 철학자로서 유교철학과 음양철학(陰陽哲學)을 통합했다. 동중서는 조정에서 유학자가 아닌 학자들을 모두 쫓아낼 것을 건의하여 유교가 한의 사상적 바탕이 되는 계기를 마련했다. 또한 장래가 촉망되는 학생들을 가르치는 교육기관인 태학(太學)을 세울 것과 귀족과 지방관들에게 해마다 뛰어난 재능과 훌륭한 품성을 지닌 사람들을 추천하게 하여 관리로 임명하도록 제안했다. 이러한 제도는 비록 출신은 비천하지만 능력이 뛰어난 사람들에게 권력과 영향력이 있는 지위를

번로(春秋繁露)』[41] 「기의(基義)」에서 하늘과 땅을 임금과 신하, 봄과 여름을 아버지와 아들, 양과 음을 남편과 아내에 각각 비유하면서 이를 왕도(王道)와 결부시켰다.

우리나라의 경우도 유교가 도입되고 통치이념으로 자리 잡으면서 삼강의 윤리가 국가체제를 지탱하는 기틀이 되었다. 특히 1431년(세종 13년)에 『삼강행실도(三綱行實圖)』를 간행하여, 삼강의 윤리가 일반 백성들에게까지 확대되도록 힘썼다. 그리고 삼강에 위배되는 행위에 대해서는 강상죄(綱常罪)로 엄중히 다스려 그 실천에 철저를 기했다.

2) 오륜(五倫)

오륜은 부자(父子)·군신(君臣)·부부(夫婦)·장유(長幼)·붕우(朋友)의 다섯 가지 기본적인 인간관계와, 그 관계에서 실천해야 할 친(親)·의(義)·별(別)·서(序)·신(信)의 도덕규범이다. 오륜은 또한 오상(五常)이라고도 한다.

오륜은 삼강과 더불어 기본적인 실천윤리로 강조되었다. 『맹자』의 등문공상(縢文公上)편에는 "사람에게는 도가 있다. 배부르게 먹고, 따뜻하게 입고, 편안히 살면서 배움이 없으면

보장해주는 관리등용제도인 과거제도의 토대가 되었다.

41) 동중서가 쓴 『춘추번로(春秋繁露)』는 한대의 중요한 철학서 가운데 하나로 유교의 고전인 『춘추』를 해석한 책이다. 이 『춘추』는 공자가 태어난 노(魯)나라에서 BC 722-479년 사이에 일어난 사건들을 기술한 연대기이다. 동중서는 공자가 사건에 대하여 주관적인 판단을 내리는 방식으로 기록했기 때문에 후세 사람들이 나라를 다스릴 때 참고해야 한다고 생각했다. 동중서의 말에 따르면 공자는 인간과 자연의 관계를 이해하고 있었으며, 따라서 징후와 전조를 해석하는 방법도 알고 있었다고 한다.

짐승과 별로 다르지 않다. 성인이 이를 걱정하여 설(契)을 사도(司徒)로 삼아 인륜을 가르쳤으니, 부자는 친함이 있어야 하고(父子有親), 군신은 의리가 있어야 하며(君臣有義), 부부는 분별이 있어야 하고(夫婦有別), 장유는 서열이 있어야 하며(長幼有序), 붕우는 신의가 있어야 한다(朋友有信)"라고 하여 오륜의 내용을 구체적으로 밝혀 놓았다.

오륜이 강조되기 시작한 것은 송대에 이르러 성리학이 발흥하면서부터이다. 주희(朱熹)[42]는 『소학』에서 오륜의 내용을 자세히 설명했다. 부자간의 윤리는 '친(親)'이다. 친은 부자자효(父慈子孝)로 부모의 자애와 자식의 효도를 말한다. 부자유친은 쌍무적인 도덕규범이지만 그 중심 내용은 부모에 대한 자식의 효도이다.

부자유친이 가족윤리를 대표하는 것이라면 군신유의는 정치윤리를 대표한다. 자식이 부모에게 순종하듯이 신하는 군주의 권위에 복종해야 하는데, 이것이 '충(忠)'이다. 부자의 관계가 친합(親合) 혹은 천속(天屬)으로 표현되는 혈연적인 결합인 반면, 군신의 관계는 의합(義合) 혹은 인합(人合)으로 표현되는 인위적 결합이다. 이를 유지하기 위해 군신 상호간에 의리의 실천이 강조되었다.

---

42) 주희(朱熹, 1130-1200)는 중국 남송의 유학자로, 주자(朱子)라는 존칭으로도 불린다. 성(姓)은 주(朱), 휘(諱)는 희(熹)이며, 자(字)는 원회(元晦), 호(号)는 회암(晦庵)이다. 중국 복건성 우계에서 출생했으며 19세에 진사가 된 후 여러 관직을 지내면서 공자, 맹자 등의 학문에 전념하였고 주돈이, 정호, 정이 등의 사상을 이어받았다. 그는 유학을 집대성하였으며 '오경'의 진의를 밝히고 '주자학'을 창시하여 완성시켰다.

부부간의 윤리는 '별(別)'이다. 부부유별은 부부간의 역할을 구분하는 도덕규범이다. 성별의 차이에 따른 사회적 구별을 바탕으로 하여 남자에 대한 여자의 순종을 도덕적 의무로 강조하였다. 어릴 적에는 아버지를, 시집가서는 남편을, 늙어서는 아들을 따라야 한다는 삼종지도(三從之道)는 유교적 남녀윤리의 특징을 여실히 보여준다.

장유(長幼)는 나이를 기준으로 한 인간관계이므로 여기에 필요한 도덕규범은 '서(序)'이다. 원래는 가족 내부의 형제관계를 가리키는 것으로 형우제공(兄友弟恭), 즉 형은 우애하고 아우는 공손하여야 하는 것을 의미한 것이었으나, 사회적인 인간관계에까지 적용되었다. 아랫사람에 대한 윗사람의 우애(友愛)도 도덕적 의무로 포함되지만, 중요한 것은 윗사람에 대한 아랫사람의 공경의 의무였다.

붕우(朋友)란 친구 사이의 관계를 의미하며, 요구되는 도덕규범은 '신(信)'이다. 붕우는 서로 대등한 입장에서 성실하게 충고하고 도와주어야 하며 그러한 도덕적 의무를 신의와 신뢰로 집약하여 표현한 것이 붕우유신이다.

5. 유교의 삼대 변천

유교는 역사적으로 세 번의 큰 변천이 있었는데, 한·당(漢·唐)의 훈고학(訓詁學),[43] 송·명(宋·明)의 성리학(性理學),[44]

---

43) 언어를 연구함으로써 문장을 바르게 해석하고 고전 본래의 사상을 이해하려는 학문이다.

청(淸)대의 고증학(考證學)[45]으로 구분할 수 있다.

1) 한·당의 훈고학

중국에서는 진(秦)의 시황제(始皇帝)의 분서갱유(焚書坑儒 : 213–212 BC), 한·초(漢·楚)의 흥망(209–202 BC), 그리고 진(秦)에서 한초(漢初)에 걸쳐 한자의 일대 변혁으로 짧은 기간 동안 학문이 단절되었기 때문에 한나라 이전의 서적을 읽는 데 어려움을 느끼게 되었다. 따라서 한(漢 : 202 BC–AD 8)나라 때에 사라진 유교경전의 내용을 발굴하고 그 뜻을 밝히는 학문이 발달했는데 이를 훈고학이라고 한다.

훈고학은 고서에 있는 자구의 뜻을 연구하는 경학의 한 갈래로, 언어를 연구함으로써 문장을 바르게 해석하고 본래의 고전 사상을 이해하려는 학문이다. '훈(訓)'은 언어를 뜻하며, '고(詁)'는 옛 언어를 말한다. 주로 경전의 이해하기 어려운 고어체나 잘 쓰이지 않는 글자의 의미를 당시에 일반적으로 통용되는 표준말로 알기 쉽게 풀이하는 데 중점을 두었다.

『시경(詩經)』의 「모전(毛傳)」은 그 대표적인 예이며 『이아(爾雅)』는 자전(字典)의 원시적인 것으로서 소학의 전문서이다. 후한(後漢 : 25–220)에서는 폭넓은 연구가 이루어져 마융, 정현, 가규 등이 나타났고, 허신(許愼)의 『설문해자(說文解字)』는 소학의 기초를 구축하였다. 이와 같이 한의 훈고학은 각 자구의 뜻을 밝혀 원래의 의미를 밝혔다. 이런 훈고학의 흐름은 삼국·육조(六朝)

---

44) 이(理)·기(氣)의 개념으로 우주의 생성과 구조, 인간 심성의 체계, 사회에서의 인간의 본분 등에 관하여 깊이 사색하는 학문이다.

45) 실증적(實證的) 고전 연구의 학풍 또는 방법이다.

를 거쳐 당대(唐代)에까지 이어졌으며, 당나라의 공영달(孔穎達) 등이 칙명을 받아 『오경정의(五經正義)』를 편집하였다(640년).

2) 송 · 명의 성리학

성리학은 송 · 명(宋 · 明) 시대에 유학자들에 의하여 성립된 학설이다. 도학(道學), 이학(理學), 성명학(性命學) 또는 정주학(程朱學)이라고도 한다.

선진시대(先秦時代) 공자가 수립하고 맹자, 순자 등이 발전시킨 유학은 한나라 때 국학으로서 정통의 지위를 차지했으나, 수 · 당대에 이르러서는 불교와 도교의 확장에 상대적으로 위축되었다. 이에 송대의 유학자들은 단순한 자구 해석에 얽매이는 전통적인 훈고학의 방식으로는 유학을 부흥시킬 수 없다고 판단하였다. 이런 배경 속에서 유교, 불교, 도교의 이론들을 종합적으로 수용해 조직적이고 치밀한 이론을 가진 새로운 유학으로서 성리학을 확립시켰다.

성리학은 '하늘의 도'와 '인간의 본성'에 대한 탐구이며, 이기(理氣), 성명(性命), 천리(天理), 인욕(人欲), 격물치지(格物致知) 등의 문제를 다루었다. 주희에 의해 집대성된 성리학은 자연과 사회의 발생 · 운동을 이(理)와 기(氣)의 개념으로 설명했다. 이기론에 바탕을 둔 인간이해는 본연지성(本然之性)과 기질지성(氣質之性)의 개념을 중심으로 하는 인성론으로 체계화되었다. 본연지성은 모든 인간의 마음속에 본래 존재하고 있는 이(理)로서, 도덕적 본성을 의미한다. 이에 반해 기질지성은 자의식에 관여하는 기(氣)에 의해 형성되는 것으로 육체와 감각의 작용으로 나타나는 인간본능을 의미한다.

이 가운데 본연지성에 따른 행위는 선한 것이며, 기질지성에 따른 행위는 인욕에 의해 악으로 흐르는 경향을 갖기 때문에 사람은 인욕을 없애고 천리를 보존하는 생활방식을 가져야 한다고 주장했다. 이를 위해 사물에 존재하는 천리를 인식하는 궁리(窮理)와 인욕의 발동을 억제하는 거경(居敬)이라는 수양법이 제시되었다.

성리학에서 강조하는 이(理)의 구체적 내용은 삼강오상[46]을 비롯한 유교적 윤리도덕이었으며, 나아가 관료적 통치질서, 신분계급적 사회질서, 가부장제적 · 종법제적 가족질서를 포함하는 명분론이었다.

3) 청대의 고증학

고증학은 중국의 명말 · 청초에 일어난 실증적(實證的) 고전연구의 학풍으로 경전을 해석할 때 증거와 근거를 중시한다. 중국에서는 고거학(考據學), 또는 박학(朴學)으로 불리는데, 명나라 말기 서양학계에서 고전들을 비판하고 실증하는 것을 중요시하는 것에 자극을 받았다. 또한 송 · 명의 성리학이 유교의 본의에서 벗어났다고 여겼기 때문에 유학도들은 훈고학을 참작하여 원전의 뜻을 자세히 고증하여야 할 필요성을 느꼈다.

고증학은 서양의 실증주의와 비슷하고 기독교 경전에 대한 고등비평[47]과도 다소간 유사점이 있다. 그동안 성리학과 양명

---

46) 삼강오상(三綱五常)에서 삼강은 군위신강(君爲臣綱), 부위자강(父爲子綱), 부위부강(夫爲婦綱)이며, 오상은 유교의 다섯 가지 중요한 인륜인 인(仁), 의(義), 예(禮), 지(智), 신(信)을 말한다.

학을 통해 철학적이고 추상적인 문제를 다루었던 것에 반해 현실에 바탕을 두어 사실을 밝히고자 하는 학풍이 발전하게 되었으며, 송학이란 이름에 맞서서 이를 한학(漢學)이라고도 불렀다. 고증학은 고서(古書)를 두루 참고하여 실증적·귀납적 방법을 통해 글자와 구절의 음과 뜻을 밝혔다.

6. 유교에 대한 평가

유교는 향교와 성균관이 있고 1년에 한 번씩 석전제(釋奠祭)를 지내지만, 교의를 가르치며 신도를 권면하는 집회는 없고 전도도 하지 않는다. 유교는 초자연적인 능력의 역사나 신비한 종교적 체험을 별로 중요시하지 않는다. 공자가 가르친 도덕체계의 특징은 더 높은 차원의 덕(德)을 열망한다는 것이다. 그러나 공자가 이룩한 도덕철학은 하나님이라는 절대자의 필요성을 느끼지도 않고, 또 그분이 개입할 여지도 남겨두지 않은 자기수련의 방식이다.

---

47) 고등비평(高等批評, higher criticism)은 성경 각 책의 자료, 연대, 저자 및 역사적·사상적 배경 등을 학문적으로 연구하는 방법을 말한다. 고등비평은 저등비평 연구에서 한 걸음 더 나아간 것으로, 문서들을 그들의 원역사적 배경과 관련하여 이해하려고 관심을 가지는 데서 저등비평과 구별된다. 또한 때때로 고등비평은 역사적 비평과 실질적으로 동일한 것으로 이해되기도 한다. 고등비평은 외적인 증거보다 내적인 증거에 더 의존한다. 예를 들면 베드로가 베드로전후서를 썼는가 하는 문제를 결정하는 데 있어서 고등비평은 저작권에 대한 베드로전후서 자체의 주장이나 다른 문서에 있는 외적 증거에 의존하기보다는 오히려 이 서신들의 내용에서 본질적인 가능성을 평가하는 것이다.

유교의 사생관은 편안히 살다가 편안히 죽는 것이다. 이승과 저승이 하나의 세계이기 때문에 살아서는 조상을 섬기고, 죽어서는 자손으로부터 제사를 받는다. 유교의 이상(理想)은 규칙을 따르는 군자이다. 그러나 그는 결코 인간 속에 있는 악과 더불어 꾸준히 싸우려고 하지 않는다. 군자는 삶의 영적이고 영원한 차원들에 대해 냉담하며, 하나님과의 올바른 관계의 필요성을 실천적인 문제로 인식하지 않는다.

유교는 참된 하나님에 대한 개념이 없다. 유교의 규범적 기준은 하나님의 계시가 아닌 조상들의 가르침이며, 인간의 범죄나 죄악성, 그리고 구원의 방법 등에 대한 문제의식이 없다. 인간본성에 대한 낙관론은 자기만족과 영적 교만을 조장했으며, 미래의 삶에 대한 특별한 소망이 없는 세계관은 현세적인 세상을 믿는 신앙을 고착시켜 왔다.

특히 역경(易經)의 처세철학은 도덕생활을 본위로 한 윤리가 아니고 입신양명을 목표로 한 이기주의이다. 이 처세법은 만유를 주재하시는 하나님을 제외하고, 순전히 이기(理氣)의 수중(手中)에 인생을 복속시켜 사람으로 하여금 현실에 예속되게 한다. 또한 대아(大我)보다 소아(小我)를 먼저 생각함으로 사회생활, 곧 단체생활의 중요성을 소홀히 하는 경향이 있다. 따라서 이는 인간의 죄 문제를 도외시하는 비윤리적 처세술인 것이다.

유교적 성인(聖人)의 개념은 기독교에서처럼 하나님의 은총에 의한 죄의 사면을 통해서가 아니라 선(善)이라는 내재적 원리를 실현하는 자를 의미한다. 유교의 명상 방식인 정좌와 신독(愼獨), 그리고 인간의 내면적인 삶과 외면적인 활동의 통일은 평상적인 유교의 정신계발 방법이며 사유와 행동을 일치시키는 방법이었다.[48] 그러나 이러한 유교의 자기실현은 기독교의 기도나 참회와는 거리가 멀다. 유교는 인간이 어떠한 궁극적인 선을 행할 능력이 없으며, 스스로를 구원할 수 없다는 사실을 인식하지 못하고 있다. 이런 점들을 살펴볼 때 유교는 종교라기보다는 윤리철학의 학파로 보는 것이 더 타당하다.

48) Julia Ching, *Confucianism and Christianity*, 임찬순·최효선 역, 『유교와 기독교 : 동서문화의 비교연구』(서울 : 서광사, 1993), 35-36.

제 6 장
도 교

1. 도교의 기원

유교를 집대성한 사람이 공자라면, 도교를 정립한 사람은 노자라고 할 수 있다. 하지만 공자의 삶이 명료하고 그 교훈이 확실했던 반면 노자는 그 생활이 막연하고 가르침 또한 희미하여 이해하기가 어렵다. 중국 북편에서 발달한 유교와는 달리 도교는 중국 남편에서 발생하였다. 도교 사상은 중국 남방에 사는 백성들이 이전부터 지켜오던 것을 노자가 집대성한 것이라고 할 수 있다. 도교는 기원전 770-476년에 전개된 철학이었는데, 차츰 종교로 발전하였다.

중국철학사에서는 가(家)와 교(敎)의 개념을 엄밀히 구분한다. 가(家)란 하나의 철학파를 지칭하는 것이며, 교(敎)는 일종의 종교적인 성격을 지니는 교단을 가리킨다. 이러한 구분이 도교의 경우에도 적용되어 도가(道家)는 주로 춘추전국시대에 성립된 『노자(老子)』와 『장자(莊子)』를 기초로 하는 하나의 철학사상을 지칭하며, 'philosophical Taoism'이라고 번역한다. 한편 도교(道敎)는 민간신앙의 여러 요소들을 포함하여 종교적 의례를 갖춘 종교형태를 의미하며, 'religious Taoism'이라고

번역한다.[49)]

도교는 중국 역사상 극심한 혼란기였던 2세기 말엽에 장도릉이 새롭게 전개하였다. 그는 유교 경전을 읽으며 성장한 문인이었으며, 초기에 오경을 공부하다가 만년에 장생법을 배우고 금단법을 터득한 뒤 곡명산에 들어가 24편의 경서를 짓고 신자를 모았다. 그의 문하에 들어오는 사람들이 다섯 말의 쌀을 바쳤기 때문에 오두미도(五斗米道) 또는 오두미교(敎)라고 불렀으나 장도릉을 조롱하는 사람들은 그를 미적(米賊)이라 칭하기도 하였다. 장도릉 등이 도교를 일으킨 초기에는 신도들이 대부분 우매했기 때문에 일종의 종교집단의 모습을 띤 무리에 지나지 않았다.

그러나 도교가 일반 민중뿐만 아니라 상류 지식층 사이에도 널리 전파되자 종교적인 교리와 조직이 필요하게 되었다. 3-4세기 무렵에 위백양(魏伯陽)과 갈홍(葛洪)이 학술적인 기초를 제공하고, 구겸지(寇謙之)가 전래 종교인 불교의 자극을 받아 그 의례(儀禮)의 측면을 대폭 채택하여 도교를 천사도(天師道)로 개칭하면서 도교가 하나의 종교로서 체계적인 이론을 갖추었다.

도가의 노장사상(老莊思想)이 고통스러운 현실로부터 정신적인 초탈을 지향한다는 점과, 도교가 질병과 단명에서 벗어나는 장생불사를 목적으로 한다는 점에서 도가와 도교 모두 현세주의적인 관점을 전제한다고 볼 수 있다. 따라서 이 둘 사이에 의미 차이가 존재함에도 불구하고 도교란 도가의 철학과 중국인의 민간신앙이 결합된 민족종교를 의미한다고 보는 것이 일반적이다.

---

49) 윤찬원, 『도교철학의 이해』(서울 : 도서출판 돌베개, 1998), 25.

2. 도교의 주요 인물 : 노자와 장자

1) 노자(老子)

노자의 성은 이(李)요, 이름은 이(耳)며 자호로는 백양(伯陽)을 쓰고 시호는 담(聃)으로, 공자보다 조금 연장자라고 한다. 일설에 의하면 이름은 중이(重耳), 또 다른 이름은 추(推), 자는 백종(伯宗)이라 하며, 또 다른 설에 의하면 이름은 지(志), 자는 백광(伯光)이라 한다. 출생한 연대는 정확하지 않으나 BC 600년경으로 추정한다. 『사기(史記)』에 의하면 그는 초(楚)나라의 고현 여향 곡인리의 사람이었다. 「현묘내편(玄妙內篇)」에 보면, 그의 어머니가 임신하고 오얏나무(李樹) 밑에서 거닐 때 아기가 어머니의 왼편 겨드랑이를 터치고 나왔으며, 나면서부터 흰머리를 가졌기 때문에 노자(老子)라고 하였다. 장성하여 주(周)나라 수장실(守藏室)의 관리가 되어 도서 감독에 임명되었다. 공자가 예(禮)에 대하여 노자에게 물었다는 전설이 있다.

노자는 주나라가 쇠하여지고 인정(仁政)이 없어짐을 보고 한탄하여 세상을 피하고자 서방의 산관(散關)에 이르게 되었다. 노자는 그 관(關)을 다스리는 윤희(尹喜)와 도(道)를 논하며, 그의 청에 의하여 도덕의 뜻을 기술하였는데, 그 책이 바로 『도덕경(道德經)』이다. 노자가 활동하던 시기는 춘추시대를 지나고 전국(戰國)시대로 들어서는 과도기였던 만큼 국가의 정치가 흔들리고 곳곳에서 전란이 일어나 세상이 어지러웠다. 이때 유교의 공자는 백성을 살리기 위해 평천하(平天下)의 왕도(王道)[50)]

50) 인(仁)과 덕(德)을 바탕으로 하는 정치로 중국의 유가(儒家)들이 이상으로 삼았던 정치사상이다. 일반적으로 패도(覇道)와 대비되는 개

를 역설했던 반면, 도교의 교조 노자는 이미 기울어져 건잡을 수 없는 난세에 무위자연의 삶을 주장하였다.

2) 장자(莊子)

한대(漢代)의 역사가 사마천(司馬遷, ?–85 BC)의 『사기』 열전(列傳)에 의하면 장자는 전국시대 송나라의 몽(蒙), 즉 지금의 허난성 상추현에서 태어났고, 이름은 주(周)이며, 고향에서 칠원(漆園)의 하급 관리를 지냈다. 그는 초(楚)나라 위왕(威王, ?–327 BC) 때에 활동했으며, 맹자와 혜시(惠施)와 동시대의 사람으로 맹자와 조우했다는 기록은 없으나 혜시와는 가깝게 지냈다. 열전에 의하면 장자의 가르침은 주로 노자의 말을 인용한 것이지만 장자가 다룬 주제가 훨씬 광범위하다고 한다. 장자에 관해서 호접몽(蝴蝶夢)과 고분지탄(鼓盆之嘆)의 이야기가 유명하다.

'호접몽'의 내용은 다음과 같다. 장자가 한번은 꿈에 나비가 되었는데 그 때에는 자기가 장주인 것을 몰랐었지만, 꿈에서 깨어나 보니 흙덩이와 같은 육체를 가진 장주였다고 한다. 그래서 장주는 자기가 꿈에 나비가 되었는지 나비가 꿈에 장주가 되었는지 알 수가 없다고 하였다.

념으로 사용되기도 한다. 패도가 힘에 의해 정치의 목적을 달성하는 것을 가리킨다면 왕도는 덕에 의해 정치의 목적을 달성하는 것을 가리킨다. 왕도의 개념은 『서경(書經)』 <홍범(洪範)>에서 처음 나타나는데 거기에서 왕도란 공평무사한 정치를 의미한다. 공자의 덕치사상에서도 왕도의 내용을 보여준다. 그 후 왕도사상은 맹자에 의해 완성되었으며, 한대(漢代) 이후 유교가 국교로 확립되면서 왕도사상은 유교정치이념의 기본내용으로 정립되었다.

'고분지탄'의 내용은 이렇다. 한번은 장자가 아내의 정절을 장난삼아 시험하였는데 아내가 스스로 부끄러움을 이기지 못하고 자살을 하였다. 그러자 그는 아내가 물을 긷던 동이를 두드리면서 "인생에게 있어 나고 죽는 것도 또한 큰일이다"라고 탄식하였다는 것이다. 그의 친구인 혜시가 장자를 조문하러 와서 보니 장자는 돗자리에 앉아 대야를 두드리며 노래를 부르고 있었다. 혜시가 장자에게 아내의 죽음 앞에서 어떻게 그럴 수 있느냐고 묻자, 장자는 "아내가 죽었는데 왜 내가 슬프지 않겠는가? 그러나 다시 생각해보니 아내에게는 애당초 생명도 형체도 기(氣)도 없었다. 유(有)와 무(無) 사이에서 기가 생겨났고, 기가 변형되어 형체가 되었으며, 형체가 다시 생명으로 모양을 바꾸었다. 이제 삶이 변하여 죽음이 되었으니 이는 춘하추동의 사계절이 순환하는 것과 다를 바가 없다. 아내는 지금 우주 안에 잠들어 있다. 내가 슬퍼하고 운다는 것은 자연의 이치를 모른다고 하는 것과 같다. 그래서 나는 슬퍼하기를 멈췄다." 라고 말했다.

장자의 임종에 즈음하여 제자들이 그의 장례식을 성대히 치르려고 의논하고 있었다. 이것을 들은 장자는 "나는 천지로 관을 삼고 일월로 연벽(連璧)을, 성신으로 구슬을 삼으며 만물이 조상객이니 모든 것이 다 구비되었는데 무엇이 더 필요한가?" 라고 말하면서 그 논의를 즉각 중단시켰다. 놀란 제자들은 매장을 소홀히 하면 까마귀와 솔개의 밥이 될 우려가 있다고 말하자 장자는 다음과 같이 말했다. "땅 위에 있으면 까마귀와 솔개의 밥이 되고 땅 속에 있으면 땅 속의 벌레와 개미의 밥이 된다. 까마귀와 솔개의 밥을 빼앗아 땅 속의 벌레와 개미에게 준다는 것은 공평하지 않다." 이러한 장자의 기이한 언동은 그의 숙명론적 깨달음과 직결되어 있다. 장자는 인생의 모든 것이 하나, 즉 도(道)로 통한다는 것을 인식해야만 깨달음을 얻을 수 있다고 하였다.

장자는 "인생은 큰 꿈이요, 죽음이야말로 큰 깨달음(大覺)이다. 사는 것은 싫어할만한 것이요, 죽는 것은 즐거워할만한 것이다."라고 하였다. 사는 것은 혹과 같고 죽는 것은 혹을 떼고 시원하게 되는 것이라고 생각하였다. 이와 같이 장자는 염세적인 관점을 가지고 생사일여(生死一如)의 관찰에서 한 걸음 더 나아가 생사를 초월하는 경지에 들어가고자 하였다.

3. 도교의 경전

도교의 경전은 4천여 권이지만, 여기에서는 대표적인 『태상감응편(太上感應篇)』, 『태평경(太平經)』, 『황정경(黃庭經)』, 『음부경(陰符經)』, 『도덕경(道德經)』, 그리고 『장자(莊子)』 등을 언급하고자 한다.

1) 태상감응편(太上感應篇)

송대 이창령(李昌齡)이 『포박자(抱朴子)』[51]에서 초록한 것이라고 하며, 진덕수(眞德秀)가 '서(序)'를 지었다. 노자의 말 1,277자(字)로 되어 있으며, 신은 악행을 많이 저지른 사람일수록 일찍 죽게 하므로 오래 살려면 선을 많이 쌓아야 한다는 내용이다.

---

51) 중국의 신선방약(神仙方藥)과 불로장수의 비법을 서술한 도교서적이다.

이 책에서 태상이란 용어를 쓴 이유는 신인감응사상 곧 신군(神君)이 선행에는 상을 주고 악행에는 벌을 내린다는 사상을 훈계하고 널리 알리기 위함이었다. 천상에는 '사과지신(司過之神)'이 있어 수시로 모든 사람의 언행을 몰래 기록하기 때문에 결국 선악으로 사람의 수명과 화복이 결정된다고 설명하였다.[52] 아울러 널리 행해야 하는 좋은 일과 마땅히 하지 말아야 하는 악을 열거함으로써 사람들에게 선한 행위를 권고하고 악한 행위는 경고하였다.

여기에서 선악의 구분은 전적으로 유가의 윤리와 도덕을 기준으로 하였다. 원나라의 오견(吳堅)은 이 책을 위해 도설(圖說)을 지었으며, 청나라의 혜동(惠棟)과 유월균(兪樾均)은 주를 달았다. 간명한 문체가 특징인 이 책은 도덕의 모범서로서 사대부에서 서민에 이르기까지 애독하였다.

2) 태평경(太平經)

『태평경』은 동한(東漢)의 순제(順帝, 126-144 재위) 때, 궁숭(宮崇)이 스승인 우길(于吉)에게서 받았다고 하는 신서(神書) 10부 107권이다. 『태평청령서(太平靑領書)』라고도 하는데, 지금은 57권만 전하여진다. 『태평경』의 내용은, 천지 만물이 원기(元氣)를 받고, 음양이 교차하여 오행(五行)[53]이 서로 짝을 이룸으로써

---

52) 太上曰 禍福無門 惟人自召 善惡之報 如影隨形 是以天地 有司過之神 依人所犯輕重 以奪人算[태상(太上 : 老子)이 말하였다. 화와 복은 따로 문이 없으며, 오직 사람이 스스로 불러들일 따름이다. 선과 악의 보답은 마치 그림자가 형체를 따르는 것과 같다. 이러한 까닭에 천지간에는 잘못의 기록을 담당하는 신명이 있어서, 사람이 저지르는 잘못의 경중에 따라 그 사람의 운수(算)를 빼앗는다.]

만물이 생겨난다는 것, 인간들은 오행의 이치에 따라야 한다는 것, 태평한 기운이 도래하여 큰 덕을 갖춘 군주가 태평성세를 이룩한다는 것 등이다. 동한 말기, 장각(張角)은 태평도를 조직하고 『태평경』을 사상적 무기로 삼았다. 그는 동한 왕조에 대항하여 황건적의 군사행동을 이끌었으며, 우길은 산동(山東)에서 사람들의 병을 치료해주며 그들에게 『태평경』을 보급하여 비밀리에 농민 봉기를 추진하였다.

『태평경』에는 당시의 부패한 사회 속에서 모두가 평등해야 한다는 농민들의 주장이 반영되어 있다. 또한 사회의 재물은 어느 한 사람에 의해 독점되어서는 안 되며, 열심히 일한 만큼 누리며 살 수 있어야 한다고 역설하였다. 특히 무위도식하는 귀족들과 관리들을 농민들이 수고하여 이루어놓은 것을 훔쳐가는 창고 안의 쥐에 빗대어 "그들은 스스로 힘을 가지고 있으므로, 입고 먹는 것은 자기의 노동으로 해결해야 한다"[54]고 비난하였다.

발췌본으로는 당대에 이루어진 『태평경초(太平經抄)』 10권(이 중 1권은 후대에 증보된 것임)이 있다. 왕명(王明)이 정리한 『태평경합교(太平經合校)』는 하늘을 받들고 도를 본받으며 음양오행에 순응할 것을 주장하고 있다. 그리고 윤리법칙과 장수, 신선,

---

53) 오행(五行)이란 화(火), 수(水), 목(木), 금(金), 토(土)를 말하는데, 만물이 다 음양(陰陽)으로 형성되어 있어 화, 목은 양에 속하고 수, 금은 음에 속하며, 토는 중간에 있어서 이런 것들의 화생(和生), 상극(相剋)에 의해서 변화가 생긴다고 한다. 화생은 목생화(木生火), 화생토(火生土), 토생금(土生金), 금생수(金生水), 수생목(水生木)을 말하며, 상극은 목극토(木剋土), 토극수(土剋水), 수극화(水剋火), 화극금(火剋金), 금극목(金剋木)을 말한다.

54) 人人自有筋力 各自衣食其力.

통신(通神), 치병, 점험(占驗) 등과 같은 술(術)에 대해서도 자세히 밝혔다. 또한 극기수선(克己修善)을 강조하여 이를 잘 하는 사람은 신선이 되고, 중간 정도 하는 사람은 장수할 수 있으며, 가장 못하는 사람이라 할지라도 병은 면할 수 있다고 했다. 재물에 관하여는 이 세상의 재화는 공유하는 것이며 스스로 벌어서 살아가는 것이 인간의 도리이고, 재산을 모으고도 베풀지 않는 자는 악인이며 죄를 받기에 마땅하다고 하였다.

『태평경』은 도교의 모든 종파의 교의에 커다란 영향을 끼쳤으며, 2세기 전후의 중국의 사상, 사회, 종교사 등을 연구하는 데 중요한 자료이다. '태평'이라는 말이 의미하듯 '위대한 평화' 혹은 '위대한 평등'의 시대를 여는 방법을 모색한 『태평경』은 원시도교의 철학체계뿐 아니라 후기도교의 철학사상 형성에 결정적인 영향을 미쳤다. 『태평경』은 세계관과 인간관 및 윤리관으로 구성되어 있으며, 그 체계는 도교가 지향하는 이상사회·이상국가의 이론적 토대가 되었다.

3) 황정경(黃庭經)

『황정경』은 중국 위·진(魏·晉) 시대의 도인들이 양생(養生)과 수련의 원리를 가르치고 기술하는 데 사용했던 칠언가결(七言歌訣) 형식으로 쓰인 도교 경전이다. 원래의 명칭은 『태상황정외경옥경(太上黃庭外景玉經)』·『태상황정내경옥경(太上黃庭內景玉經)』이다. 그밖에 후서로 『태상황정중경경(太上黃庭中景經)』이 있다. 일반적으로 『중경경』은 『황정경』에 포함되지 않는다. 황정(黃庭)은 인간의 성(性)과 명(命)의 근본을 가리키는 것이며, 구체적으로는 뇌(上黃庭), 심장(中黃庭), 비장(下黃庭) 등을 말한다.

양생과 수련의 요지는 명예와 이익을 탐내는 마음이 없는 소박하고 욕심이 없는 상태에서 허무자연(虛無自然)을 추구하는 것이다. 이를 위해 쾌락의 욕구를 단절시키고 호흡을 조절하며 침을 삼키고 신성(神性)을 길러, 정(精 · 기(氣) · 신(神)을 '황정'에 모으는 것이다. 『황정경』의 주해서로는 『양구자(梁邱子)』와 『무성자(務成子)』 등이 있다.

4) 음부경(陰符經)

『음부경』은 『황제음부경(黃帝陰符經)』이라고도 한다. 도교의 확립자인 북위(北魏) 때의 도사(道士) 구겸지(寇謙之)가 지어서 명산에 숨겨놓고 후세에 전했던 것을 당대(唐代)의 이전(李筌)이 쑹산(崇山)의 석실(石室)에서 발견했다고 한다. 『음부경』은 당대 초의 저수량(褚遂良)과 구양순(歐陽詢)이 쓴 사본이 있기 때문에 수대(隋代) 이전에 지어진 것으로 본다.

상편은 수련성선(修煉成仙)의 도를, 중편은 부국안민(富國安民)의 법을, 하편은 강병전승(强兵戰勝)의 기술을 논하고 있다. 음양오행의 변화를 통해 인간의 희망과 행동이 모름지기 객관적인 법칙에 부합되어야만 비로소 "하늘과 인간이 함께 발(發)하고 온갖 변화가 그 기본을 정한다"고 설명하였다. 냉정한 관찰과 분석으로 시기(時機)를 파악할 것을 주장했으며, 전반적인 내용은 도가사상을 위주로 하면서 종횡가(縱橫家) 및 병가(兵家)의 사상도 나타나고 있다. 문장은 간결하지만 깊은 뜻이 담겨 있어서 이해하기 어렵다.

5) 도덕경(道德經)

『도덕경』이라는 이름은 한대(漢代)에 처음 사용되는데, 그 전까지는 이 책의 저자인 노자의 이름을 따서 『노자(老子)』라고 하였다. 『도덕경』은 도가의 대표적인 경전으로 노자는 이 저서에서 전체적으로 자연에 순응하는 무위(無爲)의 삶을 살아갈 것을 역설하였다.

한대 문제(文帝, 179–157 BC) 때에 하상공(河上公)이 상하 두 편으로 나누어 편찬하였는데 상편이 37장이고 하편이 44장으로 합계 81장이다. 상편(1–37편)은 도(道)를 논하여 우주의 원리를 가르치는 우주관이며, 하편(38–81편)은 덕(德)을 논하여 실제 생활을 가르치는 인생관이다. 상하편에서 도와 덕을 나누고 있으나 뚜렷하게 구분되지 않는 이유는 덕의 원리도 도에서 나오는 것이라고 보았기 때문이다. 도덕경에 나타난 도의 개념은 유교의 실천원리로서의 도의 개념과 달리 심오한 형이상학적 성격을 가지고 있다.

이 도는 우주의 근본으로 천지만물의 시초이며 원리이다. 천지의 운행을 비롯하여 인간의 존재와 삶이 다 이 원리에 순응하여 자연스럽게 운영되는 것이라고 한다. "도가 하나(하늘)를 낳고 하나가 둘(땅)을 낳고 둘이 셋(사람)을 낳는다. 셋이 있어 만물의 존재가 비로소 그 의미를 드러낸다. 만물은 음을 등에 업고 양을 가슴에 품는다. 기가 가득 차매 서로 음양조화를 이룬다."[55] 그러므로 이 이치에 근거하여 역으로 그 순

---

55) 道生一 一生二 二生三 三生萬物 萬物負陰而抱陽 沖氣以爲和. 『道德經』 제42장.

리를 따라야 한다는 것을 강조한다. "사람은 땅을 따르고, 땅은 하늘을 따르며, 하늘은 도를 따르고, 도는 스스로 그러함을 따른다."[56] "근본으로 돌아가는 것이 도의 움직이는 법칙이요, 약함이 도의 작용의 모습이다. 천지만물은 유(有)에서 생겨나고 유(有)는 무(無)에서 비롯된다."[57]

또 덕에 관하여도 인위적인 덕이 아니라 무위적인 덕을 강조하고 있다. "상덕(上德)은 내세우지 않아 덕이 없어 보이나 이로써 덕이 나타난다. 하덕(下德)은 덕을 잃을 것도 없으니 그러기에 진실로 덕이 없다. 지극한 덕은 무위(無爲)로 행하며 이루지 못한 덕은 인위(人爲)로 행한다."[58] "학문은 쌓을수록 하루하루 더함을 취하려 하고 도의 길은 하루하루 버린다. 버리고 버리다보면 무위(無爲)의 지경에 다다르니 무위에 이르면 되지 않는 일이 없다. 그러므로 세상을 얻는다 함은 일을 꾸미지 않음이다. 아직도 일을 꾸미느냐. 세상을 얻기에 너무나 부족하구나."[59] "성인은 항상 무로써 백성을 구제하고 백성들의 마음으로써 자기 마음을 삼으니 선한 자 선으로 대하고 불선한 자 또한 선으로 대하니 이를 덕선(德善)이라 한다. 신의로운 자 신의로 대하고 신의 없는 자 역시 신의로 대하니 이를 덕신(德信)이라 한다."[60]

---

56) 人法地 地法天 天法道 道法自然.『道德經』제25장 후반.

57) 反者道之動 弱者道之用 天地萬物生於有 有生於無.『道德經』제40장.

58) 上德不德 是以有德 下德不失德 是以無德 上德無爲而無以爲 下德爲之而有以爲.『道德經』제38장 초반.

59) 爲學日益 爲道日損 損之又損 以至於無爲 無爲而無不爲 故取天下 常以無事 及其有事 不足以取天下.『道德經』제48장.

60) 聖人無常心 以百姓心爲心 善者吾善之 不善者吾亦善之 德善矣

도와 덕은 밀접한 관계에 있다. "도(道)는 만물을 낳고 덕(德)은 만물을 기르고 물(物)은 만물의 형체를 이루게 하고 세(勢)는 만물의 역할의 기세를 만든다. 그러기에 만물로서는 도를 존중하고 덕을 귀하게 여겨야 한다. 도를 존중하고 덕을 귀하게 여기는 것은 시키지 않아도 저절로 되는 것이니 고로 도가 만물을 낳고 덕은 만물을 기르고, 키우고, 양육하고, 이루어 주고, 무르익게 하고, 길러 주고, 보살펴 준다. 생명을 낳으나 가지려 하지 않고, 이루고도 이에 기대려 하지 않고, 키우나 주재하지 않는다. 이를 일컬어 현덕(玄德)이라 한다."[61]

도덕경의 도와 덕의 주요사상은 무위자연으로 생각해 볼 수 있다. "천리 길도 한 걸음에서 비롯된다. 드러내며 하는 자 실패하기 마련이고 집착하는 자 잃는다. 성인은 무위(無爲)로 하니 실패하지 않고 집착하지 않으니 잃음이 없다. 사람이 일을 행하매 일을 다 이룰 즈음에 실패하니 시작처럼 마지막도 신중하면 실패하는 일이 없을 것이다. 성인의 욕심은 욕심을 버리는 것이요 귀한 재물을 귀히 여기지 않으며 배우지 않고도 배우니, 세인의 지나친 행동을 본래로 되돌리고 만물의 본래 자연스러움을 지키며 억지로 행하려 하지 않는다."[62] 그러므로 일의 처리는 작은 일에서부터 자연스럽게 해야 한다는

信者吾信之 不信者吾亦信之 德信矣. 『道德經』 제49장.

61) 道生之德畜之物形之勢成之 是以萬物莫不尊道而貴德 道之尊德之貴夫莫之命而常自然 故道生之德畜之長之育之成之毒之養之覆之 生而不有 爲而不恃 長而不宰 是謂玄德. 『道德經』 제51장.

62) 千里之行 始於足下 爲者敗之 執者失之 聖人無爲故無敗 無執故無失 民之從事 常於幾成而敗之 愼終如始 則無敗事 是以聖人欲不欲 不貴難得之貨 學不學 復衆人之所過 以輔萬物之自然 而不敢爲. 『道德經』 제64장.

사실이 강조된다. “큰 것은 작은 것이요 많은 것은 적은 것이라. 원한을 덕으로 갚고 세상의 어려운 일은 쉽게 행하고 큰 일을 하려면 작은 것부터 행하라. 세상 가장 어려운 일도 반드시 쉬운 데서 빚어지고 세상 가장 큰 일도 반드시 작은 데서 비롯된다.”[63)]

무위자연을 통해 나타나는 소박함과 겸손함도 강조되고 있다. “진실한 말은 아름답게 꾸미지 않고 달콤한 말은 믿을 수 없으니 선한 사람은 변명하지 않고 변명하는 자 선하지 않도다. 안다 하는 자 박식하지 못하고 박식하다 하는 자 진정 알지 못한다. 성인은 쌓아두지 않으니 사람들을 위해 이미 행하고 있으며 그럴수록 더욱 더 풍성해지고 사람들을 위해 베푸니 이미 더욱 많아지게 되었다. 하늘의 도는 이롭게 할 뿐 해롭지 않으니 성인의 도는 일을 행함에 다투지 않는다.”[64)] 그러나 무위는 참으로 행동하지 않는 것이 아니라 도에 따르는 행동, 즉 무리 없이 자연스럽게 일을 행하는 것을 의미한다. “베풀려는 상사는 도를 배우면 힘써 행하려 하고, 자기만 살아남으려고 하는 중사는 도를 배우면 움직이려 하지 않고, 아예 관심이 없는 하사는 도를 배우면 크게 비웃어 넘긴다.”[65)]

『도덕경』 제1장 첫머리에 “도를 도라고 드러낼 수 있는 도라면 불변의 도가 아니요, 이름을 가히 이름 할 수 있으면 불

---

63) 大小多少 報怨以德 圖難於其易 爲大於其細 天下難事 必作於易 天下大事 必作於細. 『道德經』 제63장.

64) 信言不美 美言不信 善者不辯 辯者不善 知者不博 博者不知 聖人不積 旣以爲人 已愈有 旣以與人 已愈多 天之道 利而不害 聖人之道 爲而不爭. 『道德經』 제81장.

65) 上士聞道 勤而行之 中士聞道 若存若亡 下士聞道 大笑之. 『道德經』 제41장 초반.

변의 이름이 아니다. 이름 없는 것이 천지의 처음이요, 이름 있는 것은 만물의 어머니이다. 그러므로 항상 욕심을 버리면 도의 오묘함을 볼 수 있으며, 언제나 욕심을 내면 그것을 구하기만 할 것이다. 이 두 가지는 같으나 나타내는 이름은 다르다. 함께 일컬어 도의 현묘함이라 한다. 깊고 깊어 모든 신묘한 것의 문이다."[66]라고 하였다. 상도(常道)는 우주에 자연으로 존재하여 만물을 주장(主掌)하는 절대적인 것이므로 인생으로는 도저히 생각할 수 없고 이름 지을 수도 없는 항상 변하지 않는 것, 허무적 원리(虛無的 原理)라는 것을 나타낸다. 따라서 25장에 가서는 "나는 그 이름을 알지 못하여 도라고 부른다."[67]고 하였다. 그리하여 상대(相對)의 세계를 초월하는 도(道)를 절대, 평등, 무차별의 본체라고 인정하였다.

우주만물의 미추(美醜)와 선악은 현상적으로 볼 때에 서로 다르고 피차에 반대되는 것으로 여겨지지만 절대로부터 볼 때에는 아무 구별도 없는 것이다. 다만 자기의 마음에 맞는 것은 선하고 아름답다고 하며, 거슬리는 것은 악하고 추하다고 하는 것뿐이다. 노자가 본 도의 본체는 허무적막한 자연의 도로 인생의 지각을 초월한 것이었다.

6) 장자(莊子)

장자의 저서는 총 52편이었으나 서진(西晉)의 곽상(郭象,

---

66) 道可道非常道 名可名非常名 無名天地之始 有名萬物之母 故常無欲以觀其妙 常有欲以其徼 此兩者同出而異名 同謂之玄 玄之又玄衆妙之門. 『道德經』 제1장.

67) 吾不知其名 字之曰道. 『道德經』 제25장.

?–312)이 장자의 글을 내편(內篇) 7편, 외편(外篇) 15편, 잡편(雜篇) 11편의 합계 33편으로 정리하여 이를 『장자』라 부른다. 후대의 학자들이 가장 뛰어난 장자 연구가로 평가한 곽상은 장자의 저작에 처음으로 주석을 달았고, 장자의 위치를 도가사상의 원류로 끌어올렸다. 불교, 특히 선(禪)불교의 학자들도 장자의 글을 많이 인용했다.

장자도 노자와 같이 우주의 본체를 도로 보았다. 도는 근본적인 실체요 만물 만사는 다 도에서 나타나는 현상이라고 보았다. 만유가 나타나는 모양을 살펴보면 일월성신이나 산천초목이나 천태만상의 모든 것이 다 정연한 질서가 있는데, 이것이 도가 존재하는 증거라고 하였다.

이 도에는 아무리 측량하여도 알 수 없는 신비한 작용이 있고, 사람의 눈에 보이지 않을지라도 천지의 시초부터 있었으며 온 우주에 편만(遍滿)하여 있다고 하였다. 『장자』에 있는 격언 가운데 "말이 앞서고 무엇을 아는 척 하는 사람은 아직 아무 것도 모르는 사람이다"라는 말이 있다. 그러므로 성인은 말이 없는 교훈을 할 줄 알아야 한다. 말을 그치고 아는 것을 버려야 사람은 바로 되고 세상도 평안해진다고 하였다. 이것이 곧 장자가 강조한 하는 것도 없고(無爲), 이름도 없고(無名), 나도 없는(無我) 자연의 도이다.

장자는 말로 설명하거나 배울 수 있는 도는 진정한 도가 아니라고 가르쳤다. 장자에 따르면, 도는 시작과 끝이 없고 한계나 경계도 없다. 인생은 도의 영원한 변형에 따라 흘러가는 것이며, 도 안에는 좋은 것, 나쁜 것, 선한 것, 악한 것이 없다. 사물은 저절로 흘러가도록 내버려 두어야 하며, 사람들은 이 상태가 저 상태보다 낫다는 가치판단을 해서는 안 된다. 덕이 있는 사람은 환경, 개인적인 애착, 인습, 더 나은 세상을 만들려는 욕망 등의 집착에서 벗어나 자유로워져야 한다.

『장자』에서 모든 지각이나 경험의 상대성은 '만물의 통일성(萬物齊同)'과 밀접하게 연관되어 있다. 도가 어디에 있느냐는 질문에 대해 장자는 도가 없는 곳이 없다고 대답하며 이도관지(以道觀之)를 강조하였다. 즉, 물(物)의 관점에서 보면 자신은 귀하고 남은 천하다. 하지만 도(道)의 관점에서 보면 모든 만물은 평등하며, 인간과 도가 하나 됨으로 자유가 있다.

4. 노장 이후의 도교

노장 이후에는 사람들이 노장의 사상에서 떠나 참위학(讖緯學)과 신선술(神仙術)에 심취하여 각각 자기의 의견을 고집하므로 여러 종파로 나뉘었다. 진대(秦代)로부터 청제(靑帝), 황제(黃帝), 적제(赤帝), 백제(白帝), 흑제(黑帝)의 오제(五帝)를 존숭하기 시작했다. 이 오제는 목, 토, 화, 금, 수(木, 土, 火, 金, 水)의 오행설에서 생긴 것이었다. 참위학이란 것은 한대(漢代) 때에 일어났는데 미래사에 대한 징조와 예언이었다. 일식, 월식, 지진 같은 것으로 인간의 길흉화복을 예지하려 했으며 미신숭배로 민간에 큰 손해를 끼치는 일이 많았다.

도에 대하여 연구하며 장생불사의 방법을 간구하는 사람들을 당시에 방사(方士)라고 하였다. 신선술을 신봉한 많은 사람들은 신선이 되길 희망하고 방사를 청하여 약을 만들어 먹으며 무의미한 일을 많이 하였다. 중국에는 본래 신선설이 있었으나 노장의 후학들로 말미암아 더욱 발달하였다. 재래의 미신과 이런 현상이 합하여지므로 돈이 많고 일이 없는 사람들이 신선이 되고자 하는 데에 더욱 집착하게 되었다. 소위 삼신산(三神山)이라는 봉래(蓬萊), 방장(方丈), 영주(瀛洲)에는 불사약과 불로초가 있다고 하여 그것을 구하고자 애쓴 사람들이 많이 있었다.

대표적으로 진시황제는 BC 219년에 제나라의 방사 서시(徐市)의 말을 믿고 서시로 하여금 동남동녀(童男童女) 5백 명을 거느리고 배를 타고 신선과 불사약을 구하라고 보내기도 하였다. 그 후에 한대에서도 무제(武帝 : 140-87 BC)와 그 증손자 선제(宣帝 : 73-49 BC)가 방사를 존중하고 신뢰하여 높은 누각을 세우며 좋은 음악소리를 내어 신선을 청하는 등 온갖 노력을 다하였다.

5. 도교의 교의(敎義)

1) 도의 개념

(1) 무(無)로서의 도(道)

인간의 인식범위를 벗어난 근원적인 도를 고찰해 보면, 그것은 인간의 언어로는 표현할 수 없기 때문에 무(無), 또는 무명(無名) 등의 부정적인 언어로 표현된다. 도덕경의 여러 장에서도 도(道)가 인간의 오성과 감각의 한계를 벗어나 있다고 밝힌다. 모든 사물에는 원인이 있기 때문에 그것을 거슬러 올라가면 결국은 그 모든 것을 가능케 하는 어느 하나와 만나게 된다. 그런데 그 하나가 어디에서 왔는지를 다시 묻는다. 결국 이 하나는 무(無)에서 왔다고 함으로써 이러한 질의를 종결지었다. 다시 말해 있음의 근원을 없음으로 상정한 것이다. 도덕경에서는 "도가 하나를 낳고 하나가 둘을 낳고(道生一 一生二), 있음은 없음에서 왔다(有生於無)"라는 표현을 쓰고 있다.

이 도(道)는 언어적 표현으로 표출하는 순간 이미 그 표현에 한정되기 때문에 절대적인 실체가 될 수 없다고 하였다. 이런 까닭에 도덕경에서는 "도(道)를 도라고 하면 더 이상 진리가 아니다(道可道 非常道)"라고 맨 첫머리에 적고 있다. 인간이 사용하는 논리는 이원적인 논리로서 사물을 항상 이것과 저것으로 나누어 생각한다. '이것이 책이다'라고 하면 그것은 책 이외에 다른 것이 될 수가 없다. 그러나 궁극적인 실재의 영역에서는 이 논리가 성립되지 않는다. 제한을 받는다면 그것은 전체가 아닐뿐더러 궁극적이지도 못하기 때문이다. 그러므로 도가에서는 도에 대해서 어떤 특성이나 이름을 부여하지 않고 '없다', 혹은 '비었다' 라고만 표현한다.

(2) 도(道)의 모습

도를 '없다', '비었다'라고만 하면 이 세계 안에서 우주가 작용하는 모습을 알 수가 없다. 『도덕경』에서는 도를 상징적으로 비유하는 여러 이름이 나오는데, 이는 언어를 통한 설명이 불가능한 도를 억지로 표현하려는 시도이다.

① 도는 어디에나 있고 무한하다 하여 '대(大)', 눈에 띄지 않을 정도로 은밀한 곳에 있다 하여 '소(小)'라고 한다. 즉, 도는 세상에서 가장 큰 것보다 크고 가장 작은 것보다도 작다는 것이다. 이는 이원론적 구분을 모두 떠나 있는 도(道)이다. 도덕경에서는 세상 사람들이 아름답거나 추하다고 생각하는 것들은 상대적인 개념에 불과하다고 말한다.

② 도는 공정하고 사적인 감정이 없는 냉정한 자연의 법칙으로 묘사되는데 자연지도(自然之道)라고 한다. 도덕경에서는 "하늘과 땅은 인자하지 않다(天地不仁)"라고 표현하고 있다. 자연은 자연법칙대로 흘러갈 뿐이라는 게 도가의 주장이다.

③ 도는 현묘(玄妙)하다고 표현한다. 도덕경 1장에서는 "현지우현(玄之又玄)"이라는 말로써 그 작용이 너무 깊고 미묘해서 범인들은 전혀 눈치 챌 수 없다고 한다.

④ 도는 모든 것의 근원이라는 의미로 '만물의 어머니(萬物之母)'라고 부른다.

⑤ 도의 자연스러운 모습, 인위적인 것에 물들지 않는 모습을 표현하기 위해 노자는 도를 '어린아이'에 비유하기도 하였다.

⑥ 마지막으로 도는 물에 비유되기도 한다. "상선약수(上善若水)", 물의 부드럽고 유순하면서도 어디서나 적응을 잘하는 모습이 도(道)와 상응한다고 생각했기 때문이다.

이러한 묘사들을 종합해 보면, "도는 항상 아무 것도 하지 않지만 이루어지지 않는 일이 하나도 없다"[68]라고 요약할 수 있다.

2) 도교의 기본교의와 핵심용어

도는 우주의 본원이요 주재(主宰)이다. 도는 천지보다 앞서고 만물을 생성하며 모든 현상을 배후에서 성립시킨다. 모든 것을 포용하고 존재하지 않는 곳이 없으며 일체의 시작과 만사만물의 생화(生化)이다. 도는 청정을 종(宗)으로 삼고 허무를 체(體)로 삼으며 유약을 용(用)으로 삼는다. 도교의 가르침에서 자주 등장하는 용어를 살펴보면 다음과 같다.

청정(清靜): 반드시 준수하고 닦으며 행하여야 할 일이다.

무위(無爲): 사회와 인생의 기본법칙이다.

유약(柔弱): 도(道)의 용(用)으로 부드러운 것이 능히 강함을 이기며 살아있는 것은 부드럽고 죽은 것은 굳어 있다.

부쟁(不爭): 다투지 않으니, 세속의 공명과 재물과 음식과 색(色)을 탐하지 않는다.

포일(抱一): 굳건히 하나를 지키는 것이다(守一). 정좌할 때, 정신이 혼란할 때 하나를 지켜 수행하는 것이니, 심(心)과 의(意)와 지(志)를 지켜 도(道)를 지키는 것이다. 사욕을 절제하지 못하면 도를 이룰 수 없다. 모든 사욕을 버려야 하는데 그 중에서도 식(食), 수(睡), 색(色), 이 세 가지가 중요하다. 사욕은 흉(凶)함의 근본이니 수도인은 이를 응당히 끊어야만 나쁜 것을 배제시킬 수 있다.

자연(自然): 도교인에게 자연은 우주만물의 본성이다. 도덕경

---

68) 道常無爲而無不爲.

에 "인법지(人法地), 지법천(地法天), 천법도(天法道), 도법자연(道法自然)"이라 하였다. 하늘과 땅과 사람은 모두 자연무위의 법이다.

현묘(玄妙): 일체 만물과 현상은 모두 상대되는 것이 존재하고 그 허무한 경계가 참으로 오묘하다.

아명재아부재천(我命在我不在天): 도교에서 생명은 천지와 같으며, 이것은 자연에서 기(氣)가 생화(生化)한 것이다. 그러므로 만약 수도 한다면 도와 같이 존재하여 하늘과 같이 장생하는 것이므로 생명은 능히 자신이 결정하는 것이지 하늘에 의하여 좌우되는 것이 아니다.

3) 도교계율(道敎戒律)

도교는 무위자연을 강조하나 계율도 제시하고 있다. 도교의 계율은 12가지로 나타나고 있다.

일계(一戒): 스승을 공경하고 따르라
이계(二戒): 사원(寺院)을 보시하고 봉사하라
삼계(三戒): 살생(殺生)하지 말라
사계(四戒): 간음(姦淫)하지 말라
오계(五戒): 도둑질하지 말라
육계(六戒): 거짓말 하지 말라
칠계(七戒): 술과 도박에 탐닉하지 말라
팔계(八戒): 형제간에 화목하고 구업(口業)을 쌓으라
구계(九戒): 좋은 일은 진심으로 같이 기뻐하라

십계(十戒): 어려움은 서로 돕고 음덕(陰德)을 쌓으라
십일계(十一戒): 도(道)를 비방하거나 분도(分道)하지 말라
십이계(十二戒): 자비심으로 중생을 계도하며 도(道)를 전하라

6. 불로장생(不老長生)의 방법

도교의 불로장생술에는 조식법(調息法)과 선약(仙藥, 혹은 服藥法)과 방중술(房中術)의 세 가지가 있다.

조식법은 사람의 몸이 천지음양충화(天地陰陽冲和)의 기(氣)를 받아 태어난 것, 곧 하늘의 정(精)과 땅의 기(氣) 둘을 부여받은 것에 근거하고 있다. 따라서 사람은 천지의 원기(元氣)와 상통하기 때문에 이 원기를 신체에 흡수해야 하는데, 그 방법을 조식(調息)이라 칭한다.

선약에 대해서는 『포박자(抱朴子)』에 선약조제의 분량이 기록되어 있다. 약 이름을 몇 가지만 명기하여도 단사(丹砂), 황금, 제지(諸芝), 오옥(五玉), 운모, 선인장, 웅황(雄黃), 석계(石桂), 송백지(松柏脂), 복령(茯苓), 지황(地黃), 맥문동목(麥門冬木), 관송(管松) 등 종류가 다양해서 약을 채집하고 조제하는 일이 심히 복잡하다. 선약의 상약(上藥)을 먹으면 사람의 몸이 평안하고 수명이 연장되며 중약(中藥)은 성(性)을 양(養)하며, 하약(下藥)은 병을 제거한다고 한다.

방중술은 도교에서 장생불사를 염원하면서 그 한 수단으로 음기(陰氣)를 취해서 양기(陽氣)를 충만하게 하는 것으로, 종교적인 내용으로 보기 힘들다.

7. 도교사 개관

미국 유니온신학교 종교사 교수였던 흄(Robert E. Hume)은 도교사에 있어서 몇몇 주요 사건들을 다음과 같이 정리해 놓았다.[69]

· BC 212: 진시황제가 공자의 책들을 불태운 후 도교를 국교화 하고, 또한 불로초를 구하기 위하여 탐험대를 여러 섬들에 파견하였다.

· AD 1: 중국의 뛰어난 도교 신봉자들이 불사(不死)의 약을 제조하려고 노력하였다.

· 156: 후한(後漢)의 환제(桓帝)가 최초로 노자를 성인으로 추대하였다.

· 574-581: 북주(北周)의 무제(武帝)가 종교의 우위를 다음과 같이 정하였다. 첫째 유교, 둘째 도교, 셋째 불교. 그러나 이내 도교와 불교에 혐오감을 품고서 이 두 종교의 폐지를 명하였다. 하지만 다음 황제인 선제(宣帝)는 이 두 종교들을 부활시켰다.

· 650-684: 노자가 황제로 추존되었다. 그의 가르침과 사상이 국가시험인 과거의 한 과목으로 채택되었다.

· 713-742: 당(唐) 현종(玄宗)이 『도덕경』의 사본을 전국에 배포하였다. 그는 '금석(金石)'이라고 하는 도교 신자들의 약을 복용하였다. 신선술(神仙術)이 발달하였다.

---

69) Robert E. Hume, *The World's Living Religions* (New York : Charles Scribner's Sons, 1959), 147-148.

· 825-827: 당(唐) 경종(敬宗)이 간교한 술수로써 사람들을 현혹시켰다는 이유로 도교의 모든 방술사들을 중국 최남단의 두 변방지역으로 추방하였다.

· 841-847: 당(唐) 무종(武宗)이 도교와 불교의 모든 수도원, 수녀원을 폐쇄시켰다. 그러나 후일에는 황제의 호의로 도교를 부활시켰으며, 불교를 '이방종교'로 선언하였다. 그는 신선처럼 하늘을 날기 위하여 뼈들을 영기성(靈氣性)으로 만드는 도교의 선약을 복용하였다.

· 1661-1721: 청(靑)의 강희제(康熙帝)는 도교의 무자격 의사들뿐 아니라 그들에게서 진료를 받은 환자들까지 형벌에 처하도록 명하였다. 또한 도교 신자들의 집회와 행진을 금하고, 도교의 각종 종파들을 억압하였다.

· 1900: 외국인들이 쏘는 총탄을 맞아도 몸이 다치지 않으리라고 믿었던 한 과격한 도교 교단(白蓮敎)으로부터 의화단사건이 일어났다. 그러한 믿음은 교단 창시자의 "싸움에 임하여서는 군대나 병기를 두려워할 필요가 없다"는 말을 신도들이 문자 그대로 신봉한데서 비롯된 것이었다.

8. 한국의 도교사

도교가 한국으로 전래된 시기는 삼국시대로 고구려 영류왕 7년, 즉 624년이다. 신라와 백제에도 비슷한 시기에 전래되었으나 도교 신앙은 고구려에서만 성행하였다. 그것은 고구려가 천제, 무속, 산악신앙 등 종교적 의식이 강했고 정책적으로도 국가가 적극 수용하고 권장하였기 때문이다. 백제와 신라에서는 종교적 신앙보다는 노자, 장자의 서적을 통한 무위자연(無爲自然)의 도를 자연스럽게 받아들여 자체 사상과 융합하면서 선도(仙道), 선풍(仙風) 의식을 심화시켜 나가는 양상을 보였다.

백제의 도교에 관한 것은 일본의 역사책을 통해서 추측할 수 있다. 『일본서기(日本書記)』에는 7세기 초에 백제 승려 한 사람이 일본에 천문학과 달력, 도교식의 둔갑술과 다른 방술에 관한 책을 전했다는 기록이 있다. 이를 통해 적어도 그 이전에 도교가 백제에 전래되었다는 것을 알 수 있다.

신라에도 구체적인 기록은 없으나 몇 가지 눈에 띄는 사실이 있다. 통일 전 김유신이 방술을 닦았다는 기록이 있고, 손자인 김암이 당나라에 유학하면서 둔갑술을 배워와 병법을 가르쳤다는 기록도 있다. 그리고 최승우, 김가기, 자혜 등이 9세기 중엽 당나라에 가서 수련법을 배웠으며, 최치원이 중국 도교의 재초문(齋醮文)을 작성했다고 한다. 또한 신라가 삼국을 통일한 이후에는 당나라 유학을 하고 돌아온 사람들 중에 양생(養生) 보진(葆眞)을 도모하는 사람이 있어 단학(丹學)의 성격을 가지는 수련도교의 양상을 드러내는 현상도 나타났다.

도교가 가장 성행했던 시기는 고려시대라고 할 수 있다. 중세에 해당하는 고려시대는 신앙의 시대, 종교의 시대라고 할 만큼 신(神) 중심의 나라였다. 불교가 그 중심 종교이기는 했지만 귀신, 영성(靈星), 산신, 그리고 무속과 더불어 도참사상이 병존하여 모든 것이 기복종교의 현상을 띠는 것이 고려시대의 특색이라고 할 수 있다. 그러므로 도교 역시 여러 민간신앙과 잡유(雜揉)되면서 불교 도참사상과 함께 현세 이익을 희구하는 양재기복(禳災祈福)의 성격을 띠었으며 그 풍습이 민간생활에까지 뿌리를 내리게 되었다. 국가적으로는 호국연기(護國延基)를 바라는 재초(齋醮)행사가 크게 행하여졌으며, 특히 예종(睿宗 : 1105–1130)은 복원궁(福源宮)이라는 도관(道觀 : 도교사원)을 건립하는 등 도교를 크게 진작시켜 불교보다 더 중시하기도 하였다. 예종은 복원궁을 건립하기 이전에도 연경궁 후원에 있는 옥청정에 도교의 최고신인 원시천존상(元始天尊像)을 두고 달마다 초제(醮祭)를 지냈으며, 청연각에서 노자의 도덕경을 강론토록 하였다고 한다. 이러한 도교의 성행으로 민간에는 수경신(守庚申)[70]이라는 도교풍속이 남아 있다.

조선시대로 넘어오면서 초기에는 고려의 도교를 그대로 계승하지만 불교와 더불어 큰 탄압을 받게 되었다. 소격전(昭格殿)[71]을 제외한 나머지 도관들이 모두 폐쇄되었으며, 그나마

70) 경신일(庚申日)에 밤을 새워 삼시충(三尸蟲)의 해악을 막는 풍습으로 수삼시(守三尸)라고도 한다. 사람의 몸 안에 있으면서 여러 가지 해로운 일을 하는 삼시(三尸) 혹은 삼시충을 제거 또는 약화시켜야 불로장생할 수 있다는 도교의 신앙에서 비롯되었다. 도교에서는 사람이 백곡(百穀)을 먹게 되어 사마(邪魔)가 생겨났다고 보는데 삼시충도 이때 나타났다고 한다. 3마리의 이 벌레는 60일마다 돌아오는 경신일 밤에 인체를 빠져나가 그동안 사람이 저지른 죄를 상제에게 보고하여 수명을 단축시킨다고 여겨졌다. 이 풍습은 경신일 밤에 자지 않고 새움으로써 삼시충이 상제에게 보고하지 못하도록 하는 데서 생겨났다. 연거푸 3번을 수경신하면 삼시가 약해지기 시작하며, 7번 수경신하면 삼시가 영영 없어져 정신이 안정되고 오장(五臟)이 편해져 장생할 수 있다고 믿었다.

71) 도교의 보존과 도교 의식(儀式)을 위해 설치한 예조(禮曹)의 속아문이며, 도교의 제천행사로 삼청성진(三淸星辰 : 上淸, 太淸, 玉淸으로 신선들이 살고 있다는 곳)에게 지내는 초제(醮祭)를 담당하던 관청이다. 이와 함께 도학을 가르치기도 했는데 도학생도의 정원은 10여 명이었다. 조선 태조 때 두었으며, 세조 12년(1466년) 관제개정 때 이름을 소격서로 바꾸었다. 소격서는 선조대 임진왜란 이후에 완전히 폐지되었다.

남아 있던 소격전도 소격서(昭格署)로 강등되었다. 중종(中宗: 1506-1544) 때에 이르러서는 조광조(趙光祖, 1482-1519) 등의 유학 선비들의 상소로 소격서가 혁파되는 등 점차 위축되었다. 조광조가 사화로 물러난 후 다시 문을 열었으나 임진왜란(1592년) 때 불타 없어졌으며, 이후에는 초제를 행하는 의식도교의 모습은 자취를 감추었다.

그러나 궁중이나 민간에 뿌리내려진 수경신 등의 도교 풍습은 그대로 존속하여 왔다. 식자층에서는 노자, 장자에 대한 철학적 이해와 더불어 양생 보진의 수련도교에 관심을 보였다. 한편 『참동계(參同契)』, 『용호비결(龍虎秘訣)』 등의 도서(道書)를 주해 및 연구 저술하는 사람들이 있어 도교의 사상적 측면은 계속 이어졌다고 할 수 있다. 조선조의 도교는 도참사상이나 풍수사상과 많이 연관된다. 이 시기에는 이지함의 『토정비결』, 정렴의 『북창비결』, 『정감록』에 이르기까지 많은 책들이 등장한다. 허준의 『동의보감』도 도교의 영향을 받은 것으로 알려져 있다. 한국의 도교는 중국으로부터 전래된 이후 크게 의식도교와 수련도교의 두 맥을 이루며 종교사상은 물론 문학, 예술 등 생활 전반에 걸쳐 많은 영향을 끼치면서 오늘에 이르렀다.

9. 도교에 대한 평가

도교가 개인을 절대자와 밀접히 연관시키고, 온전한 자는 도를 따라야 한다고 가르치며, 악을 선으로 갚아야 한다고 가르치고, '선한 인간'의 이상을 후기까지 지속시킨 점은 장점이라고 할 수 있다.

그러나 도교에는 인격적이고 책임 있는 절대자가 충분히 드러나지 않는다. 그리고 어려움을 회피하며 개혁을 조직화하지 않고, 세상의 악에 대해 부적절하게 인식한다. 또한 현상적 사실들과 자원들에 대한 불충분한 이해가 과학적인 탐구를 방해하고 있으며, 무위에 대한 지나친 강조는 인간의 노력을 무익한 것으로 여기게 할 위험성이 있다. 인간의 삶에 대해 대부분 부정적이고 소극적인 조언을 주고 있으며, 무차별과 무책임의 윤리적 이상은 적극적이고 책임 있는 행동에 부정적 영향을 끼칠 수 있다. 도교의 이러한 특성은 사회의 향상에 대한 의욕의 결여를 초래할 수 있으며, 단지 비문명화된 소박함으로 돌아가는 정체된 사회를 유도할 수 있다.

하늘의 정(精)과 땅의 기(氣), 곧 천지의 원기(元氣)를 신체에 흡수하는 조식, 몸의 평안과 수명의 연장과 병의 제거를 위한 선약, 그리고 장생불사를 염원하면서 그 한 수단으로 음기(陰氣)를 취해서 양기(陽氣)를 충만하게 하는 방중술 등은 종교적인 수련으로 보기에는 적합하지 않다. 이 같은 도교의 불로장생술이 건강증진에는 다소 유익할 수 있을지 몰라도 도교가 그러한 육적인 불로장생에만 깊이 주목하고, 영적인 면에는 소홀하다는 인식을 갖게 한다. 또한 '고분지탄'에서 삶과 죽음을 춘하추동의 사계절의 순환으로 비유하여 인생을 꿈이라고 말하고 죽음을 큰 깨달음이라고 하였던 장자의 증언은 도교의 불로장생의 이념과 모순되고 있다.

도교는 질병과 단명에서 벗어나는 장생불사를 목적으로 하고 고통스러운 현실로부터의 정신적인 초탈을 지향하지만, 실상은 매우 현세주의적인 관점을 전제하고 있으며 미래에 대한 비전을 제시하지 못하고 있는 종교라고 할 수 있다. 특히 불멸의 생에 대한 그릇된 개념은 새로운 생명과 구원 개념을 이해하는 데 방해가 된다. 또한 이러한 개념 속에 있는 다신론, 귀신론, 마술에 빠지는 것은 매우 비성경적인 태도이다.

또한 인간 생명을 대아 속에 포함된 소아로 규정하고 소아는 죽으나 대아 속에 포함되어 일체가 되는 것으로 해석하는 도교의 사생관은 구원의 해결책이 없는 숙명론자의 자기위로인 것이다.

제 4 부
인도에서 발생한 종교

제 7 장
힌두교

1. 힌두교의 정의

힌두교(Hinduism)란 용어는 19세기 초반에 영국 저자들에 의해 사용되었는데, 인도의 독특한 종교적 관념들과 실천들을 의미한다.[72] 힌두교에서 '힌두(Hindu)'는 고대 인도어인 산스크리트어로 '큰 강', '인더스 강'을 일컫는 신두(Sindhu)의 페르시아 발음이며 인더스(Indus), 인디아(India)라는 어휘도 여기에서 유래한 것이다. 어원적으로는 북서 인도의 강 이름, 혹은 강 주변의 지역을 나타내는 말이었으나 후대에 와서 인디아와 같이 인도 전체를 의미하게 되었다. 그러므로 어의적으로 볼 때 힌두이즘은 인도교, 즉 인도에서 발생하여 성장한 모든 종교를 포괄하는 광범위한 개념이다. 그러나 일반적으로 힌두교라 할 때는 '베다'의 권위와 '카스트제도'를 인정하는 인도의 종교를 가리킨다.

'힌두'라는 말 자체가 인도를 나타내기 때문에 힌두교는 '인도교'인 것이다. 하지만 힌두교를 단지 인도의 민족종교로만 볼 수는 없다. 힌두교는 누구에게나 무엇이든 될 수 있는

72) *Britannica Encyclopedia of World Religions*, 433.

종교이다. 불교와 자이나교, 근동의 마니교와 조로아스터교가 그 기원을 힌두교에 두고 있다. 생활양식으로서의 힌두교는 근본적으로 절충주의이며 혼합주의이다. 다시 말해서 힌두교는 다양한 종교적인 믿음과 관습으로부터 여러 가지 요소를 선택하고 흡수하며 그것에 숨어 있는 근원적인 진리들을 찾으려고 한다.

현대의 힌두교는 기독교를 비롯한 다른 종교들의 이념과 윤리를 받아들이려는 동시에 세속적인 정신이나 진화론적인 과학에 적응하려 하고 있다.[73] 세계의 보편적인 종교 가운데 힌두교에 대한 정의를 내리기가 가장 어렵다. 힌두교는 어떤 특별한 창시자에 의해 발전된 것이 아니라 거의 5천년에 걸쳐 인도의 모든 종교적, 문화적 운동을 흡수, 동화시켜 가면서 서서히 생겨난 종교이다.[74] 힌두교는 "어떤 특정한 시점에서 어떤 위대한 건축가에 의해 세워진 건물 같은 것이라기보다는 서서히 성장해온 한 그루의 나무 같은 것이다."[75]

2. 힌두교의 기원과 역사

힌두교는 세계에서 가장 오래된 종교 중의 하나이다. BC 2500년경의 인더스 문명과 함께 생겨난 인도의 민간신앙들과 BC 1500년경에 침입한 아리안족의 신앙이었던 브라만교(Brahma-

73) Norman Anderson ed., *The World's Religions*, 민태운 역, 『세계의 종교들』(서울 : 생명의 말씀사, 2003), 201.
74) K. M. Sen, *Hinduism* (Baltimore : Penguin, 1962), 7.
75) Ibid., 14.

nism)가 융화되어 생겨난 종교이다. 힌두교는 인도인들의 토속 신앙이자 신화이며 삶을 지배하는 양식으로 인도인의 삶 자체라고 할 수 있다. 아리안족은 BC 1500년경 지금의 중앙아시아 남부에서 유목생활을 하던 민족으로, 한 갈래는 인도 북서부로 들어가 인도 문화와 종교의 기초를 이루었고, 다른 한 갈래는 서쪽으로 진출하여 오늘날 유럽의 게르만 민족이 되었다. 따라서 그 선조가 같으며 언어도 한 뿌리이므로 이들을 인도-게르만인이라 한다.

인도의 새로운 통치계급이 된 아리안족은 원주민을 다스리기 위하여 자신과 차별을 두어 계급제도를 만들었는데, 이것이 발달하여 카스트제도가 되었다. 그 누구도 자신의 계급에서 영원히 벗어나지 못하며, 다른 계급과 결혼은 물론 함께 살 수도 없는 엄격한 차별사회를 이루었다. 아리안족의 침입 후 몇 백 년이 흐르는 동안 아리안족의 종교는 인더스 강가의 여러 민족의 종교와 섞이게 되었다. 이 혼합된 종교가 차츰 정리되어 BC 1000년경 브라만교로 발전하였고 훗날 힌두교의 바탕이 되었다. 오랜 역사를 통해 발전해온 힌두교의 역사는 주로 네 시기로 나뉜다.

1) 베다의 시대(2000-600 BC)

이 시대에는 베다경이 기록되어 힌두교의 주요 교리가 발전되었으며, 카스트제도가 확립되었다. 이때 사람들의 신앙은 데바(deva)[76]라는 수많은 자연신들에게 제사를 바치는 것이 종

76) 인도 베다 시대의 많은 신격들 가운데 하나로, 자연의 어떤 힘과

교의 핵심 내용이었다. 그 당시에 발전된 주요 교리는 업(業, karma)[77]으로 인간의 현재의 운명은 자신의 업(행위)에 달렸다고 말한다.

2) 반동과 부흥의 시대(600 BC-AD 300)

이 시기는 지나치게 현세지향적이고 제사장 중심이며 귀족주의적이었던 힌두교에 대한 반발과 동시에 자체 내에 부흥이 일어난 시대이다. 이러한 반항의 운동으로 일어난 종교가 불교와 자이나교이다. 힌두교의 부흥에서는 율법을 성문화하려는 노력이 있었고, 유신론적 운동도 전개되었다.

3) 서사시와 푸라나 시대(300-1750)

이 시기에는 힌두교를 대중화하였으며, 헌신과 예배를 체계화시켰다. 이미 정착한 아리안족이 문화와 종교를 발전시켰고, 원주민들의 신앙이 가미되어 유일신을 위시한 많은 신들을 만들었으며, 이로 인하여 힌두교는 더 많은 종파를 낳게 되었다. 또한 이 시기에 힌두교와 이슬람교를 혼합한 시크교가 등장하였으며, 지금까지도 인도 일부 지역에서 힌두교와 충돌하고 있다.

동일하게 취급되느냐에 따라 하늘의 신 바루나(Varuna), 허공의 신 인드라(Indra), 땅의 신 소마(Soma)로 나뉜다.

77) 한 사람이 일생 동안 행한 행동 모두가 평가된 가치로, 이것이 그 사람이 죽은 후 다시 환생할 때의 지위와 모습을 결정한다.

4) 근대 시기(1750-현재)

힌두교가 서구 문명과 기독교와 접촉하면서 서론에서 이미 언급한 바와 같이 개혁 운동이 전개되어 신힌두교(Neo-Hinduism)가 일어났다. 힌두교는 자체의 비합리적 요소를 제거하고 사회 악습을 폐지하려고 노력하였으며, 동시에 힌두교의 합리성과 논리성을 부각시키려고 시도하였다. 이 시기는 서구의 민족주의가 인도에도 영향을 주어 힌두교를 통하여 민족적 정체성을 강화하려고 하였다.

3. 힌두교의 경전

힌두교의 중요한 전통이자 대표적인 경전은 네 가지의 『베다(Veda)』라고 일컬어지는 책이다. 가장 오래되고 근본이 되는 『리그 베다(Rig Veda)』를 비롯하여 『사마 베다(Sama Veda)』, 『야주르 베다(Yajur Veda)』, 『아타르바 베다(Atharva Veda)』 등이 있다. 신의 찬가인 만트라(Mantra, 眞言)[78]로만 이루어진 『리그 베다』에서 시작하여 점차 기도나 주문, 주술, 의식제례 등이 혼합된 후기의 베다로 변화하였다. 『리그 베다』에서의 신에 대한 아리안들의 순수한 관념들은 사회가 점차 안정되어가자 특정 계급의 이익을 창조하기 위한 종교로 바뀌었다. 즉 후기 베다가 가지는 의식적, 주술적 성향은 상층 카스트만을 위한 종교로 베다가 변질되어 가는 과정이다.

---

78) 사고의 도구, 즉 언어를 의미하며, 나아가서는 신들에 대하여 부르는 신성하고 마력적(魔力的)인 어구를 가리킨다.

이런 후기 베다 시대의 변질에 대한 반동으로 등장한 것이 『베다』의 마지막 부분인 『우파니샤드』이다. 우파니샤드에 이르러 힌두교는 그전의 브라만교에서 힌두교의 면모를 갖추기 시작했다. 하지만 힌두교인들에게는 『베다』나 『우파니샤드』가 가깝게 느껴지지 않는 것이 인도의 현실이며, 오히려 예전부터 내려온 대 서사시인 『라마야나』나 『마하바라타』, 그리고 『마하바라타』의 일부인 『바가바드기타』가 그들에게 더 친숙하다. 그래서 일반적으로 힌두교의 경전을 『베다』, 『우파니샤드』, 『라마야나』, 『마하바라타』, 『바가바드기타』, 『푸라나』 등으로 본다.

힌두교의 사상은 『스루티(Sruti)』와 『스므리티(Smriti)』라고 불리는 경전에 근거하여 출발한다. 『스루티』는 아리안들이 작성한 『베다』 문헌, 곧 리쉬(rishi, 성자)들이 보거나 들은 영원한 종교의 진리에 대한 총칭이며 그에 근거한 종교형태를 말한다. 『스므리티』는 『베다』 이후에 형성된 모든 종교문헌들을 가리키며, 『스므리티』의 권위는 『스루티』로부터 나온 것으로 힌두교도들이 『스루티』의 원칙을 확장시키려 했던 것이다. 『스므리티』는 『베다』에 없는 신성한 글들을 포함시키고 있기 때문에 『스루티』에 비해 권위가 약하다.

1) 베다(Veda)

『베다』[79]는 어떤 특정한 책에 대한 명칭이 아니라 지혜를 뜻하는 말로 넓은 의미로는 약 BC 1700년경부터 AD 300년

---

79) 인도 브라만교의 근본 성전이며 가장 오래된 경전으로, 인도의 종교, 철학, 문학의 근원을 이룬다. '베다'는 '지식'이나 '명(明)'이라는 뜻을 가진다.

경에 이르는 긴 기간에 걸쳐 작성되고 기록된 문헌에 대한 총칭이라고 할 수 있다. 『베다』는 이란 지역에서 인도로 들어온 인도유럽어족 사이에서 유행한 시, 찬가, 기도, 의식 등을 말한다. 힌두교도들은 이 『베다』 문헌을 인간의 손으로 써진 것이 아니라 '신이 성자(聖者)들에게 가르친 것' 또는 '성자들에게 스스로를 드러낸 것'으로 믿어 '들려진 것(What is heard)'이란 의미를 갖는 『스루티』라 부르면서 신성시한다.

특히 『리그 베다』에서 찬송을 받는 신들이 대단히 많은데, 힌두교도들은 천계(天界), 공계(空界), 지계(地界)에 있는 신들에게 찬가로서 노래하고 기도한다.

천계의 신으로는 우주의 대주재인 댜우스(Dyaus), 자연법칙과 도덕법칙을 맡은 바루나(Varuna), 태양신이며 지혜의 신인 미트라(Mitra), 새벽(여명)의 여신인 우샤스(Ushas)를 연모하여 동편에서 서편으로 따라가는 수르야(Surya), 신들과 인간에게 생명을 주며 악마를 쫓아내고 재화(災禍)를 제거하며 죽은 사람의 영혼을 천상으로 인도하는 사비트리(Savitri), 인간의 행로를 지도하고 목자들을 보호하며 내세에서도 영혼을 애호하는 푸샨(Pushan), 편만이란 뜻을 가진 비쉬누(Vishnu), 길상(吉祥)이란 뜻을 가진 쉬바(Shiva), 무한이라는 의미를 가진 아디티(Aditi), 아디티의 아들 아디트야(Aditya), 부(富)의 신 바가(Bhaga), 인간의 시조 마누(Manu), 처음으로 죽어 저승의 새 세계를 발견한 야마(Yama, 閻魔大王) 등이다.

공계의 신은 우레의 신으로 인도에서 최고의 수호신으로 숭상하는 인드라(Indra), 폭풍우의 신으로 인드라를 도와서 악한 세력을 정벌하고 땅 위에 비가 내리게 하며 사람의 질병을 낫게 하고 모든 더러운 것을 씻어 내는 신인 마루츠(Maruts) 등이다.

지계의 신은 암흑을 깨치고 한랭을 물리치며 더러운 것을 사르는 불의 신 아그니(Agni), 인간의 기도를 받아주는 신인 기도주(祈禱主 : Brahmanaspati), 신과 인간의 연락에 필요한 술의 신 소마(Soma) 등이다.

이 『베다』 문헌은 『삼히타』, 『브라흐마나』, 『아란야카』, 『우파니샤드』로 구성된다. 이 4개의 문헌은 시간의 순서대로 각각 앞선 문헌을 설명하거나 해석하면서 작성된 것이다.

(1) 삼히타(Samhita)

『삼히타』는 『베다』의 근본을 이루고 있는 가장 중요한 경전이다. 이것은 자연력을 신격화시킨 여러 신들에 대한 찬가와 기도주문인 만트라(Mantra)를 수집한 것으로 자연현상과 관련된 삶의 문제들에 대한 것이다. 이 중 가장 오래되고 힌두교사에 큰 영향력을 미친 문헌이 『리그 베다(Rig Veda)』이다. 『리그 베다』는 초기 인도 아리안인들의 종교경험, 관습, 사유 등에 대한 기록으로 수 세기에 걸쳐 여러 사상가와 사제들에 의해 써졌기 때문에 자연주의적인 다신숭배 경향에서 일원론적인 철학에 이르는 다양한 성격을 나타낸다. 그러나 전반적으로는 다신교의 특성이 두드러진다. 『리그 베다』에서 가장 많은 찬가가 바쳐지는 주요 신들로는 인드라(Indra), 소마(Soma), 바루나(Varuna), 미트라(Mitra), 아그니(Agni) 등을 들 수 있다.

『야주르 베다』는 『리그 베다』에서 차용한 만트라들을 다수 수록하고 있으며, 이 송가들은 힌두교 사제들과 그 제자들이 특별한 종교의식을 집전할 때 사용되었다. 『사마 베다』도 『야주르 베다』와 마찬가지로 『리그 베다』의 만트라들로 구성되어 있는데, 이 송가들은 음률이 붙어 있어서 많은 사람들이 노래로 부를 수 있다는 것이 특징이다. 한편 『아타르바 베다』는 주로 사제들이 예배시에 사용하는 주문들로 이루어져 있다.

(2) 브라흐마나(Brahmana)

『삼히타』의 완성 이후 『브라흐마나』[80)]라고 하는 새로운 형태의 문헌이 나타나게 되었다. 이는 희생제의가 『삼히타』 형성 초기와는 달리 점점 복잡하고 세분화 되자 제의의 적절한 방법과 절차를 규정하고 그들이 지니는 신성한 의미를 설명하기 위한 지침서가 필요했기 때문이다. 『삼히타』의 제의는 인간이 원하는 것을 얻기 위해 신들을 만족시키는 방법이었으나 『브라흐마나』에서는 신들보다도 제의 그 자체가 중시되었다. 이는 제의의 절차와 자연현상 사이에는 어떤 대응관계가 있어, 인간이 엄격하고 올바른 행위를 수행한다면 우주의 여러 현상을 지배할 수 있다는 주술적인 힘에 대한 믿음에 근거한 것이었다. 따라서 제의를 관장하는 사제는 카리스마적인 힘을 행사할 수 있는 인간신의 위치에까지 이를 정도가 되었다. 바로

80) 고대 인도 브라만교의 근본 경전인 『베다』의 본집에 속하며, 제사의식을 신학적으로 설명한 보조문헌으로 각 『베다』의 본집에 포함된 만트라(讚歌 · 呪文)의 제사의식에서 적용법을 규정한 비디(儀軌)와, 만트라의 기원, 목적, 어의를 신화적·신비적으로 설명한 아르타바다(釋義)로 나눈다. 모두 산스크리트 산문으로 쓰였으며, 여기에 수록된 신화는 후세의 문학에 많은 자료를 제공하고 있다. 성립연대는 일정하지 않으나, BC 700년을 전후하여 성립된 것으로 보고 있다.

이 시기에 인도의 사회계급제도인 카스트(Caste)제도가 확립되었다.

『브라흐마나』 문헌에는 아이타레야 브라흐마나, 카우쉬타키 브라흐마나, 타이티리아 브라흐마나, 샤타파타 브라흐마나, 판차빔사 브라흐마나, 찬도갸 브라흐마나, 탈라바카라 브라흐마나, 고파타 브라흐마나 등이 있다.

(3) 아란야카(Aranyaka)

『아란야카』는 『브라흐마나』에 나타난 희생제의에 대한 해석서이다. 『아란야카』가 작성되던 시기에는 제의 중심적인 사고가 쇠퇴하는 가운데 희생제의의 엄격한 수행을 강조하는 경향에서 사색 또는 명상을 중시하는 경향으로 나아가게 되었다.

(4) 우파니샤드(Upanishad)

『우파니샤드』[81]는 BC 8세기경부터 BC 7세기경 사이에 『리그 베다』의 전통에 있는 교사들의 종교적 담론들을 담고 있다.[82] 우파니샤드의 성자(聖者)들은 이전과는 전혀 다른 새로운

81) 고대 인도의 철학서로서 브라만교의 성전 베다에 속하며, 시기 및 철학적으로 그 마지막 부분을 형성하고 있기 때문에 베단타(Vedanta : 베다의 말미·극치)라고도 한다. 현재 200여 종이 전해지는데, 그 중 중요한 것 10여 종은 구우파니샤드로 불리며, BC 600-AD 300년경, 늦어도 기원 전후에 성립된 것이다. 그 후 수세기에 걸쳐 만들어진 것을 신우파니샤드라고 하며, 모두 산스크리트어로 씌었다. 각 우파니샤드는 짧은 편이지만, 그 중에서도 Mandukya Upanishad는 12절로 구성되어 현존하는 주요한 우파니샤드 중 가장 짧다. [Eknath Easwaran tr. *The Upanishad* (Tomales, CA : Nilgiri Press, 1987), 62]

82) Drake Bush ed., *The Mainstream of Civilization* (USA : Thompso

접근과 해석을 시도했다. 그들은 자연계의 모든 현상과 존재들이 하나의 근원적인 실재(브라만)로부터 나왔으므로 개별적인 존재의 참 본질(아트만)은 궁극적으로 우주의 본질(브라만)과 동일하다고 생각했다. 명상과 사색을 통해서 이러한 진리를 깨닫게 되면 삶을 고통스러운 것으로 만드는 지상의 모든 욕망에서 자유로워지는 해탈에 이를 수 있다고 보았다.

'우파니샤드'라는 말은 어떤 신성한 가르침을 스승에게서 듣기 위해 '가까이 앉는다'는 뜻으로, 높은 카스트에 속하는 남자 제자들에게만 알려주는 은밀한 가르침이란 의미이다. 따라서 『우파니샤드』의 상당 부분이 스승과 제자 사이의 대화형식으로 되어 있다. 『베다』가 신들이나 영웅들의 서사시와 다신론적 신화를 포함하는 반면에 『우파니샤드』는 이러한 신들의 배후에 변하지 않는 유일한 신이며 우주의 근원적 실재인 '브라흐마(Brahma)[83]'라는 개념을 나타낸다. 이것은 제사나 의식을 독점하는 브라만 계급에 반발한 사람들에 의해서 우주와 인간의 근원에 대한 철학적 탐구가 이루어졌음을 의미한다.

500년에 걸친 『우파니샤드』의 문헌은 200여 권에 달하며, 그 저자나 사상의 전개 역시 매우 다양하게 나타난다. 이 중에 현재 18권이 정통 우파니샤드로 인정받고 있는데, 『리그 베다』와 『사마 베다』와 『야주르 베다』에 속한 것은 구(舊)우파니샤드라 부르고, 『아타르바 베다』에 속한 것은 불교가 성립된

Learning Inc., 1994), 147.

83) 브라흐마, 곧 범천(梵天)은 힌두교 신화에 나오는 창조의 신으로 비쉬누, 쉬바와 함께 힌두교의 세 주신이다. 힌두 철학에서 브라만으로 불리는 지고의 우주정신을 상징한다. 배우자는 배움의 신 사라스바티이다. 브라흐마는 베다에서 프라자바티라 불리기도 한다.

후에 기록된 것으로 인정되어 신(新)우파니샤드라 부른다.

『우파니샤드』는 기존의 『베다』와 『브라흐마나』에 비해 다음과 같은 세 가지 특징이 있다. 첫째, 우파니샤드 시대에 제의(祭儀)중심주의와 전통보수주의에 권태를 느껴 새로이 우주와 인생에 관한 자유사상이 발흥하였다. 둘째, 사회의 대중은 아직 브라만의 절대 권위에 복종하고 있지만 소수의 선각자와 지도자들은 구도심의 충동을 받아, 인간에게는 연구의 자유에 대한 동등한 권리가 있다는 입장을 견지하며 종래의 제도에서 해방을 얻고자 하는 경향이 나타났다. 셋째, 종교지도자들이 과거의 제의만능 사상에서 벗어나 철학적 연구에 들어간 것이다.

『우파니샤드』에서 우주에 대한 유일의 본원으로 인정한 실재는 브라흐마이다. 범천(梵天)이라고도 일컫는 브라흐마는 우주의 태원(太原)이고, 세계의 원리며, 생명의 중심이다. 우주의 만물은 모두 유일의 실재인 범에게서 나오고 진전되지만, 범 그 자체는 영원히 변하지 않고 운동도 하지 않는다. 범이란 관념은 본래 기도라는 말에서 시작되었다. 『리그 베다』에서부터 기도주(Brahmanaspati)가 중요한 원리로 다루어졌는데, 기도는 신의 뜻과 사람의 뜻을 연결시키는 통로라 하여 인간의 호흡과도 같은 생명선이라고 보았다. 브라흐마나 시대에는 기도야말로 인간이 신을 자유롭게 다룰 수 있는 것이라고 생각하였다.

종교철학의 발달사상에 있어 특히 주목할 만한 것은 『우파니샤드』에 나타나는 범아동일론(梵我同一論)이다. 브라흐마와 자아는 동일하다고 하는 것으로 인도철학 사상의 핵심이라고 볼 수 있다. 이와 같이 신에게 인격을 붙이고 인간에게 신성(神性)을 부여하는 것은 범신론적인 사상이다. 개인도 스스로가 곧 브라흐마라고 자각하면 참된 자아, 곧 아트만을 알아 우주에 합일할 수가 있다는 것이다. 인도종교나 인도철학의 초점이 되는 업(業, karma)[84)]과 윤회(輪廻, samsara)[85)]와 해탈(解脫, mokhsa)[86)]은 『우파니샤드』에서 명료하게 나타나서 후일의 육파철학

84) 미래에 선악의 결과를 가져오는 원인이 되는, 몸과 입과 마음으로 짓는 선악의 소행이다. 사람은 업, 곧 행위에 의하여 출생하는데 선업을 하면 선인으로 출생하고 악업을 하면 악인으로 출생한다. 인생의 운명은 그 욕망으로 말미암아 결정되는데 욕망에 응하여 직관이 있고 직관에 응하여 업이 있고 업에 응하여 인생의 운명이 결정된다고 한다.

85) 생명이 있는 것, 즉 중생은 죽어도 다시 태어나 생이 반복된다고 하는 사상이다. 인간의 생명을 포함한 모든 생물의 생명은 그것의 업보에 따라 끊임없이 새로운 상태로 다시 태어난다는 것이다. 끝없는 윤회를 거듭하면서 모든 영혼은 전생의 업보에 따라 어떤 한 가지 존재 형태로부터 다른 존재 형태로 계속 옮겨간다고 생각한다. 윤회, 곧 삼사라에 대한 교설은 베다의 전생설(轉生說)에서 시작된 것인데 인간이 죽으면 그 영혼이 새, 짐승으로 전생된다는 생각이다. 전생이 여러 번 반복되어 오랫동안 계속하는 것에서 윤회설이 성립되었다. 우파니샤드에는 신도(神道)와 조도(祖道)의 2도설(二道說)과 해탈설이 있는데, 신도로 가는 영혼은 태양이나 혹은 범계(梵界)에 들어가서 해탈되고 조도로 가는 영혼은 월세계(月世界)에 가서 거기서 다시 인간계로 윤회한다고 하였다.

86) 인간이 속세적(俗世的)인 모든 속박으로부터 벗어나 자유롭게 되는 상태이다. 그 구원은 타율적으로 신에게서 오는 것이 아니라 지혜, 즉 반야(般若)를 증득(證得)함으로써 이루어지는 것이라고 하는 데 특징이 있다. 결국 번뇌의 속박을 떠나 깨달음을 얻는 것을 가리킨다. 모든 힌두교도의 목적은 삼사라(윤회)의 바퀴로부터 도피하는 것이고 카르마(업보) 자체로부터 도피하는 것이다. 이런 범주에서 구원이란 모든 힌두교도의 사고를 지배하는 근본적인 전제조건이 된다. 따라서 해탈이란 업보의 굴레로부터 인간의 영혼이 해방되는 상태를 나타내는 말이다. 윤회에서 해탈하는 길은 정통 브라만에 의하면 자아, 곧 아트만이 일상생활의 상태에서 이탈되어 그 본성에 돌아가 순결하게 되는 작용을 가리키는 것이다. 다시 말하면 자기의 본성인 아트만이 세계의 구경적 실재인 범과 본질적으로 동일성이 있음을 깨닫는 것이다. 그러나 해탈은 쉽게 얻는 것이 아니요, 오랜 수행을

과 불교, 자이나교의 중심사상이 되었다.

2) 라마야나(Ramayana)

스루티 전통의 사제들은 불교나 자이나교 등 새롭게 일기 시작한 종교운동의 도전으로부터 브라만교를 유지하고 강화시키려는 시도를 하였다. 이러한 대응은 『베다』의 권위와 브라만교의 사회윤리 체계를 다시 세우는 것과 더불어 비(非)아리안족 계통의 신앙요소들을 흡수함으로써 이루어졌다. 이와 같이 정통 브라만교의 자기 노력의 결과로서 나타나게 된 종교형태가 바로 대중적인 성격을 띠는 후기 힌두교이다. 이는 2대 서사시인 『라마야나』와 『마하바라타(Mahabharata)』의 집성(BC 2, 3세기－AD 2, 3세기)으로 나타났고, 서사시 말기인 2세기경부터 형성되기 시작한 『푸라나(Purana)』에서 학적 발전이 두드러지게 나타났다. 이들 『라마야나』, 『마하바라타』, 『푸라나』, 그리고 『다르마 사스트라(Dharma Sastra)』와 『탄트라(Tantra)』 등 『베다』 이후에 나타난 종교문헌들을 총칭해서 '기억된 것(What is remembered)'이란 의미를 갖는 『스므리티』라 부른다. 『스므리티』 전통은 『스루티』 전통을 지속적으로 계승하고 있으나 쉬바나 비쉬누 등 『리그 베다』에서는 거의 중시되지 않았던 인격신들이 주요 신으로 등장하고, 바크티(헌신)에 의한 해탈 등 다양한 방법을 제시하여 많은 변화를 내포하였다.

요구조건으로 한다. 챠안도오갸에서는 수행의 계단으로 고행, 자선, 정행(正行), 불살생, 실어(實語) 등을 들었다. 마하아나아라아야나에는 진실, 고행, 자제(自制), 적정(寂靜), 자선, 의무, 사화(事火), 제의(祭儀), 사념(思念), 둔세(遁世) 등을 열거하였다.

‘라마가 나아간 길’이라는 뜻을 가지고 있는 인도의 대서사시 『라마야나』는 영웅 라마(Rama)의 사랑 이야기로서 인도인의 많은 사랑을 받고 있고 그 영향력 또한 매우 크다. 무려 2만 4천개의 2행 대귀 시행으로 구성되어 있는 『라마야나』는 비쉬누 신의 신봉자이자 그의 화신으로 알려진 의로운 왕 라마의 일대기이다. 인도인들은 이 시를 암송하는 것으로 큰 공덕을 쌓을 수 있다고 생각한다. 『라마야나』는 7편으로 이루어져 있으며, 『마하바라타』와 더불어 세계 최장편의 서사시로 알려져 있다. BC 3세기경의 시인인 발미키(Valmiki)의 작품이라고 전해지나, 그는 단순한 편집자였던 것으로 보인다.

이 작품의 성립 연대는 BC 11세기까지 거슬러 올라가며, 오늘날 전하는 것과 같은 모습을 갖춘 것은 BC 2세기경으로 추정되는데, 이때 전 7편 중에서 제1편과 제7편이 첨가되었다고 전해진다. 『라마야나』의 일부는 역사적 사실에 기초하고 있으나 나머지 내용들은 힌두교도들의 긴 역사를 통하여 첨삭되고 다듬어진 민담과 설화, 전설 등으로 채워졌다.

3) 마하바라타(Mahabharata)

『마하바라타』[87]는 ‘위대한 인디아’를 뜻하는 말로 바라타,

---

87) ‘바라타족(族)의 전쟁을 읊은 대서사시’란 뜻으로 바라타족에 속한 쿠르족과 반두족의 불화로 18일간의 큰 싸움이 벌어져 반두족이 승리하는 전말이 주제이며, 본제는 전편의 약 5분의 1밖에 되지 않고, 그 사이에 신화, 전설, 종교, 철학, 도덕, 법제, 사회제도 등에 관한 삽화가 많이 들어 있다. 그 중 특히 유명한 것은 아름다운 연애와 기구한 운명을 다룬 〈날라왕(王) 이야기〉, 정숙한 아내를 그린 〈사비트리 이야기〉 등으로 이 삽화들은 후세의 사상·문학에 자료를 많이

즉 인디아라고 불리는 신화적 영웅의 후손들인 판다바(Pandava)족과 카우라바(Kaurava)족 간의 왕권계승을 다투는 전쟁 이야기이다. 『마하바라타』는 인도의 2대 서사시 중의 하나이며 높은 문학적 가치뿐만 아니라 종교적 감화를 주는 것으로 평가된다. 『마하바라타』는 수많은 전설과 교훈적인 내용을 담고 있으며, BC 400-AD 200년경에 완성되었기 때문에 『라마야나』와 함께 이 시기의 힌두교를 연구하는 데 중요한 자료가 된다. 오랜 세월에 걸쳐 구전되어 오는 사이에 정리·수정·증보를 거쳐 4세기경에 지금의 형태를 갖추게 된 것으로 여겨진다. 18편 10만송의 시구와 부록 『하리바니사(Harivanisa)』로 구성되었다.

『마하바라타』는 왕, 전사, 불행한 시대를 살아가는 인간, 윤회를 벗어나 해탈을 얻으려는 사람 등이 행해야 할 '다르마(dharma)'[88)]를 밝히고 있으며, 많은 우화와 대화를 통하여 도덕적, 정신적 그리고 형이상학적 문제에 대한 해답을 추구한다. 『마하바라타』는 종교, 철학, 역사, 신화, 정치 그리고 법률 등 당시 인도의 사회와 문화의 모든 분야에 걸쳐 이루어진 아리안 요소와 비(非)아리안 요소들의 거대한 종합체이며, 힌두교에 대한 백과사전과 같은 책이다.

제공하여 인도 국민의 정신생활에 크게 영향을 끼쳤을 뿐만 아니라 인도문화가 보급됨에 따라 동남아시아의 인형극, 그림자 연극에도 자주 채택되었다.

88) 소위 '다르마'라는 용어는 서양언어에서는 그 어의에 걸맞게 표현되는 번역용어가 따로 없이 주로 '의무', '종교', '정의', '법', '윤리', '종교적 미덕', '원리' 그리고 '올바름' 등으로 다양하게 번역된다. [Coward, Lipner and Young eds., *Hindu Ethics* (Albany : Suny Press, 1991), 2]

4) 바가바드기타(Bhagavad-gita)

‘신의 노래’라는 뜻을 가지고 있는 『바가바드기타』는 『마하바라타』의 제6권 「비스마파르바」의 제23-40장에 대화형식으로 되어 있는 철학적이고 종교적인 700구(句)의 시이다. 저작자는 『마하바라타』의 편찬자인 비아사로 보는데, 작성 시기는 대략 BC 5세기에서 BC 2세기이며, 그 후 많은 증보와 개작을 거쳐 AD 4세기에서 7세기 사이에 최종 수정본이 만들어졌다. 『바가바드기타』는 윤리 문제로 출발하여 신의 본질과 인간이 어떻게 신을 알 수 있는가 하는 문제를 광범위하게 고찰한다. 이 문헌은 인도 전 시대의 종교 사상과 실천의 개요를 제시한다.

『바가바드기타』는 비쉬누 신의 여덟 번째 화신인 그의 마차꾼 크리쉬나(Krishna)와, 사촌 형제들과 전쟁을 치르려고 하는 왕자이자 전사인 아르주나(Arjuna) 사이에 오고간 대화로 구성되어 있다. 이 『바가바드기타』는 힌두교도의 ‘경전 중의 경전’으로 되어 있지만, 본래 갠지스 강 서부지역에 살면서 크리쉬나를 믿는 비(非)브라만교의 바가바타파가 만든 독립 시편으로 된 경전으로, 브라만 사제들이 그들의 신앙형태를 수용하여 힌두교의 중요한 요소로 만듦에 따라 『마하바라타』의 일부로 들어간 것이다.

이 경전은 신에게 헌신하는 데에는 남녀노소의 구별이나 카스트제도의 신분 차이가 상관없으며, 누구나 신에게 헌신함으로써 행복한 삶을 누릴 수 있다고 가르치기 때문에, 업적을 쌓거나 지식을 얻음으로써 구원을 얻을 수가 없었던 힌두사회의 낮은 계급의 사람들에게도 구원의 길을 열어주었다.[89)]

5) 푸라나(Purana)

'고대의 전승'이라는 뜻을 가지고 있는 『푸라나』는 힌두교의 대중적인 신화, 전설, 계보 등을 모아 놓은 것으로 형성 연대와 기원이 다른 다양한 작품들로 구성되었다. 이 경전에는 힌두교도들이 오랜 세월 동안 섬겨온 많은 신들과 그 신들에 대항하는 악마들에 대한 설화, 그리고 역사상 위대했던 조상들에 대한 전설들이 다수 수록되어 있다.

특히 바크티와 카스트, 또한 다르마(dharma)의 중요성을 강조하기 위하여 순례여행과 예배의식을 자세히 서술하고 있다. 힌두교도들에게 다르마란 의례와 도덕적 행위를 포함하고 있는 하나의 포괄적 사상으로, 다르마 의무를 경시하는 것은 사회와 개인에게 악영향을 끼친다고 믿는다.[90] 또한 덕행을 쌓은 영웅들에 대한 설화들을 기록하여 선행에 대한 의지를 심어줌으로써 힌두교의 윤리관을 형성시키는 데 공헌하였다.

전통적으로 『푸라나』는 5가지 주제를 다루는데 태초의 우주 창조, 주기적인 우주의 파괴 이후 두 번째 창조, 신과 성자들의 계보, 역사적 신기원을 이루는 사건들, 왕가의 역사 등이다. 가장 대중적이며 인도인들의 종교적 삶 전반에 깊은 영향을 미치고 있는 것은 『바가바타 푸라나』[91]이다.

---

89) 바가바드기타에서는 "신애로서 나를 공경하는 사람들, 그들은 내 안에 있으며 나 또한 그들 안에 있다(9:29)." 더욱이 신애를 통하여 "태생이 천한 사람, 여자, 바이샤, 그리고 수드라도 지고의 목표에 이르게 된다(9:32)"고 하여 인도종교사에서 주요한 전환점이 되는 메시지를 제공하였다.

90) Gavin D. Flood, *An Introduction to Hinduism*, 이기연 역, 『힌두교 : 사상에서 실천까지』(서울 : 산지니, 2008), 94.

4. 힌두교의 교리와 사상

1) 신관

인도에서는 '사람보다 많은 신과 집보다 많은 신전'이라는 말로 힌두교의 복잡성을 이야기한다. 일본의 신도와 더불어 힌두교는 신이 많은 종교이지만, 실은 다신교적 형태 안에 일신교적 경향이 잠재해 있다고 볼 수 있다. 힌두교는 여러 신의 배후에 '최소신'의 존재를 말하며 브라흐마, 비쉬누, 쉬바 신으로 트리무르티 곧 삼신일체설(三神一體說)[92]을 전개하였다.

힌두교 신관의 중요한 특징은 최고의 신 브라만을 믿으면서도 브라만의 다른 표현으로 여겨지는 신들을 동시에 섬긴다는 점이다. 그래서 힌두교를 다신론으로 보지만, 한 신이 기능에 의하여 여러 신으로 분화되는 교체일신론이라고 규정하기도 한다.

(1) 브라흐마(Brahma)

범천(梵天)이라고도 하며 우주와 세계를 창조한 대표신이지만 이미 자신의 일을 마쳤으므로 인도인들에게는 현재 큰 의미를 지니지 않는다.

---

91) 900년경 남방 인도의 힌두교 비쉬누파의 일파인 바가바타파 신도들 사이에 전해오는 옛 설화이다.

92) 세 신이 하나에서 비롯된 것으로 보는 사상으로, 이 세 신 브라흐마, 비쉬누, 쉬바는 각각 세계의 창조, 보존, 그리고 파괴의 기능을 담당한다.

(2) 비쉬누(Vishnu)

비쉬누는 우주와 세계를 유지·보존하는 신이다. 진리를 수호하고 그것을 적극적으로 실현시키는 비쉬누는 하늘에 살면서 지상의 질서를 바로잡는다.

비쉬누는 원래 태양신이었지만 인도의 신관이 변천됨에 따라 브라흐마, 쉬바와 더불어 3대신(三大神)이 되어 각각 우주의 창조, 파괴, 보존을 관장한다. 비쉬누가 세계의 악을 몰아내고 정의를 회복하기 위하여 지상에 부활한다고 하는 권화사상(權化思想)도 같은 시기에 나타났다. 역사 및 신화상 위대한 존재들을 총망라하여 비쉬누파(派) 사상의 보편성을 강조하고 있다.

비쉬누는 10가지의 화신이 있는데 그 중 8번째인 크리쉬나는 가장 인격화한 구원자라는 칭호를 받는 신으로, 그가 인간을 위하여 뱀을 퇴치하는 그림이 발굴되어 인도의 메시야라고도 한다. 9번째 화신은 부처이며 이는 불교와 힌두교의 상관관계를 보여주는 사례이기도 하다. 10번째 화신인 칼키(Kalki)는 아직 나타나지 않았으며 암흑의 시대인 파괴기가 끝날 무렵에 사악함을 물리치고 정의를 세우며 생성기의 법을 따르는 자를 구원하는 미래의 화신이다.

(3) 쉬바(Shiva)

우주와 세계의 파괴와 재생을 담당하는 신으로, 쉬바의 파괴는 새로운 창조를 의미하는 것이다. 별칭은 '나타라자'로 '길상(吉祥)', '상서(祥瑞)'라는 뜻을 지니는데, 불전 등에서는 쉬바를 자재천(自在天, Isvara) 혹은 대자재천(Mahesvara)이라고 칭한다. 베다 말기에는 독립된 신격을 가졌고, 최고신 또는 우주의 최고 원리로 여겨지게 되었다. 그 성품은 광폭하며 전적으로 파괴와 관련되어 있다.

서사시에서 쉬바는 10개의 팔과 4개의 얼굴을 가졌으며, 눈은 셋이고, 용의 독을 마셨기 때문에 검푸른 목을 하고 있다. 머리에 달을 이고 호랑이 가죽을 걸치고 다니는데, 황소 등에 올라타 신비(神妃)인 칼리와 함께 히말라야 산중에 살며, 활, 도끼와 날이 세 개 달린 창 등의 무기를 가지고 있다. 사람을 죽음으로 몰아가기도 하고 열병을 가져오기도 하는 무서운 신이지만, 춤과 음악을 즐기며 이를 관장하고, 고행자에게는 은혜를 베풀며 생식을 지배하는 신으로 보기도 한다. 그와 칼리 사이에 스칸다(불교의 韋駄天 : 佛法 수호신의 하나)가 태어났다.

(4) 칼리(Kali, 쉬바의 妃)

우마, 투르가, 파르바티, 가우리 등 여러 가지 이칭(異稱)이 있다. 대칼리(Mahakali)라고도 한다. 원래는 독립된 신격이었지만, 쉬바의 배우자로서 점차 원래의 특성을 잃고 남편의 성격인 암흑과 음침한 면을 전수받아 무서운 양상을 한 광포하고 잔인한 신으로 변하여 민간신앙의 대상이 되었다. '히마바트산(雪山)의 딸'로 불리는 데서도 알 수 있듯이 원래는 산악지대 원주민들 사이에서 숭배된 것으로 보인다. 쉬바와의 결혼은 후세의 신화, 문예의 좋은 소재가 되었고, 또 힌두교의 샤크티파(派)와 불교의 밀교와도 깊은 관련이 있다. 현대의 인도에서도 칼리 숭배는 성행하고 있어 마이솔시(市)의 차문디 언덕과 갈리가트사(寺)에 있는 칼리의 신당은 유명하다.

힌두교의 경전에 나타나 있는 신관은 매우 복잡하고, 때로는 서로 모순 되어 많은 혼란을 일으키지만, 다음과 같이 요약할 수 있다.

첫째, 혼합성이다. 힌두교의 신관은 동시에 형성된 것이 아니라 오랜 역사를 통해 점진적으로 발전하였기에 다양한 신관을 형성한다.

둘째, 관용성이다. 최고신을 섬기면서도 다른 많은 신들을 동시에 섬기는 것이 모순되지 않다는 것이다. 신 관념에 있어서 베다 종교의 전통을 계승한 힌두교는 기본적으로 다신교이다.

셋째, 화신사상이다. 아바타르의 의미는 신적 요소의 일부가 인간 또는 동물의 형태로 구체화했다는 것이다. 이 화신사상은 여러 지방, 부족, 카스트의 신들을 융합하는 이론적 근거가 된다.

넷째, 계보성이다. 힌두교의 신들은 일종의 계보를 형성하고 있다. 신들의 영역을 구분할 수 있고, 신들이 배우자와 결혼을 하고 그로 인해 자식이 태어나는 모습들을 볼 수 있다.

2) 죄관

힌두교에는 인간이 신에 대하여 죄를 짓는다는 개념이 없다. 인간들이 잘못된 행동을 할 수도 있지만 그것은 신을 거역하는 것이라기보다 오히려 아비댜(avidya), 즉 절대적인 진리에 대한 무지에서 비롯된 것이라고 본다. 힌두교인에게 죄란 개인적이며 도덕적인 죄가 아니라 영원한 원리들에 의해서 정의된 형이상학적인 영역에 속하는 것이다.

3) 구원관

힌두교도들의 목적은 윤회(삼사라)와 카르마로부터 도피하는 것이다. 『바가바드기타』에서는 다음 세 가지의 길을 제시하고 있다.[93]

(1) 업보를 쌓는 길(행위의 길)

이 방법은 일반적으로 카르마 마르가(karma marga)[94]라고 불리는 것으로, 종교적 의무를 수행함으로써 구원을 얻는 방법이다. 구체적인 실행 방법은 경전과 제사장들에 의해 미리 규정된 의식과 의무, 그리고 종교적 관례들을 충실히 이행하는 것이다. 여기에는 신들에게 제사를 드리는 것, 베다(Vedas)를 공부하는 것, 조상들의 영혼을 위해서 자녀들을 낳는 것, 이웃 사람들에게 자선을 베푸는 것 등의 여러 가지 선행이 있

93) 미국의 종교학자 Cannon은 세계 여러 종교를 검토한 후 힌두교의 전통적인 분류법을 좀 더 세분하여 여섯 가지로 밝혔다. 그는 a.의식(sacred rite)을 통한 길, b.바른 행동(right action)을 통한 길, c.헌신(devotion)을 통한 길, d.무속적 중재(shamanic mediation)를 통한 길, e.신비적 추구(mystical quest)를 통한 길, f.이성적 탐구(reasoned inquiry)를 통한 길을 제시했다. [Dale Cannon, *Six Ways of Being Religious : A Framework for Comparative Studies of Religion* (Belmont : Wadsworth Publishing Co., 1996) 참조] 한편 Smith는 네 가지로 완성의 길을 제시한다. 그는 a.지식을 통한 신성의 길, b.사랑을 통한 신성의 추구, c.노동을 통한 신성의 추구, d.정신물리학적 수련을 통한 신성의 추구 등을 들었다. [Huston Smith, *The World's Religions* (San Francisco : HarperSanfrancisco, 1991), 26-50]

94) 카르마의 법칙은 인과관계의 원리와 에너지 불멸의 원리를 도덕적 세계에 적용한다. 모든 행동은 적절한 보상을 낳고, 또한 성격에도 영향을 미치는 것이다. [T. M. P. Mahadevan, *Outlines of Hinduism* (Bombay : Chetana, 1960), 59]

다. 힌두교도들은 스스로에게 도움이 되는 선한 업보를 쌓을 수 있다고 믿으며, 이로써 내세에는 브라만으로 태어나 해탈의 경지에 이를 수 있는 더 유리한 지위에 오르게 된다고 생각한다.

(2) 지식의 길(명상의 길)

구원을 얻는 또 하나의 방법은 힌두교도들이 중시하는 특정 지식(지냐나)을 체득하는 것이다. 이 방법의 기본 전제는 인간이 현세에서 고통을 당하고 있는 근본적인 원인이 바로 무지(無知)에 있다는 생각이다. 『우파니샤드』의 관점에 따르면 온 우주를 통틀어 유일한 실체는 브라만뿐이므로, 따라서 인간도 독립적인 실체가 아니라 총체적인 실체, 즉 브라만의 일부이다. 참다운 자아는 육체의 감관이나 사고 등이 아니라 영원불멸하는 아트만[95]이며, 이것은 브라만과 동일하다는 직관적 통찰이다. 그러므로 인간은 오직 자신이 독립적인 자아가 아니라는 인식을 체득함으로써 오류에서 벗어날 수 있으며, 또한 구원을 얻을 수 있다고 가르친다.

(3) 헌신의 길(신애의 길)

바크티(Bhakti : 신애, 박애) 사상은 모든 예배의식에는 특정한 신에 대한 헌신이 포함되어 있어야 한다는 것이다. 여기에서 중요한 것은 이러한 헌신이 반드시 그 특정한 신에 대한 사랑

---

95) 힌두교에서 각 개별 존재의 변화하지 않는 영원한 실재로서, 각 존재의 진정한 자아를 의미한다.

에서 우러나와야 하며, 동시에 그 사랑과 헌신의 태도가 다른 사람들과의 관계에서도 나타나야 한다는 점이다. 바크티를 특별히 강조하여 부각시킨 경전으로는 『바가바드기타』가 있다.

이 헌신의 방법은 지식의 방법이 너무 지적이어서 어렵게 여겨지는 많은 사람들에게 매력이 있다. 또한 업보를 통해서 성과를 드러낼 수 없다고 생각하는 사람들의 종교적 본성을 자극한다.

5. 힌두교의 제사와 의식

1) 가내 제의들

삶의 중대한 계기들을 성화시키는 성례전들은 개인의 오점을 제거하고 새로운 속성들을 생성시킴으로써 특정한 목적, 즉 생의 다음 단계를 위해 적합한 인격과 잠재적 능력들을 발전시키기 위한 것이다. 최하 계층인 수드라 계급의 사람들에게는 베다의 만트라를 사용하는 것이 허용되지 않고 다만 몇 가지 성례전(Samskara)들을 행하는 것이 허용되어 있다.

(1) 삼스카라(통과의례)들

성년식은 소년이 8-12세 때에 행해지며, 이 의식에서 그는 '두 번 태어난 자'가 된다. 전통적으로 집에서 스승의 지도하에서 행해지는 베다연구의 긴 교육과정의 시작을 의미한다.

힌두교에서는 일부일처제를 지키고 있으며, 아내는 남편을 따르고 자식을 낳아서 종족을 보존해야 하고, 남편은 아내를 보호하고 자기 친족 안에서 아내의 안정된 지위를 확보시켜 줄 의무가 있다고 본다. 일반적으로는 같은 카스트제도 내의 사람끼리 결혼한다. 그리고 남편 될 사람은 신부 집에 경제적 대가를 지불하거나 선물하는 풍습이 있다.

수태제의는 임신한 것으로 추정되는 시기를 축성하는 것으로 빻은 쌀을 먹는 것, 우유에 끓인 쌀을 제물로 바치는 것, 임신한 여성이 물을 뿌리는 것 등으로 이루어진다. 모든 행위들에는 만트라들이 수반된다.

전통적인 장례방법은 화장이지만, 삼스카라들에 의해서 충분히 정화되지 않은 사람들이나 고행자와 같이 제의적인 불을 필요로 하지 않는 사람들의 장례는 유예된다.

(2) 매일의 제사

다섯 가지 의무적인 제사들이 있는데, 음식물의 일부를 신들에게 바치는 것, 모든 존재들에 대하여 바치는 것, 죽은 자들의 영혼에게 참깨와 섞은 물을 헌주하는 것, 친절을 베푸는 것, 베다경을 음송하는 것 등이다. 전통적인 힌두교의 다섯 수호신들에 대한 제사는 오늘날에도 계속되고 있다.

(3) 다른 개인적인 제의들

아침과 저녁에 올리는 공양(samdhya)은 전통적인 가정의 중요한 의무로서 베다적인 것이기는 하지만 푸라나와 탄트라적인 요소들이 합쳐져 긴 제의가 되었다. 아침의식은 자기정화,

목욕, 기도, 만트라, 영적인 자극을 위한 기도 등으로 이루어진다. 몸의 정결과 직업적인 의무들을 매일 준수하는 것은 세속적인 보상을 가져다주며 신성한 것과의 접촉에 필요한 상태를 유지하게 한다.

2) 예배의식

(1) 신전(神殿)

힌두교도들에게 신전을 세우는 일은 하늘의 보상을 받을 만한 공로를 쌓는 것이다. 신전은 고요하고 쾌청한 장소에 지어야 하며, 그 위치는 점성술과 점술뿐만 아니라 사람들의 거주지와의 관계에 의해서 결정된다. 선신의 신당은 마을을 마주보는 곳이어야 한다. 그 규모는 다양하여 조잡한 신상들이 있는 작은 마을의 신당들로부터 시작해서, 기념비적인 출입문과 성벽으로 둘러싸여 그 안에 정원과 의식적인 목욕을 행하는 연못, 학고, 병원, 수도원까지 갖춘 거대한 규모의 신전도시까지 있다.

(2) 푸자(예배)

푸자는 공양(供養)을 뜻하며, 가정에서의 일상의례부터 장엄한 사원의례까지 포괄한다. 푸자의 내용은 교파, 종족, 지역, 시간, 숭배자의 필요, 의거하는 종교서에 따라 매우 다양하다.

힌두교의 예배는 본질적으로 신을 최고의 손님으로 맞아들이는 것이다. 그 예배는 통상 16가지의 시중드는 일로 이루어진다. 신이 예배에 참석하도록 초청하는 임재의 기원, 자리와

물(손과 발을 씻고 입을 헹구기 위한)과 목욕물, 의복, 성스러운 실, 향기, 꽃, 분향, 등불, 음식, 존경, 신상을 순회시키는 것, 신에 의한 해산 등이 주요 순서이다. 예배의 목적은 예배자와 신이 명상을 통하여 일치하는 것이다.

3) 요가(Yoga)

요가는 힌두교에서 영성을 성취하기 위한 방법이다. 요가의 목적은 심신의 조절을 통하여 인간 의식에 근본적인 변화를 가져오는 것이다. 요가 의식은 아리안족이 인도를 침략해 오기 전부터 이미 있었을 것으로 여겨진다. 비록 그 해석이 각 종파마다 다르기는 하지만, 요가는 힌두교에서 보편적으로 행하여진다. 『우파니샤드』와 『바가바드기타』에서도 요가의 기술이 강조되었지만 고전적 요가의 교본은 5세기경의 파탄잘리(Patanjali)의 『요가수트라(요가경)』이다.[96] 요가의 체계는 영혼의 의식적 반성의 흐름으로서 정신활동을 정지시키는 것에 초점이 맞추어져 있다. 마음이 안정되고 비워졌을 때 정신이 원래의 상태로 돌아가게 되는데, 이때 영혼은 정신의 근원이 되는 프라크리티(prakriti, 자연)의 굴레에서 벗어나게 된다.

요가훈련의 여덟 가지 단계 중 처음 두 단계는 내적 준비과정을 나타낸다. 마지막 세 단계는 여러 집중의 단계들이며 본래의 고유한 요가를 구성한다.[97]

---

96) Norman Anderson ed., *The World's Religions*, 219.
97) Ibid., 220.

① **자제**: 이것은 다섯 가지 규칙으로 구성되어 있는데, 남에게 손해를 끼치지 않는 것, 진리, 도둑질하지 않는 것, 독신생활, 재산을 탐하지 않는 것이다.

② **준수**: 이것은 순결, 만족, 내핍생활, 연구 그리고 신에 대한 헌신을 포함한다. 이러한 윤리적 차원들은 요가에 대한 필수적 준비단계이다.

③ **자세**: 몸은 바른 자세로 하나 정신의 통제를 유도하기 위한 느슨한 자세를 취한다.

④ **호흡조절**: 느리고 통제된 호흡은 집중하는 데 도움을 준다.

⑤ **감각의 제거**: 정신을 통제하여 각 감각의 대상으로부터 감각을 제거한다.

⑥ **집중**: 특별한 장소나 대상물에 정신을 고정시킨다. 바크티 숭배자들에게는 신(Isvara)이 집중의 대상이 되지만, 고전적인 요가에서는 대상이 중요하지 않다.

⑦ **명상**: 대상에 대한 지속적이고 평온한 집중이다.

⑧ **사마디**(Samadhi): 모든 정신활동이 멈추고 정신이 완전히 잠잠해질 때의 황홀경이다. 여기에는 두 가지 수준의 사마디가 있는데, 낮은 수준의 사마디에서는 정신이 특정 대상에 대한 묵상에 몰두해 있고 객관적 의식이 남아 있지만, 높은 수준의 사마디에서는 객관적 의식이 사라지고 영혼이 자신의 영원불멸성을 경험하거나 절대자 속으로 흡수된다.

요가의 심령적인 기술은 인도에 있는 많은 종파의 종교 의식 속으로 스며들어갔다. 정통 힌두교에서 구원 혹은 해방은 자아를 인식하는 것으로서 경험적 세계와는 구별된다. 순수한 자의식의 이러한 사마디(황홀경)는 힌두교의 영성에 대한 신비적 체험이다. 이것은 요가를 통해서 성취되며 해방된 영혼은 완전한 신처럼 되어 자신의 불멸성을 깨닫게 된다.

6. 힌두교의 수행 단계

인도에서는 각 종파를 통하여 종교의 수행생활을 하는 시기가 정해져 있다. 힌두교 초기에 수행생활은 최상계급인 브라만의 특권이었지만 점차로 크샤트리아와 바이샤도 이를 누릴 수 있게 되었다. 오직 최하계급인 수드라만이 종교생활에 들어갈 수 있는 기회를 얻지 못하였다. 수행의 단계는 다음과 같다.

1) 제1기 : 학생기(學生期, brahmacharya) 혹은 범행기(梵行期)

장성하였을 때에 부모를 떠나 사문에 들어가 학생으로 지내며 베다 경전을 암송하고 제사의식을 견습하며 육식을 금하고 성화(聖火)를 섬기고 스승에게 순종하며, 걸식을 만족하게 여기는 생활을 한다. 학생기는 12년이지만 그보다 더 오랜 수행을 하거나 일평생을 전부 범행기로 보낸 사람도 상당히 많았는데 이들 중에서 위대한 브라만 철인들이 많이 배출되었다.

2) 제2기 : 가주기(家住期, grihasthya) 혹은 가거기(家居期)

학생기를 마친 사람이 집에 돌아가 가정생활을 하면서 신들과 조상의 영에게 제사하며 정상직업에 종사한다. 마누법전에는 누구든지 반드시 가주기를 경과하여야 한다고 명시되어 있다.

3) 제3기 : 임주기(林住期, vanaprasthya) 혹은 임서기(林棲期)

다시 가정을 떠나 삼림 속에 은거하는 노년기를 가리킨다. 몸에는 나무껍질이나 짐승의 가죽을 두르고 머리털과 손톱을 기르며 음식을 제한하고 난행과 고행으로 몸과 마음을 연마하여 대오(大悟)에 들어가기를 힘쓴다.

4) 제4기 : 유행기(遊行期, samnyasa) 혹은 둔세기(遁世期)

모든 것을 버리고 혼자서 베다를 수행하는 시기를 말한다. 이 유행기에 대해 경서에서는 "불 없이, 집 없이, 쾌락 없이, 보호 없이 생활하여라. 침묵하여라. 종일토록 입을 닫고 있다가 오직 베다를 읽는 시간에만 입을 열어라. 적게 먹어라. 목숨이 끊어지지 않을 만큼 먹되 먹는 것은 반드시 벌어 먹어라. 이 세상도 하늘도 아무것도 생각하지 말고 다만 이 땅 위에 소요(逍遙)하여라. 수행자는 근친을 버리고 친구를 버리고 누구든지 함께 하지 말라. 돈도 가지지 말고 재산도 가지지 말고 아무 소유도 가지지 말라"고 가르친다.

이와 같이 사람이 가정생활을 하지 않고 범행생활이나 임서생활을 하는 것을 소위 출가(出家)라고 한다. 이들 네 가지

생활 단계에는 각 시기에 따라 의무와 기능이 규정되어 있으며, 그것이 인간의 본능적 생활을 자제하도록 하여 해탈을 인도한다고 생각한다.[98)]

7. 힌두교의 가정과 사회제도

1) 가정제도

인도의 사회구조는 카스트제도와 자치적인 마을 공동체에 기초를 두고 있다. 가족의 형태는 일반적으로 대가족이다. 아버지는 가장으로서 전 가족을 통제하지만, 가족회의가 최고의 권위를 가지며 식량, 재산, 집은 공동으로 소유한다.

대가족제도는 고대에 토지를 소유하고 공동으로 경작해야 했던 필요성 때문에 생겨난 것이다. 수확물을 공유하는 가족 집단이 생겼고, 토지는 자손에게 물려주어 많은 가족 구성원에게 혜택이 돌아가도록 하였다. 인도에서 대가족은 농촌의 사회기반으로 존속하였으며 경제적, 종교적, 사회적인 유대를 나타낸다.

힌두교에 있어서 가정은 생활의 장일뿐만 아니라 종교생활의 단위이기도 하다. 힌두교는 특히 푸자라고 하는 의식을 중시하는데, 개인과 가정의 푸자 의식이 집에서나 혹은 소규모의 가정 사당에서 행해진다.

---

98) 스사누라 아키라, 『힌두교』 문을식 역, (서울 : 도서출판 여래, 2003), 236.

2) 사회제도

힌두교는 신분종교라고 할 만큼 종교가 계급제도를 정당화한다. 막스 베버(Max Weber)는 "만약 카스트와의 관계성을 도외시하면 힌두교는 지금까지 말해왔던 모든 내용이 가리키듯이 이해할 수 없는 그 무엇으로 남는다"[99]고 하였다. 카스트제도에 대한 언급은 힌두교 경전이 아닌 창조신화에서 유래하였다. 창조의 신인 브라흐마는 인간의 조상 마누(Manu)를 창조한 후에 그에게서 네 종류의 사람들이 탄생하게 하였다. 인간은 마누의 각 신체 부분에서 나왔는데, 마누의 머리에서는 가장 훌륭하고 신성한 브라만(Brahmins, 또는 Brahmans)이, 양손에서는 지배자들과 무사들인 크샤트리아(Kshyatriyas)가, 그의 넓적다리에서는 장인들과 기술자들인 바이샤(Vaisyas)가, 마지막으로 발에서는 천민인 수드라(Sudras)가 나왔다.

이상의 4계급에 들지 못하는 천민계급을 불가촉천민(Harijans)[100]이라고 하는데, 이들은 브라만 신을 믿을 권리가 없다. 카스트제도는 현재 법적으로 폐지되었으나 사회의 전통으로 보이지 않게 남아 있다.

(1) 브라만(Brahmins)

카스트의 가장 높은 계층으로 제사장, 경전을 연구하는 철

99) Max Weber, *Gesammelte Aufsatze zur Religionssoziologie II: Hinduismus und Buddhismus,* 홍윤기 역, 『종교사회학 II: 힌두교와 불교』(서울 : 한국신학연구소, 1987), 45.

100) 간디(Gandhi)는 불가촉천민을 하리잔(Harijan)이라고 불렀으며, 그들 내에서는 스스로를 달리뜨(dalit)라고 불렀다. (Gavin D. Flood, *An Introduction to Hinduism*, 103)

학자, 혹은 사상가들로서 왕족들도 이들을 존중한다. 이것은 힌두교가 제사장제도가 전성기였을 때 발전한 종교임을 입증한다.

브라만에게는 제식, 베다의 연구, 희사물, 토지시여의 수령, 금욕행(禁慾行) 등의 의무가 규정되어 있었다.[101] 역사적으로 브라만은 다양한 직업에 종사했는데, 제사장들을 비롯하여 학자, 전사, 사업가 등의 여러 방면에서 활동했다. 이들 중 일부는 브라마크샤트리아라고 하여 통치자와 전사로서의 역할도 수행했다. 또한 브라만들은 힌두교뿐만 아니라 불교, 자이나교, 시크교, 이슬람교에서 성직자로서의 역할을 담당하기도 했다.

(2) 크샤트리아(Kshyatriyas)

카스트의 제2계급으로서 정치가나 왕족들이며 사회를 다스리는 자들이다. '무사' 또는 '영토의 지배자'라고 번역되며 최상급의 신분인 브라만과 함께 군사 및 정치에 종사하는 인도 사회의 지배층으로, 현재의 귀족집단인 라지푸트를 비롯하여 다양한 상층 지위의 카스트 집단이 이 신분에 포함된다. 석가모니가 불교를 전파할 때 전도활동을 지지한 것은 마가다국을 다스리던 크샤트리아 계층이었다.

(3) 바이샤(Vaisyas)

바이샤는 노예계급이 아니라 평민으로서 주로 생산노동,

---

101) Max Weber, *Gesammelte Aufsatze zur Religionssoziologie II : Hinduismus und Buddhismus*, 77.

농사와 목축, 장사를 했다. 직업 때문에 학문을 하고 제물을 바치며 보시(布施)를 해야 했다. 법전에는 농업, 목축업, 상업에 종사하도록 규정되었으나, 7세기경에는 수공업, 상업, 교역을 직업으로 하는 사람을 가리켰고, 오늘날에는 주로 상인 신분 계층을 말한다.

위의 세 계급의 사람들은 종교 의식에 참여하며, 윤회에서 벗어나는 해탈을 위하여 도를 닦을 수 있다. 이들은 그 징표로 목에 성스러운 실을 걸고 다닌다.

(4) 수드라(Sudras)

수드라의 생활양식은 '노예로서의 봉역'이다.[102] 이들은 카스트의 최하위 계급으로서 직물공, 하인 등과 같은 육체노동자들을 일컫는다. 대부분이 의류제조업자, 도자기공, 행상꾼, 주류 판매업자 및 기름 짜는 사람 그리고 농촌 노동자와 소농민으로 이루어진다.[103] 이들에게는 종교 행사에 참여하거나 베다를 읽고 연구할 권리가 없다.

이상의 네 계급에 들지 못하는 불가촉천민은 브라만 계급의 사람들이 결코 접촉해서는 안 된다. 가령 염소가 브라만들의 우물에 빠졌다면 청소하여 다시 사용하지만 불가촉천민이

---

102) Ibid., 오늘날 군대에 입대하는 것도 순전한 브라만으로서는 할 수 없는 일이다. 왜냐하면 그는 자기보다 열등한 카스트 아니면 야만족 출신의 상관이 내리는 명령에 복종해야 하기 때문이다.

103) Max Weber, *Gesammelte Aufsatze zur Religionssoziologie II : Hinduismus und Buddhismus*, 124-125.

우물에서 마셨다면 그 우물은 폐지하고 다시 판다. 이들은 그림자조차도 부정하다 할 정도로 인간 이하의 대접을 받는다.

8. 힌두교의 축제

힌두교에는 마을 단위로 사원이 있고 일 년 내내 수많은 축제가 있기 때문에 힌두교를 축제의 종교라고도 한다. 축제의 종류로는 음력 2, 3월에 열리는 홀리제(봄의 축제), 3, 4월에 열리는 라마 탄생제가 있다. 4, 5월은 크리쉬나를 숭앙하는 달로서 성스러운 강에서 목욕하며 제례를 시행한다. 그리고 8, 9월에는 4일에 코끼리 머리를 가진 가네샤 상을 흙으로 빚어 제례하며, 7, 8일에는 쉬바의 부인이며 가네샤의 어머니인 칼리 여신을 섬기는 제례가 열린다. 또한 9, 10월에는 인도 최대의 축제로 9일간의 밤 축제인 두르가 푸자가 열린다.

9. 힌두교에 대한 평가

세상에는 많은 종교가 있지만 힌두교만큼 한 국가의 전반적인 문화와 생활에 지대한 영향을 주는 종교는 찾아보기 어렵다. 즉 힌두교는 인도의 사회, 관습, 전통 등 모든 것을 포괄하는 인도의 생활방식이자 인도문화의 총체이다. 힌두교가 국가의 통일성과 응집력에 있어서 긍정적인 역할을 하였다고 평가할 수 있겠지만, 그에 반하여 사회제도와 윤리적인 문제

등은 21세기의 보편적인 관점으로 바라보았을 때 부정적인 면들이 더 많다. 먼저 카스트제도와 여성의 비하라는 불평등한 사회관을 비롯하여, 역사의식과 도덕성, 문화적 사명이 결여되어 있고, 비합리적 풍속과 습관을 고수한다. 특히 카스트제도에서 나타나는 계급제도는 종교적인 관점으로 보면 개인의 구원여부를 상속으로 결정짓는 비합리적인 제도이다.

힌두교에는 일정한 도그마나 신앙형태가 없다. 어떤 의미로 힌두교에는 세계의 모든 종교들이 지닌 속성들이 다른 형태, 다른 명칭으로 포함되어 있다고 볼 수 있다. 따라서 힌두교는 다른 종교의 교리도 하나의 진리로서 충분한 가치가 있다는 것을 인정하는 관대한 경향을 보인다. 이는 힌두교가 다른 종교의 도전에 대처하는 독특한 방법에서 나타나는데, 수많은 신조와 신앙형태를 가진 힌두교로서는 외래종교가 주장하는 가르침이 새로운 것이 될 수 없다는 태도를 취한다.

예를 들어 기독교의 사랑의 정신은 그들의 바크티(Bhakti)사상과 유사하다고 주장한다. 또 이슬람교의 무함마드(Muhammad)도 일단 힌두신학자의 손을 거치면 비쉬누(Vishnu)의 화신 중의 하나가 되거나 3억 3천만에 달하는 신들 중의 하나로 변화된다.

이와 같이 힌두교는 다른 종교를 배척하는 것이 아니라 포용함으로써 외래종교의 가치를 약화시킨다. 다른 종교가 외치는 교리에서 힌두교와의 공통점을 찾고, 새로운 개념은 흡수하여 결국 외래종교를 별다른 가치가 없는 것으로 만들어 버린다. 그러나 외래종교가 힌두교에 끝내 포용되지 않을 경우, 힌두교는 그 종교의 신자들을 사회적으로 고립시켜 여러 형태로 제재를 가한다. 힌두교가 겉으로는 모든 것을 포용하듯 보이지만 그 내면을 보면 은밀하게 배타적인 종교임을 알 수 있다.

힌두교는 전 우주에 편재한 최고의 영적 실재(브라만)에 대한 신앙과 지식의 합일을 목표로 삼고 있으며, 자신의 행위에 대한 정당한 보응을 받는다는 인과응보의 사상을 특징으로 한다. 하지만 그들은 신봉하는 신의 인격성을 인정하지 않는다. 힌두교에서 말하는 최고의 신이자 궁극적 실체인 브라흐마는 정의될 수 없는 비인격적이며 추상적인 존재이다. 그러한 존재를 신앙과 예배의 대상으로 삼는 인간은 심령의 참된 만족을 느낄 수 없다.

힌두교는 브라만과 세계를 일치시킴으로써 창조와 계시의 가능성을 배제한다. 또한 힌두교는 인간을 브라만의 일부분이며 불완전한 화신으로 생각하여 인간의 가치와 존엄성을 깎아내리고, 현실세계를 하나의 환영에 지나지 않는 것으로 본다. 힌두교의 인생관과 세계관은 하나님의 형상으로 창조된 인간관이 결여되어 있어 인간의 모든 노력과 활동을 부질없는 것으로 여기는 결론에 도달하게 된다.

힌두교의 구원의 개념은 무한한 윤회의 과정에서 벗어나 평온한 해탈의 경지에 이르는 것이다. 힌두교도는 인간이 예배, 명상, 선행 및 자기 자제를 통해 의롭게 될 수 있다고 본다. 그러나 성경은 인간의 구원이 하나님과의 화목한 관계를 회복하는 것이고, 이는 선행을 쌓음으로 얻어지는 것이 아니라 예수 그리스도를 믿음으로만 가능한 것으로 하나님께서 아무 대가 없이 베푸시는 은혜의 선물임을 분명히 한다.

제 8 장
불 교

1. 불교 형성의 배경

불교는 BC 6세기 말에서 4세기 초 동북 인도에서 형성된 종교이다. BC 1500년경부터 인도 서북부를 침공하여 원주민들을 지배하기 시작한 아리안들은 계급제도(Caste)를 중심으로 사회질서를 구축하였다. 브라만교는 가장 신성한 사제 계급인 브라만들에 의해 형성되었으며, 『베다』라는 경전에 근거하여 다신신앙을 지닌 종교였다. 인도 서북부에서 시작된 브라만교는 인구이동으로 인해 BC 6, 7세기에는 갠지스 강의 중류와 하류를 따라 북인도의 중부와 동부로 퍼져가기 시작하였다.

이 새로운 지역에는 풍부한 농업 생산을 기반으로 하여 도시가 생겨나고 상공업이 발달했으며, 종래의 부족국가 대신 코살라(Kosala)[104)]와 마가다(Magadha)[105)] 같은 강력한 군주국가

104) 영토는 대체로 유서 깊은 오우드 지역의 경계와 일치한다. 사라유 강(지금의 가가라 강) 양 둑에 걸쳐 있었으며 북쪽으로는 현재의 네팔 지방까지 이르렀다. 『라마야나』에 따르면 코살라는 태양에서 내려온 왕들이 다스린 나라였다. 코살라는 BC 6세기에 일찍이 대국으로 부상해 북부 인도의 주요 16국 중의 하나가 되었다. 코살라는 강력한 카시 왕국을 병합하고, BC 500년경 프라세나지트(파세나디) 왕 때에 북부에서 4대 강국의 하나가 되었다. 이때에 코살라는 갠지스

들이 출현하게 되었다. 이에 따라 브라만들의 종교적 권위와 사회적 지도력은 상대적으로 약화되었으며, 종래의 번잡한 제사의례에 대한 비판과, 제사 행위의 대가로 사후에 천상에서 영원한 복락을 누린다는 관념에도 회의가 생기기 시작하였다.

인간은 끊임없이 윤회의 세계에서 생과 사를 되풀이할 수밖에 없다는 자각과 더불어 우주의 궁극적 실재를 아는 신비적 지식을 통한 해탈이 강조되었는데, 이러한 운동을 주도한 사람들을 사문(沙門, Samana)[106]이라고 불렀다. 불교의 창시자인 석가모니도 사문으로서 인생고의 문제를 해결하는 새로운 해탈의 길을 제시했다.

강 유역의 무역로를 장악했다. 북부 코살라의 사키아(사키야) 부족에서 태어난(BC 563년경) 석가모니는 가끔 코살라의 수도 슈라바스티(사바티)에서 설법을 했고, 말년의 25년 동안 우기(雨期)에는 이곳에서 지냈다. 코살라와 마가다는 결혼동맹을 맺고 있었는데 BC 490년경 두 나라 사이에 전쟁이 일어났다. 이후 코살라는 약화되어 다시는 예전의 위세를 회복하지 못했던 것 같다. 마가다의 왕 아자타사트루(BC 491-459년경)의 재위 중에 코살라는 마가다에 흡수되었다.

105) 지금의 인도 북동부 비하르 주 중서부에 위치했으며, BC 6세기-AD 8세기에 존재했던 제국들의 중심이었다. 하리앙카계인 빔비사라 왕(BC 543-491년경 재위) 시대에 앙가 왕국(비하르 동부)이 마가다에 병합되었다. 코살라는 그 뒤에 병합되었다. 마가다의 우위는 난다 왕조(BC 4세기)와 마우리아 왕조(BC 4-2세기) 때에도 계속되어 마우리아 왕조 때의 제국은 인도의 거의 전역을 포함했다. 마가다가 일찍부터 강성했던 이유는 갠지스 강의 전략적 위치에 있어 강을 통하는 연락과 교역을 통제할 수 있었기 때문이다. 더구나 갠지스 강은 마가다와 갠지스 삼각주 지역의 부유한 항구들을 연결시켰다. 마가다에는 수많은 불교 유적지들이 있다.

106) 팔리어 'samaṇa'에서 유래한 음사어로서 '노력하는 사람', '도인'을 의미한다. 비구(比丘)와 같은 뜻으로 쓴다. 그러나 원래 사문은 고대 인도에서 반(反)베다적이고 반(反)브라만적인 출가 수행자를 가리켰다. 그들은 종래의 전통적인 정신원리인 베다 성전이나 사제인 바라문의 권위를 인정하지 않는 비전통적인 사상가들이었으며, 이런 의미에서 자유사상가들이라고 할 수 있다.

2. 불교의 창시자 : 석가모니(Sakyamuni)

석가(Sakya)족의 깨달은 자(Muni)라고 하여 '석가모니', 또는 '석가'라고 하며, 세상에서 존귀한 자라 하여 '세존(世尊, Bhagavat)'이라고 한다. 또 '깨달은 자'라고 하여 '붓다'(Buddha)라고도 하며, 석가가 전생에서 다시 왔다고 하여 '석가여래(釋迦如來)' 또는 '여래'라고 불리기도 한다.[107] '여래'란 말은 진여내생(眞如來生)에서 두 글자를 따온 것인데, '진여'에서 '내생'하였다는 뜻으로 실재세계에서 현상세계에 왔다는 것을 표시하는 말이다.

석가모니는 2천 5백여 년 전인 BC 563년 음력 4월 8일에 인도 북부 히말라야 남쪽 산기슭에 위치한 카필라바스투(Kapilavastu, 네팔의 타라이 지방)의 정반왕(Suddhodana)과 왕비 마야(Maya) 부인 사이에서 태어난 태자였다. 마야 부인이 왕궁에서 본가로 가던 노중에 룸비니(Lumbini)란 동산 '무우수(無憂樹, 걱정이 없는 나무)' 아래에서 그를 낳았다.

태자가 출생한 후에 히말라야 산에서 내려온 아시다(阿私陀)라는 브라만 계급의 사람이 궁궐로 찾아와 태자의 인상을 보고 "이 아이가 출가하면 일체종지(一切種智)를 이루겠고 만일 출가하지 않고 재가(在家)하면 전륜성왕(轉輪聖王)이 되어 사천하(四天下)를 차지할 것이다"라고 하였다고 한다. 정반왕은 브라만들을 초청하여 의논하고 왕자의 이름을 싯다르타

107) buddha의 어원은 깨친 사람을 나타내는 dha에서 파생이 되어 '잠에서' 또는 '깨어나다'라는 뜻이 있다. 대문자 B의 붓다(Buddha, 佛陀)는 부처로서 고유명사로 표기되며, 소문자 b의 붓다(buddha)는 깨달은 사람을 나타내는 보통명사로 쓰인다.

(Siddhartha)라고 지어주었는데,[108] '싯다르타'란 '무엇이든지 할 수 있다' 혹은 '모든 것이 뜻과 같이 이루어진다(一切意成)'라는 뜻이다. 종족의 성(姓)은 고타마(Gautama)인데, 고타마는 '아주 크고 좋은 황소(最大牡牛)'라는 뜻이다. 갓 태어난 석가는 일어서서 사방으로 칠보씩 걷고 난 후 "천상천하 유아독존"[109]이라고 큰 소리로 말하였다고 한다.

그의 어머니 마야는 40세에 석가를 출산한 후 7일 만에 죽었다. 그리하여 싯다르타는 후모이자 마야의 여동생인 파자파티의 손에서 자랐다.[110] 싯다르타는 어려서 총명했고 내성적이었다고 한다. 그는 열 살 무렵에 이미 보통 어른도 따르지 못할 만큼 생각이 깊었고 힘도 세었으며 무예에도 능했다.

어느 날 농부가 밭을 가는 것을 보던 싯다르타는 파헤쳐진 흙 속에서 벌레들이 나와 새들에게 먹히는 것을 보고, 또 사냥꾼이 그 새를 활로 쏘는 것을 보며 불쌍한 생각이 들어 큰 근심과 충격에 빠졌다. 또 하루는 싯다르타가 수레를 타고 가비라 성의 동서남북 네 개의 문 밖으로 차례차례 나가보았는데, 거기에서 늙고 병들고 걸인이 된 인간들의 참혹한 모습과 슬픈 장례의 행렬을 보았다. 그러던 중 세상의 모든 일을 떠

---

108) 브라만교에서는 가정에서 지켜야 할 의례가 있다. 이것을 정법(淨法, Samskara)이라고 하며, 그 주된 법이 12정법으로, 종교 목적에 적합한 인간을 만들기 위하여 입태(入胎)부터 성혼(成婚)에 이르기까지 집행되는 영혼을 맑게 하는 의식이다. 12정법의 5번째는, 출생 후 5일에서 12일 사이에 평생 동안 부를 이름을 짓는 명명식(命名式)이다.

109) 天上天下 唯我獨尊 三界皆苦 我當安之(하늘 위 하늘 아래 나 홀로 존귀하니 삼계 중생의 모든 괴로움 마땅히 내가 이를 편안케 하리라).

110) 파자파티는 계모이자 이모이다. 고대 사회에서 자매가 동일 남자에게 결혼을 하는 것은 종족적인 특색을 보이는 하나의 결혼형태이다.

나 고행하는 수도자를 만난 싯다르타는 자신도 출가하여 모든 진리를 깨닫기를 원했다. 그는 장차 가비라 왕국의 임금이 될 왕자의 자리를 버리고 고행과 수도의 길을 택하고자 했다. 그러나 왕자에게 모든 희망을 걸고 있는 아버지 정반왕이 이를 허락하지 않았다. 정반왕은 그러한 아들의 마음을 돌리기 위해 궁전을 새로 지어주었고, 또 어여쁜 신부를 구해 주었다. 싯다르타는 아버지의 간곡한 청을 저버리지 못하여 19세 때 콜라성의 공주요, 사촌 동생인 '야소다라'와 결혼하여 아들이자 제자인 '라훌라'[111]를 두었다.

하지만 이 세상에서의 풍족한 삶보다 그 이상의 것을 꿈꾸던 싯다르타는 어느 날 밤 잠들어 있는 처자의 모습을 마지막으로 보고 성을 영원히 떠나게 된다.[112] 29세 때 그는 생로병

---

111) '라훌라'란 이름의 뜻은 '장애'이다. 자기의 갈 길을 막는 존재라는 뜻이다.

112) 석가모니가 밧티(舍衛城)의 교외 제타(祇陀) 숲의 정사(精舍), 이른바 기원정사(祇園精舍)에 있던 때, 그는 비구(比丘)들을 위하여 자신이 출가에 이른 경위를 이렇게 이야기 했다. "비구들이여, 출가하기 전에 나는 대단히 행복한 생활을 누리고 있었다. 내가 살던 집에는 연못이 있어 항시 아름다운 연꽃이 피어 있었다. 방에는 언제나 전단향의 향내음이 감돌았고, 입는 것은 모두 카시산의 최고급 옷감이었다. 또 나를 위한 세 채의 별전이 있어서 겨울과 여름, 봄가을을 따로 지냈다. 여름의 우기 동안에는 여름궁전에서 가무를 즐기며 밖에는 한 발도 나가지 않았다. 외출할 때는 언제나 하얀 일산이 씌워졌다. 또한 비구들이여, 다른 집에서는 노비나 식객들에게 쌀겨에 소금죽을 섞어주지만 나의 집에서는 그들에게도 쌀밥과 고기의 식사가 제공되었다." 그러나 그럼에도 불구하고 그 생활 속에 머물 수 없었던 것은 늙음과 병듦, 죽음에 생각이 미쳤기 때문이라고 이야기는 이어진다. "비구들이여, 나는 그와 같은 생활 속에 있으면서 생각했다. 어리석은 사람은 자신도 늙어가는 몸이고 늙음을 면할 수도 없으면서 다른 사람이 늙은 것을 보면 자신의 일은 잊어버리고 싫어한다. 생각해 보면 나도 역시 늙을 몸이다. 늙음을 피할 수는 없다. 그

사(生老病死)의 수수께끼를 풀기로 결심을 하고 가비라 성으로부터 멀리 떨어진 강가에 이르러 머리를 깎고 값싼 옷으로 갈아입은 후 숲속에서 여느 사람으로서도 상상할 수 없는 고행을 시작했다.

초기에 그는 몇몇 선생들로부터 힌두교의 경전인 『우파니샤드』를 공부했으나 만족을 얻지 못했다. 그는 6년 동안 거의 뼈만 남을 정도로 금식하며 자기부인(否認)을 통해서 구원을 얻고자 했으나 역시 한계를 느꼈다. 그는 그가 구하고자 하는 생의 원리를 깨달을 때까지 움직이지 않겠다고 자신에게 맹세하고 보리수나무 밑에서 40주야를 앉아 있었다. 그동안 마라라고 하는 악마가 이런 뜻을 단념하도록 유혹했다고 한다. 40일 후에 그는 열반의 상태를 경험하게 되었고 자신의 구원을 이루었다고 생각했다.[113] 이때부터 그를 '붓다(Buddha)'라고 부

러므로 다른 사람이 늙어서 쇠약해진 모습을 보고 싫어하는 것은 나로서는 옳은 일이 아니다. 비구들이여, 이렇게 생각했을 때 나의 청춘에 대한 교만은 산산히 부서져 버렸다." 그리고 계속해서 질병과 죽음에 관해 같은 유형의 사유가 행해졌고, 그러한 이유로 그는 '아직 젊어 칠흑 같은 머리를 가진 인생의 봄'이었음에도 불구하고 부모가 통곡하는 속에 수염과 머리를 깎고 가사(袈裟)를 걸쳐 출가 사문(沙門)이 되었다고 한다. 이 이야기는 본래 제자들에게 청춘과 건강, 생존의 세 가지 교만을 경계하도록 하기 위해 설해진 것이지만, 그 속에는 은연 중 석가모니가 출가하기에 이른 이유가 술회의 형식으로 담겨져 있다. [불교연구회 편, 『불교경전입문』(서울 : 지양사, 1986), 18-19]

113) 싯다르타는 어느 날 저녁 북동 인도의 가야(Gaya) 근처의 보리수(Bodhi, 깨달음) 밑에 좌정하여 라자 요가의 방법에 따라 사색과 집중을 통해 깨달음이 있을 때까지 떠나지 않기로 하였다. 그 밤에 악마의 유혹과 위협을 이기고 대각성을 이룬 싯다르타의 존재는 붓다의 모습으로 바뀌었다고 한다. [Clarende H. Hamilton, *Buddhism : A Religion of Infifnite Compassion* (New York : The Liberal Arts Press,

르게 되었는데, 이는 '깨달은 자'라는 뜻이다. 그의 나이 서른다섯 살 때였다.

해탈을 체험한 후 싯다르타는 인간세계로 나가게 되었고 생의 뜻과 구원에 대하여 설법하기 시작했다. 인도 사람들은 싯다르타가 석가족의 나라 가비라 성의 사람이기 때문에 '석가족의 위대한 스승'이란 뜻으로 그를 석가모니라고 부르게 되었다. 그 후 싯다르타는 죽림정사와 기원정사라는 큰 절을 세워 불교의 기틀을 마련하였다. 또한 자신의 아들과 아내와 계모까지도 중이 되게 하고, 죽음에 임박한 부왕 정반왕도 그가 창시한 불교에 귀의하게 했다. 그 후 승려들의 규범인 상가(Sangha)를 지었으며, 45년 후 그가 사망할 때까지 수천 명의 제자들을 가르쳤다.

불교의 확산과 당시의 사회상을 비교해 볼 필요가 있는데, 불교는 힌두교의 사상을 거의 받아들였으나 힌두교의 사회계급제도는 강력히 반대하였다. 힌두교에서는 인간이 열반에 이르려면 여러 번 환생해서 브라만 계급에 도달해야 하는데, 천민은 천민으로 태어나서 화도 내지 않고 폭력도 쓰지 않으며 충성스럽게 일을 잘 해야만 다음 생에 태어날 때 한 단계 위의 계급으로 태어난다고 한다. 이런 사람들에게 석가는 그들도 깨닫기만 하면 사회계급에 관계없이 누구나 부처가 되어 극락에 들어갈 수 있다고 하여 빈곤층과 노예계층의 열렬한 호응을 받았다. 그는 제자들에게 "과거 답습해온 대로 살아가거나 전통적인 가르침에 얽매이지 말아라. 스스로를 돌아볼 때 '이 가르침은 잘못되었다. 이 가르침대로 좇아가다가는 필

1954), 3-4]

경 곤란과 역경에 처하고 말 것이다'라고 생각되면 단연코 물리쳐라"[114]라고 하면서 과거의 짐에서 탈피하라고 가르쳤다.

석가모니가 불교의 창시자라고 하지만 그보다 먼저 죽은 승려들이 있었기 때문에 자신은 4번째 부처, 즉 4번째 열반에 든 사람이 되었다. 불교와 힌두교는 서로 영향을 주고받았다. 힌두교의 신들이 그대로 불교의 경전에 부처의 이름으로 나타나며 힌두교 사상이 불교의 세계관을 형성하는 데 큰 영향을 주게 된다. 또한 다신교인 힌두교에서는 불교의 고승들이 힌두교의 신으로 나타나기도 한다.

3. 소승불교와 대승불교

1) 대승불교의 출현

BC 1세기경 불교 내부에서 진보적인 신앙개혁 운동이 일어나, 석가의 교훈을 중시하는 보수파와 석가의 행함(구제, 실천)에 치중하는 개혁파로 나누어지게 되었는데, 전자는 소승(小乘, Hinayana)불교, 후자는 대승(大乘, Mahayana)불교가 되었다. '승(乘, yana)'이라는 말은 배나 수레 등을 타고 생사의 고해를 떠나 열반으로 가는 것을 뜻하며, 출가 수행자들과 같은 소수의 선택받은 사람들만을 태우고 간다는 의미에서 소승불교라 했고, 모든 중생들을 다 태우고 간다는 의미에서 대승불교라고 일컫게 되었다.

114) F. L. Woodward, *Some Sayings of the Buddha* (London : Gordon Press, 1931), 283.

'대승'이라는 말을 처음으로 명확히 사용한 이들은 『소품반야경(小品般若經)』을 작성한 법사(法師)들이었다. 그들이 설하는 '반야바라밀다(般若波羅蜜多)'[115]라는 법이야말로 모든 붓다의 어머니라고 주장하였다. 반야바라밀다는 모든 존재의 실상을 드러내어 일체의 중생을 이익 되게 하는 것이며 바로 이것이 석가모니가 성취한 깨달음의 본질이라는 것이다.[116]

2) 소승불교와 대승불교의 비교

소승불교는 BC 500년경에 시작되었고, 자신의 수련과 완성을 강조하며, 『아함경(阿含經)』을 주 경전으로 삼고 있다. 부처의 도를 정확히 따르는 자만이 열반에 이르게 되며, 부처는 선생에 불과하다. 소승불교에서는 개인이 우주와 기타의 존재들로부터 독립되어 있는 존재이며, 개인의 구원은 전적으로 자기 자신의 노력으로 가능해진다고 주장한다. 소승불교는 인도에서 실론(스리랑카), 미얀마, 태국을 거쳐 캄보디아와 라오스 등의 남쪽지방으로 퍼져 나갔기 때문에 남방불교라고도 부른다.

대승불교는 BC 100년경에 시작되었는데, 개인의 구원보다 모든 사람들, 즉 중생(衆生)을 구원하는 데 역점을 둔다. 부처는 각 사람이 스스로를 구원해야 한다고 말했으나, 대승불교

---

115) 반야바라밀다(般若波羅密多)는 산스크리트어로 기록된 반야경의 핵심 교리로 산스크리트어로는 '프라즈나 파라미타(prajna parammita)'라고 발음하며 프라즈나는 '궁극적인 지혜', 파라미타는 '무엇에 다다르다'라는 말이다. 즉 반야경은 궁극적 지혜인 깨달음에 이르는 길을 의미한다.

116) 불교교재편찬위원회, 『불교사상의 이해』(서울 : 불교시대사, 2010), 136-137.

의 추종자들은 부처를 구원의 신으로 격상하여 그가 인류를 위한 구원자라고 생각하였다. 대승불교는 부처의 가르침보다 부처의 실제 생애를 중요시 한다. 또한 부처가 자기 혼자만이 열반에 들어가는 것을 바라지 않았으며 남을 돕기 위해 자기를 희생하였다고 생각한다. 그렇기 때문에 부처의 교훈을 문자 그대로 추종하는 것보다 생활에서의 자비를 강조한다.

대승불교는 원래 불탑공양을 통하여 부처를 찬미하고 숭배하는 재가신자들에 의하여 일어난 새로운 종교운동이었다. 이 운동은 종래 여러 부파들의 승원(僧院) 중심적 불교가 지나치게 전문적인 법 중심의 불교로 치닫고 있음에 대해 비판적인 태도를 취했다. 그 주장하는 바는 석가모니의 절대성과 자비행의 무한성으로, 이는 석존 입멸 이후에 나타난 석존 신격화의 결과이다. 소승불교의 출가 수행자들은 석가모니와 자신들과의 거리감 때문에 스스로 아라한(阿羅漢)[117]이라 부르며 만족하고자 하였음에 반해, 대승불교 지지자들은 석가모니와 똑같이 깨달음을 향하여 노력하는 사람을 석가의 전신(前身)과 마찬가지로 보살(菩薩)이라 부르게 되었다. 이처럼 중생에게 성불(成佛)의 길을 가르치므로 대승(大乘)이라는 이름으로 불리기에 이르렀다.[118]

---

117) 소승불교의 수행자 가운데서 가장 높은 경지에 오른 이를 말한다. 아라한(阿羅漢)은 아르하트(arhat)의 음역으로서 공양을 받을 가치가 있는 사람을 뜻하는 데서 응공(應供)이라고 번역된다. 즉 일체의 번뇌를 끊고 해야 할 일을 완성하고 다시 더 배울 바가 없으며(無學), 사제(四諦)의 이치를 바로 깨달아 세상 사람들로부터 존경·공양을 받을 가치가 있는 경지에 도달한 성자를 말한다.

118) 목정배 편저, 『불교교리사 : 대승불교의 사상, 신앙, 실천』(서울 : 지양사, 1987), 21.

대승불교는 베트남, 티벳, 중국을 거쳐 한국, 일본으로 전파되어 성행하였기에 북방불교라고 부르기도 한다. 반야경, 금강경, 법화경, 아미타경, 화엄경, 관음경, 팔만대장경 등 다양한 경전을 수용하고 있으며 기도문이나 주문을 많이 외운다. 당시 보수적인 소승불교도들은 자신들의 교리와 거리가 있는 대승불교의 경전들을 배격하였다.

소승불교와 대승불교는 부처의 가르침에 대한 의견이 전적으로 다름을 볼 수 있다. 소승불교에서 부처는 선생에 불과했고 스스로의 구원을 위해 수련해야 하는 데 반해, 대승불교는 부처를 인류의 구원자로 격상함으로써 자기뿐만 아니라 다른 사람까지도 구하는 사명감과 자비를 베푸는 만족감도 누릴 수 있기 때문에 더 널리 전파되었다.

4. 불교의 경전

경전(經典)을 범어로 '수트라(sutra)'라고 한다. 이는 부처의 교법과 그것을 기록한 모든 불교경전을 말한다.

1) **초기 경전**(BC 5세기-BC 1세기)

불교의 경전은 그 종류가 무수히 많다. 주로 석가의 제자들에 의해 편집된 책들과 그의 후계자들의 모든 저서들을 총칭하여 '초기 불교경전', '원시 불교경전' 또는 '근본 불교경전'이라고 부른다. 석가가 죽은 후 BC 5세기경부터 BC 1세

기경까지 네 차례에 걸친 경전회의에서 최초로 불교경전을 편찬하게 되었다.[119)]

불경에는 세 개의 바구니(Three pitaka)라 불리는 경(經), 율(律), 논(論)의 삼장경(三藏經)이 있다. 1차 결집 때 경전을 내용상 세 부분으로 나누어서 편찬하였다.

(1) 경장(經藏, Sutta pitaka)

교리의 내용(5부): 석가모니의 전기와 그의 직접적인 가르침으로 불교의 가장 중요한 교의를 기록한 책을 가리킨다.

(2) 율장(律藏, Vinaya pitaka)

계율의 내용(3부): 불교의 도승들이 지켜야 할 계율로서 신체

---

119) 1차 결집: 입멸 후 마하가섭(Mahakasyapa)의 주재 하에 왕사성의 칠엽굴에 500비구를 모아 기억한 교법을 합송하여 경전화 했다. 아난다(Ananda)가 '경(經)'을, 우바리(Upali)가 '율(律)'을 암송하여 500명의 승인을 얻는 형태로 공포되었다. 이후의 모든 경전의 골격이 되었으며, '오백결집' 혹은 '왕사성결집'이라고도 한다. 2차 결집: 입멸 후 100년경 베살리(Vesali) 비구들의 10사(事)를 계율 위반이라고 규정하여 야사의 소집으로 700비구가 베살리에 모여 보수적인 집행부가 석가모니 당시 계율을 준수할 것을 결의하였다. 이에 진보적인 대중부가 반대하여 근본분열(根本分裂)이 일어났다. '칠백결집' 혹은 '베살리결집'이라고 한다. 3차 결집: 입멸 후 200년이 지난 후 인도를 통일한 아쇼카 왕 때 목갈리풋타 티사의 주재 하에 화씨성 계원사에 1,000비구가 모여 경, 율, 논 삼장(三藏)을 정비하고, 불교교단의 화합을 유도하여, 이때 경전이 최초로 문자화되었다. '화씨성결집' 또는 '일천결집'이라고 한다. 4차 결집: 입멸 후 400년경 굽타왕조 카니시카 왕 때 카쉬미라(Kashimira) 환림사에서 승려 세우의 주재 하에 500명의 비구가 모여 경장의 주석 10만송, 율장의 주석 10만송, 논장의 주석 10만송을 결집하였다. 현재 논장만 남아 있다.

와 구설(口舌)과 심의(心意)에서 나오는 사악한 것을 끊어버리는 수련을 쌓는 계율을 가리킨다.

(3) 논장(論藏, Abidharma pitaka)

경장의 해석(7론): 경장과 율장에 대해 철학적으로 해석하고 논술한 것으로 경에 있는 법을 조직하고 설명한 불교의 형이상학을 가리킨다.

위의 경, 율, 논 삼장경의 총 분량은 32장으로 기독교 성경의 열한 배에 달한다. 일반적으로 불교경전이라고 하면 보통 이 삼장을 말한다. 현재 경, 율, 논 삼장의 완전한 형식을 갖추고 있는 것은 팔리(pali)어로 기록된 경전뿐이다. 이 팔리어 경전은 불교경전 중에서 가장 오래 되었으며 스리랑카, 태국 등에서 사용되고 있는데, 그런 점에서 남방불교는 가장 원초적인 불교의 형태와 내용들을 순수하게 유지하고 있다고 할 수 있다.

2) 소승불교의 경전과 대승불교의 경전

소승불교와 대승불교가 나뉨에 따라 경전도 나뉘게 되었다.

(1) 소승경전(BC 1세기 이전)

· 『**아함경**(阿含經)』: 가장 오래된 초기 경전으로 석가의 가르침이 그대로 보존되었으며 소승과 대승의 뿌리가 되는 경전이다. 아함경은 약 2,000여개의 경(經)을 모아 놓은 것으로

그 길이에 따라 장아함(長阿含), 중아함(中阿含), 잡아함(雜阿含), 증일아함(增一阿含)으로 나눈다.

· 『**법구경**(法句經)』: 서기 원년 전후의 인물인 인도의 법구(法救, Dharmatrata)가 편찬한 불교의 경전으로 석가모니 사후 삼백년 후에 여러 경로를 거쳐 기록된 석가모니의 교훈을 묶어놓은 금언집이다. 이는 불교의 수행자가 지녀야 할 덕목들을 423편의 간명한 시로 구성한 것이다. 주요 내용은 폭력, 애욕 등을 멀리하고 삼보(三寶: 佛法僧)에 귀의하여 선한 행위로 덕을 쌓고 깨달음을 얻으라는 것이다. 원문은 팔리어로 작성된 『다르마파다(Dharmapada)』와 산스크리트어로 작성된 『우다나바르가(Udanavarga)』가 있는데, 편집의 차이와 수록된 구절 수가 다를 뿐 내용은 비슷하다. 한나라 시대의 안식국[120] 사람인 안세고, 도위, 불조가 『법구경』을 한문으로 옮기면서 'Dharma'는 법(法)으로 'Pada'는 구(句)로 번역하였다. 고려시대 팔만대장경에 한역본이 수록되었다.

(2) 대승경전(BC 1세기 이후)

대승경전의 연원은 분명하지 않지만 법 중심의 부파불교에 대해 비판적이었던 불탑신앙자를 포함한 일단의 수행자들이 각기 숲속에서, 혹은 탑 앞에서 삼매(三昧)를 통해서 법신의 붓다를 친견하고 그로부터 전해들은 법문을 결집한 것으로 보인다.[121]

---

120) 안식국(安息國)은 고대 서아시아 왕국으로 BC 3세기 중엽 셀레우코스(Seleukos) 왕조가 쇠퇴하자 카스피해의 남안 지방에 독립하였던 이란족의 나라 파르티아(Parthia) 왕국을 중국에서 이르던 이름이다. BC 238년부터 AD 226년까지 오늘날 이란 지역의 북동쪽에 위치해 있던 나라이다.

· 『**반야심경**(般若心經)』: '반야'란 모든 사물의 본질을 이해하고 불법(佛法)의 참다운 이치를 깨닫는 '지혜'이며, 반야심경은 불교의 진수가 집약된 가장 짧지만 가장 중요한 경전이다. 이 경전에 '색즉시공(色卽是空)'이라는 유명한 구절이 있는데, 이 말은 이 세상에 존재하는 모든 형체(色)는 공(空)이라는 뜻이다. 곧 형상은 일시적인 모습일 뿐 실체는 없다는 것이다.

· 『**금강경**(金剛經)』: 『반야경』과 함께 반야부(지혜) 계통의 경전으로서, 반야심경 다음으로 널리 읽히고 있으며, 한국불교의 최대 종파인 조계종의 중심 경전이다. 반야의 지혜와 명상을 통한 제법(諸法)의 공(空)과 무아(無我)의 이치를 금강의 견고함에 비유하였고, 금강석과 같이 모든 번뇌를 깨뜨리고 깨달음의 세계에 도달할 것을 가르친 경전이다.

· 『**법화경**(法華經)』: 소승과 대승이 대립하는 시기에 대승의 교리를 정립한 대표적인 경전이다. 이 경전은 영원불멸하고 상주불변하는 '하나의 부처(一佛)'를 내세움으로써 소승과 대승의 갈등을 교리적으로 통일시켰다.

· 『**화엄경**(華嚴經)』: 석가가 도를 깨달은 후 설법한 내용을 담은 경전으로, 불경 가운데 가장 방대하고 심오한 경전이다. 그 주된 내용은 삼라만상의 갖가지 모습을 기록한 대승불교의 세계관과 인생관이다. 많은 보살들이 나타나서 부처의 세계를 설명하고 중생의 실상을 드러내며, 이타행(利他行)의 실천을 설법해 나감으로 석가의 깨달음의 경지를 보여준다. 이는 대승불교의 이상을 잘 나타내고 있으며 예로

121) 불교교재편찬위원회, 『불교사상의 이해』, 136-137.

부터 대승경전의 왕이라고 불렸다. 그러나 워낙 방대하고 난해하기 때문에 이해하기가 어렵다. 중국에서는 『화엄경』을 중심으로 삼은 화엄종과 『법화경』을 중심으로 삼은 천태종이 대승불교의 양대 산맥을 이루고 있다.

· 『**아미타경**(阿彌陀經)』: 아미타경은 『무량수경』과 『관무량수경』과 더불어 정토삼부경(淨土三部經)을 이루고 있으며 정토종에서 중심 경전으로 삼고 있다. 정토 신앙이란 극락 신앙을 말하는 것으로서, '아미타불'이란 이름을 계속 외우면 누구든지 극락에 가서 살게 된다는 것이다. 아미타경은 『무량수경』을 간결하게 요약한 것으로 한국과 중국, 일본에서 널리 읽히고 있다. 아미타경에서는 관음보살이나 세지보살과 같은 가공인물을 등장시켜서 구제를 설한다. BC 100년경 대승불교가 일어난 후부터는 석가보다 아미타불을 숭배하게 되었다. 아미타불은 현재 대승불교국에서 가장 대표적이고 인기 있는 부처이다.

· 『**관음경**(觀音經)』: 불교 신앙 가운데 자비와 구제에 대해 설법한 경전이다. 예를 들면 물질의 축복을 받기를 원할 때, 괴로울 때, 무서울 때, 화가 날 때, 음욕이 일어날 때, 자식 낳기를 원할 때, 재난에 빠졌을 때에 '관세음보살'의 이름을 부르면 그의 놀라운 힘으로 자비와 용기와 지혜를 베풀어 모든 재난과 고통에서 구해준다는 것이 관음신앙의 내용이다.

· 『**유마경**(維摩經)』: 초기 대승운동 시절 일반 신도로서 세속의 성자라 일컬어지는 유마 보살에 관한 이야기를 담은 경전이다. 유마경에는 출가하지 않고 집에서 도를 닦는 재가

중심의 보살 사상이 짙게 나타난다.

· 『**대장경**(大藏經)』: 대승 및 소승 경전을 총망라하여 모아 놓은 책을 말한다. 불교경전은 여러 민족에 의해 번역되었으며 그 가운데에서 비교적 체계가 갖추어진 것은 팔리어 경전과 티베트어로 번역된 티베트 대장경, 한문으로 번역된 한역 대장경이다. 현존하는 불경 중에 가장 많은 종류를 한 데 모은 것으로는 1885년에 일본에서 축쇄하여 출판한 대장경이 있는데 총 1,929부에 8,537권이나 된다.

불교의 종파는 방대한 여러 종류의 경전 중 어느 경전을 채택해서 수용하느냐에 따라서 결정되며, 이에 따라 각기 독특한 조직이나 의식, 신앙을 가지고 있다. 그러므로 어떤 이들은 힌두교와 마찬가지로 불교를 하나의 단일 종교로 여기기보다는 여러 종교의 집합체로 보기도 한다.[122]

5. 불교의 중심사상

1) 삼법인설(三法印說)

석가가 가르친 가장 기본적인 사상은 '삼법인(三法印)'이다. 일체는 무상하고 괴롭고 무아인 것이라고 석가는 단정한다. "색(色)은 무상(無常)하고 무상한 것은 괴로움(苦)이고 괴로운 것은 무아(無我)이다. 수(受), 상(想), 행(行), 식(識) 또한 그와 같다."

---

122) John B. Noss, *Man's Religion* (New York : Macmillan Company, 1969), 146.

<잡아함 卷1> 일체의 속성에 대한 이 세 가지 법의 특성(dharma-laksana)을 불교에서는 삼법인이라고 부른다. 그러나 후대에는 불교의 특징을 나타내는 말로 사용하는데, 이는 불교 이외의 다른 종교에서는 찾아볼 수 없는 독특한 입장이기 때문이다.

초기경전에서 삼법인은 주로 제행무상(諸行無常), 일체개고(一切皆苦), 제법무아(諸法無我)의 형식으로 나타나지만, 삼법인 중에서 '일체는 괴로움'이라는 일체개고 항목 대신 '열반은 고요함'이라는 열반적정(涅槃寂靜) 항목을 넣어서 제행무상, 제법무아, 열반적정의 형식을 취하기도 한다.[123] 또는 여기에 일체개고를 다시 합하여 사법인(四法印)으로 할 때도 있다. <증일아함 卷18> 여기에서는 후기 방식으로 언급할 것이다.

(1) 제행무상

제행무상이란 세상의 모든 것은 항상 같은 것이나 영원한 것이 없으며 모든 존재, 현상계는 끊임없이 변화함을 의미한다. 영원에 이르기까지 우주는 생성괴공(生成壞空)을 반복하고 인생은 생로병사(生老病死)를, 마음은 생주이멸(生住異滅)을 계속하고 있다는 것이다.

(2) 일체개고

일체개고란 이 세상 모든 무상한 것은 모두 '괴로움'이라

123) 대한불교조계종포교원, 『불교의 이해와 신행』(서울 : 조계종출판사, 2010), 51.

는 것이다. 여기서 괴로움이란 세상의 즐거움이 전혀 없다는 뜻은 아니다. 즐거움이 있지만 그것이 오래가지 못한다는 것이며, 무상(無常)한 곳에 불안과 슬픔과 괴로움이 있다는 것이다. '일체는 괴로움(dukkha)'이라는 단안은 첫째 항목의 판단이 성립하면 저절로 이루어진다. 그러기에 석가모니는 '무상한 것은 곧 괴로움(苦)'이라고 말했다. <잡아함 卷1>

인간의 느낌(受)에는 괴로움과 즐거움과 그 중간(不苦, 不樂, 捨)의 세 가지가 있다. 삼법인설에서의 괴로움은 즐거움과 중간의 느낌까지도 그 무상함 때문에 괴로움으로 봐야 한다는 입장이다. 불행이 언제 우리에게 닥쳐올지 알 수 없기 때문에 괴로움뿐만 아니라 즐거움도 괴로운 것이다. 인간실존의 근저를 이루고 있는 오온(五蘊)[124]을 살펴볼 때 낙천주의적 인생관이 크게 잘못되었다는 것을 깨닫게 된다.

---

124) 불교에서는 구체적인 현실존재를 해명하기 위하여 갖가지 법 체계가 설명되었는데, 그 대표적인 것이 5온설(五蘊說)이다. 온(蘊)이라는 것은 스칸다(skandha)의 역어로서 적취(積聚), 즉 '집합'을 의미하며 집합으로서 다른 집합과 구별되는 요소라는 의미도 된다. 따라서 5온이라 함은 원래 개인의 존재가 5개 요소의 집합으로 형성되고 있다는 견해이다. 오온은 '색(色, 육체)', '수(受, 의식의 감수작용으로서의 감각)', '상(想, 의식 중 개념·지각·표상을 구성하는 작용으로서의 표상)', '행(行, 受·想 이외의 능동적인 심리작용으로서의 의지나 행동적 욕구)', '식(識, 대상을 분석판단하고 종합 인식하는 마음의 활동)'이다. 수, 상, 행, 식 4종은 마음에 관한 것으로서 '색'인 육체와 합쳐서 5온, 마음과 몸, 즉 개인존재를 가리키는 것이다. 반대로 말한다면 개인존재는 이 5온의 어느 것인가로 분해되며, 그밖에 '아(我)'라고 부를 수 있는 것은 아무데도 존재할 수 없다(無我)는 것이다. 후에는 5온을 개인존재에서 확대 해석하여 일체법의 구성요소라고 하게 되었는데, 그 경우에는 '색(色)'이 물질계를, '수(受)' 이하 마음에 관한 것이 정신계를 의미하는 것으로 되어 있다.

(3) 제법무아

제법무아란 이 세상에 '나'라고 하는 것은 없다는 것이다. 왜냐하면 이 세상 만물은 원인과 결과로 존재하는데 그 원인과 결과가 끊임없이 변하고 있기 때문이다. 우주만상은 영원하지 못하므로 나(我)라는 존재도 영원성을 가진 것이 아니고 실재도 아니라는 것이다. 힌두교의 무아설과 불교의 무아설은 의미가 다르다. 힌두교의 무아설은 '나' 자체가 없다는 것이고, 불교의 무아설은 '나'는 있되 '참다운 나'가 없다는 것이다.[125)]

(4) 열반적정

무상한 세상에서 늙지도 않고 죽지도 않으려고 애쓰는 것은 인간이 어리석고 혼미하기 때문이다. 따라서 이 어리석음에서 벗어나 제행무상, 제법무아의 진리를 깨달으면 비로소 일체의 근심과 고뇌가 사라지는 평정안일의 경지, 곧 아무 구속이 없는 상태에 도달하게 되는데, 이것이 열반적정이다. 제행무상인과 제법무아인은 현상계에 대한 불교의 철학적, 이지적 판단에서 단안한 진리관이지만, 열반적정인은 불교의 종교적 이상경이다.

2) 연기설(緣起說)

연기설이란 세상 만물은 끝없이 변화하고 있으며 영원불변한 실체는 아무 것도 없다는 이론이다. 연기설에는 세 가지의

---

125) 후반에 나오는 3) 중도설(中道說) 부분을 참조하라.

근본적인 원리가 있다.

첫째, 모든 것에 원인이 있으면 반드시 결과가 있다는 '인과(因果)의 법칙'이 있다. 둘째, 세상 만물의 변화에는 인과 연, 즉 원인과 조건의 작용에 의한 '인연의 법칙'이 있다. 예를 들어 식물이 자랄 때는 직접적인 원인(因)인 씨앗과 간접적인 조건(緣)인 햇빛이나 수분이 필요하다. 셋째, 개개의 사물들은 서로 의존하여 존재하는 관계에 있다는 '상호 관계성의 법칙'이 있다. 부모가 되려면 자식이 있어야 하고, 자식은 부모가 있어야 있을 수 있다는 이치이다. "이것이 있으므로 저것이 있고, 이것이 생하므로 저것이 생한다. 이것이 없으므로 저것이 없고, 이것이 멸하므로 저것이 멸한다."126)

초기경전에서는 '연기법'을 바탕으로 하여 만들어진 연기의 형식이 나오고 있다. 그 가운데 가장 완성된 모습을 갖춘 것이 12연기(十二緣起)로 생멸변화하는 세계와 인생의 모든 현상을 설명한다.

① **무명**(無命): 연기의 근본원인, 진리에의 무지(無知), 우치(愚癡), 무아나 연기의 이치를 모르는 것이다. 다 미(迷)의 원인을 가리킨다. 무명은 모든 고(苦)의 원인이므로 이 무명을 타파할만한 정각(正覺)을 얻기 전에는 윤회전생을 면할 수 없다.

② **행**(行): 몸과 말과 뜻으로 하는 모든 행동을 의미하며 무명이 끊임없이 활동하는 상태이다. 선악간에 무엇을 조작하며 구성하는 것과, 모든 것이 유전(流轉)

---

126) 此有故彼有 此生故彼生 此無故彼無 此滅故彼滅. <雜阿含經> 제30권 335경.

하고 변천하는 것을 총칭하는 것이다. 이를 통해 업을 구성한다.

③ **식**(識): 사물을 식별하는 의식작용이며, 행위의 원동력이 된다. 안식, 이식, 비식, 설식, 촉식과 생각하는 의식(意識)을 육식이라 칭한다. 육식 위에 제7식인 마나식(末那識)[127]과 제8식인 알라야식(阿賴耶識)[128]을 더하여 팔식이라고 한다. 제7식과 제8식은 초월한 세계를 인식할 수 있는 신비한 의식을 가리키는 것이다.

④ **명색**(名色): 분별의식에 의해 일체의 존재가 나타난다. 명은 정신세계, 색은 형상이 있는 물질로 모태에서 정신과 물질이 연결되어 생명 있는 인간이 되는 것을 가리킨다.

⑤ **육입**(六入): 안근, 이근, 비근, 설근, 신근(身根), 의근(意根)의 육근을 가리키는 것으로 감각 기관과 의식의 주체가 형성됨을 말한다. 오관과 마음으로 받아들이는 것을 말한다.

---

127) 마나식(末那識)의 마나라고 하는 것은 '생각하는 일을 하는', '요모조모 생각을 재본다'라는 의미이다. 사람들은 의식의 세계에서만 일체를 생각하는 것이 아니다. 의식 수준보다 더 깊은 곳에서 무의식적 욕망이나 감정이 뒤얽힌 사고가 작용하고 있다.

128) 알라야식(阿賴耶識)의 알라야는 '장(藏)'을 의미한다. 유명한 산인 히말라야는 '히마(눈, 雪)'의 '알라야(저장, 藏)'라는 의미이다. 모든 망상과 미혹의 생명종자를 저장함과 동시에 진리의 종자도 함께 저장해 주는 장(藏)이라는 의미로서 '알라야'라고 부른다. 이것을 보다 자세히 말하면 저장하는 장소(能藏), 저장되는 물건(所藏), 집착의 대상(執藏)이라는 세 가지 의미가 있는 것으로 여겨진다. 보통 의식하고 있지 않는 인간의 마음의 가장 깊은 층을 '알라야식(阿賴耶識)'이라고 부르며, 그 다음 층은 '마나식(末那識)'이라고 한다.

⑥ **촉**(觸): 외계의 사물, 곧 빛(色)과 소리(聲)와 향기(香)와 맛(味)과 물건(觸)과 법(法)의 육경(六境)에 접촉한다는 것이다. 외계의 자극이 감촉되는 것을 말한다.

⑦ **수**(受): 외계에 접촉함으로 쾌락이나 고통을 감수하는 것을 가리킨다. 쾌고(快苦)의 감각을 지각하는 것을 말한다.

⑧ **애**(愛): 쾌락과 고통을 감수함으로써 고통은 싫어하여 피하고 쾌락은 좋아하여 추구함을 가리킨다. 쾌락을 추구하는 욕망, 애착, 열망, 갈애를 말한다.

⑨ **취**(取): 자기가 좋아하는 것을 추구하여 붙잡는 것이다. 애에 의하여 추구된 대상을 취하는 실제행동이다.

⑩ **유**(有): 붙잡은 다음에는 놓지 않고 늘 소유하려는 것이다. 애와 취로 인하여 업을 짓는 것이다. 취한 것을 소유함을 말한다.

⑪ **생**(生): 업의 인연으로 미래의 생을 받게 되는 것이다. 오온(五蘊)이 다시 모여 전생하는 것을 말한다.

⑫ **노사**(老死): 생의 현실로 마침내 늙고 병들어 죽음의 결과를 초래하게 되는 것이다. 전생한 데서 다시 노사하는 것을 말한다.

이상에서 볼 때 마지막 생사의 괴로움은 첫 번째의 진리에 대한 무명에서 발생된 것이므로 이 무명을 밝히게 될 때, 즉 진리를 깨달을 때 모든 고(苦)가 사라지게 된다고 한다. 이 '연기설'이 석가가 도달한 경지이며 최고의 깨달음이라고 한다.

3) 중도설(中道說)

중도설이란 불교의 핵심교설의 하나로 유(有)와 무(無)의 어느 한쪽에 치우치지 않는, '고'와 '낙'의 상대적인 두 극단에 집착하지 않는 불생불멸의 진리를 말한다. 불교에서는 인도의 정통 사상인 무아설(無我說)을 부정하는데, 이는 12연기설에서 무상한 것은 괴로움이요, 괴로운 것은 무아라는 근거에 입각한 것이다. 다시 말하면 어떤 사물이나 인생에 대해 강하게 집착하고 있을 때에 '참된 나'가 없으므로 무아라는 것일 뿐 망념에 입각한 '나' 자체가 없다는 말은 아니라는 것이다.

현상계의 제법(諸法)은 무아(無我)이고 무상(無常)이므로 만유가 인연법에 의하여 이루어지고 있으며, 이는 만고불변의 원칙이라고 한다. 이런 의미에서 연기의 원리를 중도라 할 수 있다. 즉, 두 극단 '고'와 '낙'을 떠나 팔정도라는 구체적인 실천에 의해 수행되는 것을 말한다. 현상계의 모든 법은 상호 밀접한 관계에 있기에 어떤 고정된 실체가 없고, 항상성이 없이 인연으로 모였다가 인연이 다하면 흩어진다. 또한 인연이 다하더라도 그것은 없어져 버리는 것이 아니라 새로운 결합의 형태로 나타나는 것이며 새로운 모습으로 계속 이어져 가는 것이다.

이것을 비유비무(非有非無), 비상비단(非常非斷)이라고 표현하는데, 비유비무라는 의미는 제법이 있다고도 없다고도 할 수 없는 것으로 유무(有無)의 상대적 영역을 벗어나 있다는 뜻이다. 비상비단이라는 의미는 제법이 항상(恒常)한다고도 단멸(斷滅)한다고도 할 수 없는 것으로 상단(常斷)의 상대적인 영역을 벗어나 있다는 뜻이다. 이 비유비무, 비상비단의 도리를 중도라 하며 이는 연기설로부터 얻어진 결론으로 우주와 인생의 실상이다. 이를 연기인중도(緣起印中道)라고도 한다.

이 세상에는 참으로 있어 영원한 것도 없고 참으로 없어 단멸되어 버리는 것도 없다. 중도의 이치는 세계와의 상의성 관계에서 나를 찾되 나로서의 개성을 잃지 않고, 또한 나의 개성을 잃지 않는다고 하여 세계와의 상의성 관계를 저버리지도 않는다. 그렇기 때문에 거짓 '나'에게 집착하지 않고 '나'를 비워 번뇌가 다하면, '나'의 있음을 체험할 수 있고 열반적정에 이를 수 있다. 이러한 실천의 행과 연기의 원리가 바로 중도설이며, 팔정도는 중도의 행으로서 제시되었다고 할 수 있다. 팔정도는 중도의 이치를 파악한 후에 나오는 실천적 중도행(中道行)이다.

4) 사성제(四聖諦)

석가모니가 인도의 베나레스(Benares)에서 설법을 했을 때 불교의 중요한 네 가지 원칙을 제시했는데, 이를 사성제(Four Noble Truths)라고 한다.[129)]

---

129) Bukkyo Dendo Kyokai, *The Teaching of Buddha* (Tokyo : Bukkyo Dendo Kyokai, 2003), 78. "사람이 사성제를 분명하게 이해할 때 팔정도는 그를 탐욕으로부터 떠나도록 인도할 것이다. 그리고 만약 사람이 탐욕으로부터 자유롭다면 그는 세상과 다투지 않을 것이며 죽이거나 훔치거나 간음하거나 속이거나 욕설하거나 아첨하거나 노여워하거나 무상한 생에 정신이 팔리거나 부정한 행동을 하지 않을 것이다. 이 팔정도를 따르는 것은 손에 등불을 들고 어두운 방에 들어가는 것과 같다. 어두움은 전부 사라지게 되고 방은 빛으로 가득 차게 될 것이다."

(1) 고제(苦諦)

'괴로움'의 진리이다. 삶은 그 자체로 정신적·육체적 고통의 복합적인 상태의 괴로움이라는 진리를 터득하라는 것이다. 이 진리는 고통이란 인생의 본질 속에 포함되어 있는 것으로서 근원적인 세 가지 고(苦)가 있는데, 그것은 마음과 몸에 원래 있는 고(苦苦性), 집성(集成)의 고(行苦性), 무상의 고(壞苦性)이다. 정신적·육체적 고통이란 가장 명백한 형태로 알려지는 괴로움이지만, 집성의 고는 끊임없이 생성되고 소멸하는 존재의 고유한 불편함과 불안정이다. 무상의 고는 행복의 본성인 일시성으로부터 오는 것으로, 행복이라 해도 그것이 괴로움의 잠재성과 괴로움의 현실화 두 가지를 동시에 갖추고 있다는 것이다.[130)]

'고'에 해당하는 산스크리트어 두카(dukkha)는 부드럽게 돌아가야 할 바퀴에 모래가 들어가 삐걱거린다는 뜻이다.[131)] 산다는 그 행위가 바로 고통을 필연적으로 수반하기 때문에 누구나 고통을 면할 수 없다. 해탈이란 이렇게 계속되는 고통으로부터 벗어나게 됨을 의미하는데, 그 고통이란 실존적인 고뇌인 생로병사(生老病死)의 4고를 말하며, 더 확대해서 8고를 말하기도 한다. 8고란 위의 4고에 더하여 미워하면서도 함께 살아야 하는 원증회고(怨憎會苦), 사랑하면서도 이별해야 하는 애별리고(愛別離苦), 구하여도 얻지 못하는 구부득고(求不得苦), 존재 자체의 괴로움이 무성함으로 생기는 오음성고(五陰盛苦)가

---

130) Fancis Story, 『불교의 초석 사성제』, 재연 역 (서울 : 연방죽선원, nd.), 38.

131) 오강남, 『세계종교둘러보기』, 84.

있다.[132]

(2) 집제(集諦)

집제는 괴로움의 원인에 대한 진리이다. 집(集)은 고뇌의 원인이 되는 업의 총체이다. 집(集)이란 '함께 모여 일어난다(集起)'라는 뜻으로 집착을 말한다. 인간의 미혹으로 인한 욕망과 애착이 모여 번뇌가 일어난다.[133] 이기적인 경향과 함께 자신을 해롭게 하고 고통스럽게 하는 논쟁과 다툼으로 얼룩진 인간의 삶은 불행의 연속일 수밖에 없다.[134] 인간이 부단히 계속되는 고통 속에 있는 것은 세상일에 집착하기 때문이며 불교에서는 이것을 번뇌(煩惱, Tanha)라고 한다.

고뇌는 총 108가지가 있어 108번뇌라 하며, 그 중에서 탐욕, 분노, 우치(愚癡), 교만, 의심, 악견(惡見)을 6대 고뇌라 한다. 고뇌의 중요한 원인은 업이며, 생각에서 나오는 의업(意業), 언어에서 나오는 구업(口業), 몸과 관련된 신업(身業)을 합하여 3업이라 한다. 업에는 또 밖으로 나타난 표업(表業)과 나타나지 않는 무표업(無表業)이 있다. 본질적으로 고뇌란 무지(無知)에서 말미암은, 궁극적으로 채워질 수 없는 깊은 내적 갈망이 원인이 된다.

---

132) 석가모니는 "세상에 태어나고, 늙고, 병들고, 죽는 것은 괴로움이다. 미운 것과 만나고, 사랑하는 것과 헤어지고, 구하는 바를 얻지 못하는 것은 괴로움이다. 한 마디로 말하면 오온은 괴로움이다."라고 하였다. <증일아함 卷17, 사제품>

133) 대한불교조계종포교원, 『불교의 이해와 신행』, 64.

134) Bukkyo Dendo Kyokai, *The Teaching of Buddha*, 188.

(3) 멸제(滅諦)

괴로움을 제거할 수 있다는 진리이다. 멸(滅)은 괴로움이 소멸된 상태, 즉 괴로움의 원인인 갈애, 또는 탐냄과 성냄과 어리석음이 모두 사라진 평온의 경지를 나타낸다.[135] 그리하여 번뇌와 고통이 모두 없어진 열반(nirvana)의 세계를 이루는 것이다. 산스크리트어 'nirvana'는 본래 '불다'라는 뜻을 가진 어근 'va'에 부정 접두사 'nir'를 붙여 합성된 단어로, '생성작용의 소멸'을 뜻한다.[136] 우리 안에 타고 있는 정욕의 불길이 꺼진 상태, 그리하여 평화로움과 안온함을 느끼는 상태가 바로 열반이다. 고뇌의 원인이 되는 업과 고를 멸하는 것이 석가모니가 발견한 중생 수도의 최고의 목표이다.

불교에서는 자아나 영혼의 개념이 없고 존재가 남겨놓은 업만 남아서 윤회를 계속한다고 한다. 그러므로 업을 멸하기 전에는 무수히 윤회전생하여도 고를 벗어날 수 없다. 업에는 악업과 선업이 있는데, 해탈에 이르기 위해서는 모든 업을 멸해야 한다고 한다.

(4) 도제(道諦)

괴로움을 없애는 방법에 대한 진리이다. 도제는 고통의 정지에 이르는 길이다. 중도(中道)를 따름으로 탐닉을 피하고 욕망을 제거하는 길을 말한다. 도(道)는 집(集)을 멸하는 수단으로서 여덟 가지가 있는데, 8정도(八正道) 혹은 8정문(八正門)이라고 한다.

---

135) 대한불교조계종포교원, 『불교의 이해와 신행』, 66.
136) Fancis Story, 『불교의 초석 사성제』, 80-81.

5) 팔정도(八正道)

팔정도란 '8가지 부분으로 이루어진 성스런 도'라는 의미이다. 연기의 도리를 다른 사람에게 이해시키기 위하여 설명된 것이 사성제이며, 이 사성제 중 도제(道諦)의 부분을 자세히 설명한 것이 팔정도이다. 불교의 상징 중 하나인 법륜(法輪, The Wheel of Dharma)은 팔정도를 상징한다.[137] 석가는 괴로움(苦)을 멸(滅)하려면 먼저 중도의 이치를 깨닫고 팔정도를 실천해야 한다고 하였다. 이것이 단수 형태로 불리는 것은 8개의 항목이 한 성도(聖道)의 부분을 이루고 있는 것으로 각각 별개의 것이 아니라 8개가 모두 협력함으로써 하나의 목적을 이룰 수 있기 때문이다.

(1) 정견(正見)

인생의 현실이나 사물의 이치를 아무런 걸림이 없이 올바르게 바라보는 것으로 불교 수행의 첫 번째 덕목이다. 이것은 사성제를 받아들이는 것과 동시에 자아와 자아의 운명에 대해 옳지 않은 철학적 입장과 무가치한 도덕적 태도를 단호히 거부하는 것을 포함한다. 종교적인 면에서 뿐만 아니라 일상생활에 있어서도 어떠한 일을 할 때 올바른 목적과 그것에 관한

---

137) 불교의 상징인 법륜(法輪)은 산스크리트어 'Dharmacara'의 역어이다. 회전을 유지해 주는 수레바퀴처럼 넓게 끝없이 계속해서 확장되어가는 불교의 가르침을 상징한다. 바퀴의 여덟 개의 살은 가장 중요한 실천의 도인 팔정도를 표현한다. 부처의 상이나 다른 이미지들이 형성되기 전에는 이 법륜이 경배의 대상으로 사용되었다. 현재 법륜은 세계적으로 불교의 일반적인 상징으로 사용되고 있다. [Bukkyo Dendo Kyokai, *The Teaching of Buddha*, inner sheet.]

전반적인 지식을 가지는 것이 정견이다.

(2) 정사유(正思惟)

올바른 생각과 사고방식, 그리고 마음가짐을 뜻하며, 특히 탐욕과 분노와 어리석음의 세 가지 악업(三毒)을 제거해 나가는 것을 의미한다. 이것은 자신의 입장을 잘 생각하고 또 수행에 필요한 것이 무엇인가를 살펴 생각할 바와 생각해서는 안 될 바를 잘 분간하는 것이다. 정사유는 노여워하는 마음, 죽이고자 하는 마음, 세속적인 마음을 품지 않고 출가자에게 어울리는 부드럽고 평화로운 마음, 자애로운 마음, 청정한 마음을 갖도록 끊임없이 생각하고 애쓰는 것이라고 할 수 있다.

(3) 정어(正語)

올바른 말을 뜻하는 것으로서 거짓말, 이간질, 욕설, 아부 등 네 가지 악업을 소멸해 나가는 것을 의미한다. 정견과 정사유를 가지고 일체의 망령된 말과 사악한 말과 덕스럽지 못한 말을 버리는 것이다. 말할 때에는 부드럽게 하고, 위로가 되게 하며, 마음에 감동을 주게 하고, 유용하고 적절하게 하며, 사실에 의거해서 해야 한다. 타인을 올바르게 지도하거나 칭찬해 주는 성실한 말을 하는 것이며, 필요할 때 적합한 말을 하는 등의 올바른 언어행위를 가리킨다.

(4) 정업(正業)

올바른 행동으로서 몸으로 짓는 살생(殺生)과 도둑질(偸盜),

음행(邪淫)의 세 가지 악업을 소멸하는 것을 의미한다. 정견과 정사유에 기초하여 적극적으로 생명을 구조하거나 재물의 시여, 자선 등의 인륜도덕을 스스로 행하고 다른 사람에게도 이를 권하는 것을 포함한다. 지적 깨달음과 도덕은 불가분의 관계에 있다. 따라서 인간의 의지, 심정(意業)은 언어적 행위(口業) 또는 신체적 행위(身業)를 통해 밖으로 표출된다. 원래 업(業)이란 말은 의(意), 구(口), 신(身)의 모든 행위를 가리키는 말로 사용되나 의업(意業)으로서의 정사유(正思惟)와 구업(口業)으로서의 정어(正語)가 이미 나와 있으므로 여기에서 정업(正業)은 신업(身業)을 가리키는 말로 보아야 할 것이다.

(5) 정명(正命)

범사에 올바른 생활을 하라는 뜻으로 법을 어기지 않고 정당하게 수고하여 의식주를 해결하는 것을 의미한다. 정신적 성숙을 이루고 사치로부터 벗어나야 하며 각자의 능력을 충분히 발휘하여 쓸모 있는 사람이 되어야 한다. 생각하고 말하고 행동하는 것을 따로 분리할 수 없기 때문에 지혜를 가지고 바르게 생각하고(正思惟) 바르게 말을 하고 바르게 행동하는 것이다. 이처럼 잘못된 의업과 구업, 신업을 버리고 바른 행동을 하는 올바른 생활법을 정명(正命)이라고 한다.

(6) 정정진(正精進)

올바른 노력, 올바른 용기를 뜻하는 것으로서 속된 생활을 버리고 도에 열중하고 끊임없이 노력하는 마음가짐을 의미한다. 우리의 이상과 목적의 실현에 도움이 되는 것을 선(善)이라고 하고, 반대로 장애가 되는 것을 악(惡)이라고 하는데, 아직 발현하지 않은 선을 발생하게 하고 아직 발현하지 않은 악을 발생하지 못하게 하는 것이다. 정견(正見)에서 정명(正命)까지 수행하여도 그것이 일순간이어서는 안 되며 끝없이 이어지는 정정진으로 향해야 한다. 이 목표에 도달하려면 덕성의 개발과 감정을 다스리는 것이 필요하고 충동적인 마음 상태가 제거되어야 한다.

(7) 정념(正念)

올바른 명상을 의미하며, 옳은 생각을 계속 유지하는 것을 뜻한다. 마음속에서 일어나는 사특한 생각을 버리고, 자신과 타인에 대해, 가치와 현상에 대해 유의하는 것이다. 이 생각은 자아에 집착하는 마음이 아니라 정견 내지 정정을 올바르게 수행하기 위해 나 자신이나 주위의 입장을 올바르게 아는 의식이다. 정념(正念)은 불교에서 정지(正知)와 함께 서술되는데, 정지와 정념은 대체로 유사한 심정을 가리키는 것으로 보인다. 정지는 자신의 일상적인 동작, 태도를 끊임없이 의식하고 반성하는 것이며, 정념은 자기 주위의 모든 것이 무상(無常), 고(苦), 무아(無我), 부정(不淨)한 것임을 항상 인식하는 것이다. 정념의 네 가지 기초는 육체의 무상함과 혐오감에 관한 명상, 자신과 타인들의 감정에 관한 명상, 마음에 관한 명상, 그리고 현상에 관한 명상이다. 이러한 것들은 자신의 정신적 과정을 완전히 이해하는 데 목적이 있다.

(8) 정정(正定)

올바른 정신집중을 의미하며, 특히 자기몰입의 삼매(三昧)의 수련을 통해서 마음을 한 곳으로 모으는 수행을 뜻한다. 그리하여 방심과 악에서 정화되고, 고통에서 벗어나 완전한 깨달음으로 들어가는 것이다. 이는 올바른 선정(禪定)으로 정신통일의 상태를 지속하는 것을 말하는데, 일상생활에서도 어떤 하나에 열중하여 삼매에 들 수 있다. 정정은 정념에서 한 걸음 더 나아가 마음에 동요가 전혀 없는 안정된 상태를 말한다.

팔정도의 각 항목은 서로 연결된다. 정견(正見)은 세상의 이치를 바로 보고 바로 아는 것이다. 정견의 정(正)은 세상의 바른 이치 곧 중도(中道)를 말하는 것이다. 따라서 중도로 생각하는 것이 정사요, 중도로 말하는 것이 정어요, 중도를 행하는 것이 정업이요, 중도로 생활하는 것이 정명이요, 중도로 생활을 쉬지 않는 것이 정정진이요, 중도만을 오로지 생각하고 잊지 않는 것이 정념이요, 중도로 직접 체득하는 것이 정정인 것이다. 이와 같이 팔정도는 중도를 실천에 옮기는 행법이다. 그러므로 팔정도는 실천적 중도행(實踐的 中道行)이라 할 수 있다.

위의 여덟 가지를 셋으로 나누어 처음 두 가지를 합하여 혜(慧), 다음 세 가지를 합하여 계(戒), 마지막 세 가지를 합하여 정(定)이라 하며, 보통 이를 계정혜(戒定慧)라 하여 '삼학(三學)'이라 부르는데 이것은 궁극적으로 자유를 누릴 수 있게 하는 배움이라는 것이다.

수행의 방식은 세 가지 영역으로 나누어 볼 수 있다. 첫째는 삶과 사물에 대해서 올바른 견해를 갖는 것이다. 이는 팔정도의 첫 덕목인 정견에서 제시되는 것으로서 불교의 기본적인 교리를 듣고 공부하여 올바르게 이해하는 것이다. 즉 불교의 근본적인 가르침인 사성제, 삼법인, 12연기, 중도설, 무아설 등을 깊이 연구하여 삶과 존재의 실상에 대한 올바른 견해를 정립하는 것이다. 둘째는 올바른 견해에 근거하여 실천적 노력을 하는 것이다. 정사유로부터 정정진에 이르는 수행은 사고, 언어, 행동, 생활을 포괄하는 삶의 다양한 측면에서 노력을 지속하는 것이다. 셋째는 불교의 가르침을 실제로 체험하는 수행이다. 정념과 정정이 이러한 체험적 수행에 해당한다. 즉 정념을 통해 자신의 몸과 마음을 깊이 관찰하여 괴로움과 번뇌가 생겨나고 사라지는 것을 깨닫고, 정정을 통해 올바른 정신집중을 하여 모든 번뇌로부터 벗어난 경지인 삼매를 직접 체험하는 것이라고 한다.[138)]

석가모니는 팔정도를 따르는 사람은 모두 열반에 이를 수 있게 되며, 죽음과 환생의 부단한 순환으로부터 자유롭게 된다고 가르쳤다.

6) 십계율(十戒律)

이 열 가지 계율(戒律)의 처음 세 가지는 몸(身)으로, 다음 네 가지는 입(口)으로, 마지막 세 가지는 마음(意)으로 하는 것이다. 그러므로 이를 신삼(身三), 구사(口四), 의삼(意三)의 십업(十業)이라고 칭하기도 한다.

138) 대한불교조계종포교원, 『불교의 이해와 신행』, 71-72.

(1) 살생하지 말아라(不殺生)

(2) 도둑질하지 말아라(勿偸盜)

(3) 음란하지 말아라(勿邪淫)

(4) 속이는 말을 하지 말아라(不妄語)

(5) 일구이언하지 말아라(不兩舌)

(6) 악한 말을 하지 말아라(不惡口)

(7) 아첨하지 말아라(不綺語)

(8) 탐심을 품지 말아라(不貪慾)

(9) 분노하지 말아라(不瞋恚)

(10) 어리석게 행하지 말아라(不愚癡)

그리고 석가모니는 수도승들의 열 가지 예법을 세웠는데, 그 열 가지 계율은 십계율과 유사한 면이 있다.

(1) 살생하지 말아라.

(2) 도득질하지 말아라.

(3) 음란하지 말아라.

(4) 거짓말하지 말아라.

(5) 취하게 하는 술이나 마약 등을 마시지 말아라.

(6) 적당하게 먹고, 정오 이후에는 먹지 말아라.

(7) 감각을 자극하는 일은 피하라(춤추는 것을 보지 말며, 노래를 듣지 말며, 연극하는 것을 보지 말아라).

(8) 장식이 화려한 옷을 입지 말고, 화관, 향수, 보석류, 화장품 등을 사용하지 말아라.

(9) 넓거나 높은 사치스러운 침대에서 자지 말아라.

(10) 금이나 은을 받지 말아라.

승려와 비구니 같은 수도승들은 열 가지 계율을 모두 엄수해야 했지만 불교의 평신도들은 처음 다섯 가지만 지켜도 되었다. 후반의 다섯 가지는 도덕적 계율이라기보다는 금욕생활에 대한 계율이라고 볼 수 있다.

7) 십지론(十地論)

정통파 대승불교에 따르면 구원을 베푸는 초영지(超靈地)는 정신수련(exercitia spiritualia)을 통해 10개의 단계를 거쳐서 궁극적인 최고 상태로 상승해 간다고 한다. 여기에서 제시하고 있는 10단계는 다음과 같다.[139]

① **환희지**(歡喜地, pramudita): 수행을 하여 미혹을 끊고 이치의 한 부분을 깨달은 경지로, 이 단계에 이르면 마음에 기쁨이 있다.

② **이구지**(離垢地, vimala): 세속의 먼지를 떨어 마음을 깨끗이 하는 단계이다.

③ **발광지**(發光地, prabakhari): 우주를 통찰하는 명확함을 얻는 단계이다. 수혹(修惑)을 끊어 지혜의 광명이 나타나는 경지이다.

④ **염혜지**(焰慧地, aricismati): 번뇌를 태워 없애므로 지혜가 더욱 성하는 단계이다.

⑤ **난승지**(難勝地, sudrjaya): 여래(如來, Tathagata)의 본질에 대한 명상을 하는 단계이다. 삼계(三界)의 무명(無明)과

139) Max Weber, *Gesammelte Aufsatze zur Religionssoziologie II: Hinduismus und Buddhismus*, 357.

의혹(疑惑)이 일체(一切) 공(空)이 되는 단계로, 모든 법에 통달한다고 한다.

⑥ **현전지**(現前地, abhimuki): 세계의 발생과 성장의 방식에 대한 명상을 하는 단계이다. 진여(眞如)의 정성(淨性)이 맑고 깨끗하게 나타나는 단계이다.

⑦ **원행지**(遠行地, durangama): 세속 안에 있지만 세속에서 초연함을 얻는 단계이다. 이것을 직역하면 '멀리 간다'라는 뜻인데, 신성(Bhagavata)을 내면에서 굳게 지키는 것과 밀접한 연관을 가지고 있다. 수혹(修惑)을 끊고 대비심을 일으키어 광대무변한 진리의 세계에 이르는 단계이다.

⑧ **부동지**(不動地, achala): 거의 본성이 되다시피 하여 무의식 중에도 완벽한 평정심을 획득하는 단계이다. 무생(無生)의 법인(法忍)을 얻었으므로 다시는 흔들리지 않는 단계이다.

⑨ **선혜지**(善慧地, sadhumati): 선험적인 진리에 대한 완벽한 초영지를 얻는 단계이다. 걸림 없는 지혜를 얻어 어떠한 진리라도 어디에서나 연설할 수 있게 되는 단계이다.

⑩ **법운지**(法雲地, Dharmamegha): 10가지 단계의 마지막 단계로서 법(진리)과 완전히 합일 되어 '법의 구름덩이' 속으로 떠나가며, 지적인 완성을 몸으로 보여주는 상태이다. 즉 모든 것을 아는 단계이다. 수혹(修惑)을 끊고 끝없는 공덕을 갖추어 불법으로 모든 사람에게 이익이 되는 일을 행하는 단계이다.

8) 업보설(業報說, karman)

'업(業)'이라는 말은 '행위'나 '원인'을 의미하고, '보(報)'라는 말은 '보응'이나 '결과'를 의미한다. 불교의 종교 사상이 '연기설'이라면, 실천 윤리에 해당되는 것이 '업보설'이다. 불교의 업보설은 그 원인이 되는 업이 전적으로 인간에게 달려 있다고 본다. "업의 원인은 신이나 운명이나 우연에 있는 것이 아니라, 인간의 자유의지나 욕심이나 노력에 그 원인이 있는 것이다." <중아함 卷3> 그러므로 불교는 운명론이나 숙명론이 아니며 업보론인 것이다.

업은 육체로 짓는 행위인 신업(身業), 언어로 짓는 행위인 구업(口業), 마음으로 짓는 의업(意業) 등 3업으로 구분한다. 또한 업을 성질상 선업, 악업, 무기업(無記業)으로 분류하기도 한다. 선업은 좋은 과보를 내고 악업은 나쁜 과보를 내게 된다. 무기업은 선하지도 악하지도 않은 중성적인 행위로서 과보를 낼 수 없기 때문에 무기업은 엄밀한 의미에서 업이라고 할 수 없다. 과보를 초래할 수 있는 업이 되기 위하여는 두 가지 조건을 갖추어야 한다. 그것은 의도된 행위임과 동시에 윤리적인 행위여야 한다.

과보가 나타나는 시기를 세 종류로 나눌 수 있다. 이생에서 그 과보가 나타나는 업을 순현업(順現業), 다음 생에 나타나는 업을 순생업(順生業), 차후생 또는 여러 생에 걸쳐 나타나는 업을 순후업(順後業)이라 한다. 그리고 과보를 받을 시기가 정해진 업을 정업(定業)이라 하고, 과보 받을 시기가 정해지지 않은 업을 부정업(不定業)이라고 한다.[140] 그러므로 금생에 지은 것을 금생에 받지 않는다고 하여 인과가 없는 것이 아니다.

9) 윤회(輪廻)와 환생(還生)

윤회란 윤회생사(輪廻生死)의 준말로 사람이 죽은 뒤 해탈하지 못한 중생(衆生)[141]의 영혼은 해탈을 얻을 때까지, 즉 극락에 갈 때까지 바퀴가 돌듯이 생사를 끊임없이 반복한다는 말이다. 환생이란 바로 이 윤회에서 죽었다가 형상을 바꾸어 다시 태어나는 것을 의미한다. 모든 생물은 인연의 법칙에 따라 과거와 현재와 미래에 거듭 태어나면서 끝없이 삶과 죽음을 반복한다.

인간은 생전에 행한 업보에 따라 다시 태어났을 때 각기 다른 중생들이 살고 있는 육도 중 한 곳에서 살게 된다. 이를 '육도윤회설(六道輪廻說)'이라고 하는데, 육도는 천상, 인간, 아수라,[142] 축생, 아귀,[143] 지옥을 말한다. 삼선도(三善道)는 천상(天上), 인간(人間), 아수라(阿修羅)를 윤회하는 것으로 선취(善趣)

140) 불교교재편찬위원회, 『불교사상의 이해』, 119.

141) '중생'이란 범어 사트바(sattva)의 번역어로 글자 그대로 '뭇 생명'이란 말이다. 그런데 불교에서 말하는 뭇 생명이란, 자연계를 의지하여 살아가면서 삶의 참 의미를 알지 못하고 업력에 따라 생활하는, 다시 말해 개인의 자유의지에 의해 살아가는 것이 아니라, 어쩔 수 없이 끌려 다니면서 생존하는 존재를 의미한다. 인간을 비롯한 의식 감정을 지닌 생물을 말하고, 특히 '미망(迷妄)의 세계에 있는 것'의 뜻으로 쓰인다. 부처의 구제 대상이 되는 인간, 그 밖의 일체의 생물을 말한다.

142) 아수라도, 또는 아수라계는 삼선도의 하나이다. 항상 싸움이 그치지 않는 세계로, 교만심과 시기심이 많은 사람이 죽어서 간다.

143) 아귀도(餓鬼道)는 불교에서 육도윤회 중 하나이다. 지옥도보다는 낫지만 그렇다고 해도 좋은 곳은 아니다. 아귀도에 있는 귀신은 몸이 크고, 입(또는 목구멍)은 바늘구멍만 하다. 아귀도에 가는 사람들은 죄가 많은 사람, 돈을 많이 밝히는 사람, 식탐이 매우 많고 구두쇠인 사람 등이 간다고 한다. 목마름과 배고픔 등 고통으로 가득한 세상에 사는 중생을 말하기도 한다.

라고 하며, 삼악도(三惡道)는 축생(畜生), 아귀(餓鬼), 지옥(地獄)을 윤회하는 것으로 악취(惡趣)라고 한다.

10) 극락(極樂)

극락은 아미타불이 거주하는 곳이며, 서쪽으로 십억만 국토를 지난 곳에 있다고 한다. 극락이란 용어는 범어로 '즐거움이 있는 곳(Sukhavati)'이라는 뜻을 가지고 있는데, 한역하면 안양(安養) 또는 안락(安樂)으로 표현된다. 극락정토에는 축생, 아귀, 지옥 등 삼악도(三惡道)의 불행이 없고 무수히 많은 성문(聖門)들이 있으며, 맑고 깨끗하여 부처의 세계를 보게 되는데 거울로 얼굴을 비춰보듯 하고(國土淸淨願), 모든 것이 비길 데 없이 훌륭하며, 그 물건들에서 나는 향기는 사방 세계에 풍기어 이를 맡은 이가 모두 부처의 행을 닦게 된다(寶香合成願)고 한다.

6. 불교의 교의

1) 신관

무신론적 성격을 가지므로 불변하는 절대자를 명백하게 부정하고 있다. 석가모니는 일반 철학파의 한 사람으로서 브라마니즘에서 주장하는 절대적인 신의 추정에 대하여 연기(緣起)와 공(空)을 제시하였다. 석가모니는 열반(임종)시에 해탈의 길은 결코 자신이나 기타의 어떤 유형 혹은 무형의 것에 있지 않다고 가르쳤다. 불교 교리의 핵심인 공사상과 연기설이 주장하는 일체 존재의 상대성 앞에 여하한 인격적 혹은 추상적 절대자가 있을 수 없다. 이와 같은 절대자의 부정 때문에 불교는 종교가 아니며 철학이라고 말하는 학자들도 많다.

2) 인간관

석가모니 출생 당시 인도 종교의 세 가지 흐름은 다음과 같았다. 첫째, 인간의 삶은 신의 의지에 의해 결정되어 있다고 보았던 유신론에 근거한 브라만교, 둘째, 인간의 삶은 운명에 의해 결정된다고 보는 숙명론에 근거한 자이나교, 셋째, 삶은 물질의 구성에 따라 결정된다고 보는 유물론이었다. 당시의 사상적인 흐름을 볼 때, 인간은 자유를 가질 수 없고, 유신론은 신에게, 숙명론은 운명에, 유물론은 물질에 귀속될 수밖에 없었다. 또한 사회적으로는 사성계급 속에서 자신의 의지와 상관없이 태어난 환경에서 살아갈 수밖에 없었다.

석가모니는 인도의 결정론적 인간관을 비판하였으며, 인간의 본질은 그 무엇에도 예속될 수 없는 지극히 자유로운 존재임을 십이처[144]를 통해 천명하였다. 석가모니는 인간의 행복과 불행, 그리고 죽음이라는 종말적 상황까지도 신이나 숙명에 의해서 또는 우발적으로 발생한 것이 아니라 인간 스스로의 의지적 행동에 의해서 결정된 것이라고 보았다. 그는 이러한 것들을 극복하는 것도 인간의 의지적 행동에 달려 있다고

144) 십이처(十二處)는 육근(六根)과 육경(六境)을 말한다. 육근은 육식(六識)을 낳는 눈, 귀, 코, 혀, 몸, 뜻의 여섯 가지 근원을 말하며, 육경은 육식(六識)으로 깨닫는 색(色), 성(聲), 향(香), 미(味), 촉(觸), 법(法)을 통틀어 이르는 말이다.

하였다. 불교는 윤회와 카르마와 같은 힌두교의 교훈을 계승하고 있지만, 힌두교보다도 한결 더 보편적인 생의 접근을 제공하였다. 불교는 계급제도를 반대하고 개인을 중시하였으며, 개인은 자기의 운명을 성취할 책임이 있다.[145] 불교의 인간관은 화쟁(和諍)과 오수(悟修)의 조화적 인간관, 신성을 지닌 존재로서 모두 동일하다는 평등의 인간관, 수행을 통하여 자신의 참 모습을 깨닫고 해탈 열반에 도달할 수 있다는 불성(佛性)의 인간관이다.

3) 세계관

인간의 의지적 결정으로 모든 것이 움직인다고 본다. 불교에서는 우주의 창조에 관한 근거는 발견할 수 없다. 왜냐하면 창조란 무에서 유를 만들어 내는 것을 의미하기 때문이다. 불교에서 유는 유에서 발생할 뿐이며 절대적인 무(無)에서 유는 발생하지 않는다고 한다. 불교 교훈의 기본은 세상을 환상이나 악으로 보고 이런 세상으로부터의 도피 혹은 자유의 길을 촉진한다는 입장이다.

불교의 세계관은 평화를 중요하게 다룬다. 불교에서 평화(Santi)의 개념은 내적인 평화와 외적인 평화를 포함한다. 일반적으로 '마음의 평화'라고 알려진 내적 평화(ajihatta-santi)는 '불안한 상태나 억압받는 사고나 감정'으로부터 자유로운 정신 상태이다. 또한 사람은 그의 동료들(samacaria)과 조화롭게 살아갈 때 외적 평화를 갖게 되는데, 외적 평화에는 인간 상호

---

145) George W. Braswell, Jr., *Understanding World Religions*, 권혁봉 역, 『세계종교의 이해』(서울 : 요단출판사, 1986), 212.

관계의 평화, 국가적인 평화, 국제적인 평화 등이 포함된다. 개인들의 내적 평화는 온전한 사회적 평화가 구축될 수 있는 기초를 제공하기 때문에 내적인 평화가 없다면 외적인 평화도 존재하지 않는다.[146)]

4) 진리관

석가모니는 기본적으로 보편성과 타당성, 검증가능성의 세 가지 기준으로 진리를 탐구하였다. 모든 존재는 법칙성을 지닌 존재라고 하여 불교를 '법칙성에 대한 깨달음의 종교'라고 한다. 따라서 인간과 객체 사이에 필연적으로 적용되는 인과율을 강조한다. 이는 인간의 의지적 작용인 원인과, 대상의 필연적 반응인 결과로 나타난다. 인과율에는 두 가지 중요한 특징이 있다.

(1) 인연의 법칙

인(因)은 질료인이고 변하는 주체이다. 연(緣)은 외부에서 가해지는 인의적인 작용인 업연을 일컫는다. 모든 사물은 이렇게 인과 연의 두 가지 조건이 갖추어져야 변화한다.

(2) 상의상관성

인과율 또는 인연의 법칙에 의해 어떤 결과가 발생하면 그 결과는 다시 그것을 발생시킨 원인을 포함한 다른 존재에 대

146) Phra Dharmakosajarn, *A Buddhist World View* (Bangkok : Mahaihulalongkornrajavidyal University, 2005), 75-76.

해 직접적인 혹은 간접적인 영향을 미친다.

5) 수행관

불교에서는 종교적인 실천을 수행이라 하며, '바뀌게 하는 것', '변하게 하는 것'으로 이해한다. 수행자는 좋은 방향으로 변해야 하는데, 여기에서 네 가지 질문이 생기게 된다. 첫째, 무엇(what)을 바꾸는가 하는 문제이다. 악한 것, 사악한 것, 속된 것, 미혹하는 것에 대한 집착을 바꾼다는 것이다. 둘째, 어떻게(how) 바뀌는가 하는 문제이다. 단번에 바뀌는 것이 아니라 단계적으로 바뀌는 것이다. 셋째, 다시 무엇으로(to what) 바뀌는가 하는 문제이다. 참된 것으로 바뀌고, 궁극적으로 밝음의 단계 곧 깨달음의 단계로 바뀌는 것이다. 넷째, 무엇에 의해(by or through what) 바뀌는가 하는 문제이다. 이는 수행에 의해서 바뀌는 것이다.

불교의 신행 체계는 신해행증(信解行證)으로 요약된다. 그 첫 번째는 올바른 믿음을 갖는 것(信)이며, 그 다음은 자신의 믿음에 대하여 올바르게 이해하는 것(解)이고, 그 다음으로는 믿고 이해한 것을 바탕으로 실천하는 것(行)이며, 마지막으로 이해와 실천의 풍부한 체험을 통해서 깨달음을 얻는 것(證)이다.

인간이 삼독(三毒)[147]을 멀리하고 선한 마음을 가지기 위해

---

147) 삼독(三毒)은 불도수행에 장애가 되는 탐욕(貪慾), 진에(瞋恚 : 분노), 우치(愚癡 : 어리석음)를 말하며 줄여서 탐, 진, 치라고도 한다. 이는 불도를 수행하는 자가 닦아야 할 세 가지 근본적인 수행인 계(戒), 정(定), 혜(慧)라는 삼학(三學)의 상대가 되는 삼혹(三惑) 혹은 삼독(三毒)이다. 삼독을 없애고자 노력하는 것이 불교도들에게는 가장 일상적인 실천항목이 되고 있다. 그 중에서도 특히 진에(瞋恚),

서는 불(佛), 법(法), 승(僧)의 삼보(三寶)에 귀의해야 한다. 불보(佛寶)에는 진리 그 자체를 부처로 보는 법신불(法身佛),[148] 수행의 결과로 완성되어진 부처인 보신불(報身佛),[149] 중생들을 교화하기 위한 부처인 화신불(化身佛)[150]이 있다. 법보(法寶)에는 부처의 교훈인 경(經), 제자와 재가 불자가 지켜야 할 계율인 율(律), 부처의 교훈을 쉽게 이해하기 위하여 설명되어진 논서인 논(論)이 있다. 승보(僧寶)는 비구, 비구니, 식차마니, 사미, 사미니, 우바새, 우바이 등 교법을 따라 수행하는 승려(僧侶)를 일컫는다.

6) 내세관

해탈과 열반이 주요 주제이다. 해탈은 윤회의 세계로부터 탈출하는 것을 말하고 열반은 무존재론을 말한다.

(1) 해탈(解脫)

불교의 목적은 열반(涅槃)이다. 열반은 해탈을 전제로 하고

다시 말해 분노를 없애는 것이 가장 어렵다. 사람이 한번 노여움에 휩싸이면 오랫동안 쌓아온 공덕도 일시에 무너뜨려 버리게 된다. 탐욕은 점차로 사람을 잠식하는 독과 같은 성질을 지니고 있다. 그에 반해 노여움은 한번 그 불길이 일어나면 일거에 그 사람을 망쳐 버린다. [불교연구회 편, 『불교경전입문』, 95, 101]

148) 영겁하도록 변하지 않는 만유의 본체에 인격적 의의를 붙인, 빛도 형상도 없는 이불(理佛)을 말한다.

149) 선행 공덕을 쌓은 결과로 나타난 만덕(萬德)이 원만(圓滿)한 불(佛)을 말한다.

150) 응신불(應身佛)이라고도 한다. 다른 사람의 기연(機緣)에 응하여 화현(化現)한 부처를 말한다.

있다. 해탈이란 윤회의 세계와 연결지어진 속박으로부터 탈출하는 것을 뜻한다. 해탈이란 '벗어난다(해방, 자유)'는 뜻으로서 생로병사의 괴로움에서 벗어나는 것이고, 8만4천 가지의 악의 뿌리인 탐욕, 성냄, 어리석음의 삼독[151]에서 벗어나는 것이며, 생사가 계속 반복되는 윤회에서 벗어나 극락으로 가는 것을 의미한다. 이것이 바로 불교가 지향하는 목적이다. 해탈은 생사의 세계에서 벗어나는 무생무사(無生無死)라고 할 수 있다. 다시 말하면 불교에서는 인생으로 하여금 바른 길을 걷지 못하도록 방해하는 고뇌와 업 같은 것을 계박(繫縛, 얽어매는 것)이라 하고, 이 계박에서 벗어나 자유세계에 도달하는 것을 해탈이라고 한다. 계박에 반항하는 운동, 자유를 얻고자 하는 갈망, 그리고 바른 길을 찾는 지혜를 다 해탈이라 칭한다.

(2) 열반(涅槃)

열반이란 '부는 것을 멈추어 불을 끈다'는 뜻으로서 해탈한 상태나 경지를 말하는데, 욕망이나 번뇌의 불이 꺼진 상태이고 지혜가 막힘이 없는 상태이며 고요하고 청정하며 영원한 상태이다. 열반이란 산스크리트어의 니르바나(Nirvana)를 음역한 것이며 취멸, 적멸, 멸도, 적 등으로도 번역된다.

불교의 열반은 모든 번뇌의 속박에서 벗어나 다시는 윤회전생(輪廻轉生)을 하지 않는 세계, 즉 부처가 되어서 윤회전생과 인연(因緣) 세계에서 해탈(解脫)하는 것이다. 그들은 연기사상(緣起思想)을 통해서 인간의 현실관을 설명한다. 그러므로 이

151) 여기에 교만과 의심과 악견(惡見)을 더하여 육대번뇌(六大煩惱)라 칭한다.

세상에는 영원한 것도 견고한 것도 없으며 결국 모두 흩어지고 만다. 다시 말하면 모든 것은 변한다는 것이다. 석가가 인간의 탐구에서 얻은 해답은 '존재와 고통은 하나이다'라는 결론이었다. 인간은 생사의 고통에서 벗어날 수 있는데, 그 방법은 존재가 없어져야 한다는 것이다. 결국 불교의 열반은 무존재론을 의미한다. 따라서 불교에서는 존재론에 두 가지 측면이 있다. 하나는 유전연기(流轉緣起)[152]이며 또 하나는 환멸연기(還滅緣起)[153]이다.

7. 한국의 불교

한반도에 불교가 공식적으로 전래된 것은 4세기 말이다. 당시 고구려, 백제, 신라는 부족 연맹체를 벗어나 강력한 중앙집권국가로 도약하려 하고 있었다.

(1) 고구려

소수림왕 때(372년) 중국 전진(前秦) 왕 부견이 순도라는 승려와 더불어 불상과 경전을 보내옴으로써 시작되었다. 호국불교, 왕실불교의 특징을 가지고 있다.

---

152) 무명이 있으므로 행이 있고, 행이 있으므로 나아가 노사가 있어 생사의 유전이 계속되며 마음작용이 서로 관계하여 고통이 일어나는 연기를 말한다.

153) 무명이 없으므로 행이 없고, 행이 없으므로 나아가 노사가 없어져 무명으로 인한 마음작용이 사라져 고통이 없어진 연기를 말한다.

(2) 백제

침류왕 때(372년) 동진에서 온 인도 승려 마라난타가 불법을 전하였다. 성왕 때 인도 유학승 겸익 등이 가져온 경전으로 불교가 급속하게 전파되었으며, 미륵사와 선운사를 중심으로 미륵신앙이 성행하였다. 무왕 때는 동양 최대의 미륵사를 창건하였으며, 관륵은 일본에 건너가(602년) 역법과 천문지리를 전하고 제자를 양성했다.

(3) 신라

눌지왕 때(417년) 이미 불교가 들어왔으나 국가적 공인을 받지 못하다가 법흥왕 때(527년) 이차돈의 순교로 공식적인 인정을 받았다. 백고좌법회와 팔관회를 개최하였으며, 황룡사를 건축하였다(553년). 호국불교, 미륵신앙의 특징을 가지고 있다. 진흥왕 때 원광의 세속오계가 화랑도의 정신적 지표가 되어 삼국통일의 기틀이 되었다.

(4) 통일신라시대

불교는 단순히 종교적 의미를 넘어서서 문화적, 정치적, 사회적 변화를 의미하는 사건이었다. 대표적인 승려로는 원효, 의상, 진표, 혜초, 원측 등이 있다.

(5) 고려

태조 왕건이 도선의 조언으로 전국에 500여개 사찰을 세웠다. 왕건은 <훈요십조>에 후왕들에게 불교를 보호하고 연등회, 팔관회 등의 행사를 시행하며 불사를 일으킬 것을 유언으로 남겼다. 숭불정책과 승과제도를 설치하였으며 불교가 나라의 정신적 지주 역할을 담당하였다.

(6) 조선시대

유학을 숭상하는 신진 사대부들에 의해 숭유억불정책이 시행되었다. 많은 승려들이 환속되고 국가의 지원을 받는 사찰의 수는 감소되었다. 종파들의 통폐합과 승과제도 철폐 등이 이루어졌다.

(7) 일제 강점기

조선총독부의 사찰령에 의해 엄격한 통제를 받아 승려들의 자유로운 종교활동이 제재를 받았다.

(8) 현대

한국불교는 주류를 차지하고 있는 비구승 종단인 조계종과 대처승 종단인 태고종의 양대 종단이 있으며, 그 밖에 최근에 생긴 군소 종파들이 존재한다.

8. 불교에 대한 평가

불교는 인류 사상의 기원 중 하나로 세계 여러 지역에서 종교적 또는 사회적 실체로서 존재해왔다. 불교는 자기의 수

양(修養)과 노력, 즉 자력으로 깨달음과 구원에 이르고자 한다. 불교는 인격적 창조자이신 하나님의 존재를 부인하며, 세계는 신의 섭리나 명령에 의해 움직이는 것이 아니라 자연의 힘과 법칙에 따라 움직인다고 주장한다. 불교의 부처는 열반에 이르는 길을 보여주는 안내자일 뿐이다. 불교는 삶의 근본적인 문제와, 어떻게 살아야 할 것인가에 대한 문제에만 집중하여 그것에 대한 개념과 정의만을 내렸다.

불교의 창시자 석가는 죽을 때 "네 자신과 진리를 등불로 삼고 살라. 다른 것은 의지하지 말라"고 당부했지만, 불교 신자들은 세대가 지남에 따라 아미타불을 신(神)으로 믿고 기도하게 되었다. 이리하여 절대적 신과 불변하는 것은 없다고 하며 자기 의지를 주장하는 불교가 다신교의 대표적 종교로 자리잡게 되었다.

제례의 신적 대상을 가르치지 않고 중생의 구제 사업에 부단한 노력을 한 석가모니가 제례의 대상이 된 것은 불교가 우상숭배의 종교임을 입증한다. 석가모니가 죽은 지 오래지 않아 큰 동상을 세우고 그에 대하여 기이한 설화들을 발표하였다. 석가모니를 신격화하여 신화를 만들고 민중의 눈에 그것이 신의 화신으로 보이게 하였다. 절대적 신을 부정하는 불교가 오히려 해탈에 이른 부처를 믿고 신격화한 것은 교리적으로 모순이며 불교의 신앙형태가 완전한 것이 아님을 보여주고 있다.

불교의 문제는 잘못된 주제에 관심을 쏟고 있다는 점이다. 불교는 고통의 참된 원인이 되는 죄나 도덕적인 악에 대한 문제로 시작하는 것이 아니라 고통의 문제 자체에만 집중하고 있다. 불교는 괴로움과 고통과 번뇌의 소멸을 구한다. 번뇌를 해결해서 무존재인 공으로, 무로 없어지는 것이다. 그러나 기독교는 죄의 결과로 오는 고통의 문제에 대한 해결책으로 완성된 구원을 선포한다.

불교에 의하면 인간의 삶은 그것에서 구출되어야 할 악한 것으로 무아부재(無我不在)가 이상적인 목표이다. 그러나 기독교에 의하면 인간의 삶은 선한 하나님의 선물이다. 불교도들에 의하면 인간의 육체는 단지 장애물이 될 따름인 반면에, 기독교인들에게 있어서 육체는 하나님께 영광을 돌리는 귀중한 도구가 된다. 그리고 우리는 그리스도를 믿음으로 영원히 살 수 있도록 창조되었다. 그래서 불교가 욕망의 소멸을 구하는 반면에, 기독교는 더 높은 차원에 있는 소망의 성취를 기대한다.

불교는 인간에 대해 잘못된 관점을 갖고 있다. 불교의 신앙에 의하면 인간은 무수한 윤회 가운데 단지 일시적인 존재일 뿐이다. 불교에서는 인간의 궁극적 운명을 열반에 흡수됨으로써 개인적인 인격성이 소멸되는 것으로 생각한다. 그러나 기독교에서 인간은 하나님의 형상을 따라 창조된 존재로서 무한한 가치를 지닐 뿐 아니라 영생하는 존재이다. 석가모니는 고통하는 인간들에게 확실하지 않은 열반을 약속하지만, 예수 그리스도는 "내가 온 것은 양으로 생명을 얻게 하고 더 풍성히 얻게 하려는 것이라"(요 10:10)고 말씀하셨다. 그리스도는 생명의 소멸이 아니라 생경의 완성을 가져오시는 분이다.

불교의 윤회사상은 막연하지만, 기독교는 구원의 종교요 부활의 종교이며, 하나님을 의지하고 그의 뜻에 전 존재를 의

탁하는 종교이다. 불교의 극락은 윤회전생과 인연세계에서 해탈하여 가는 곳이다. 그러나 기독교의 천국은 인간이 그리스도의 대속을 통한 구원으로 말미암아 죄에서 벗어나 영원한 생명을 누리며 창조주 하나님과 교제하는 곳이다.

제 5 부
근동에서 발생한 종교

제 9 장
조로아스터교

1. 조로아스터교 형성의 배경

페르시아인과 인도인은 같은 아리안족의 후예이다. 종교사상도 본래 동일하였지만 힌두쿠시 산맥을 넘어 인도로 나아간 아리안족은 브라만교와 불교를 낳았고, 이란 고원에 남은 아리안족은 페르시아교라고 불리는 조로아스터교를 발생시켰다. 인도에 정착한 아리안족은 토지가 비옥하고 산물이 풍부하여 평안한 생활을 할 수 있었다. 또한 원주민을 노예로 삼아 농사와 목축을 하였기 때문에 문화와 예술에 관심을 기울일 수 있는 여유가 있었다.

그러나 페르시아와 그 부근에 거주하는 아리안족은 토지의 대부분이 사막이었으며, 북방에서 찬바람이 불어오는 까닭에 목축과 농업이 다 순조롭지 못하였다. 그뿐 아니라 동북방의 용맹하고 강포한 투르키 민족이 자주 쳐들어 왔기 때문에 페르시아인은 생존을 위해 쉴 새 없이 싸워야만 했다. 그리하여 그들은 인도 민족과 그 민족성은 물론 사상과 종교까지 멀어지게 되었다.

페르시아인은 이 세상에 실존하는 악의 세력에 대하여 항상 유의하지 않을 수가 없었다. 하지만 그들은 악의 세력보다 더 강한 선의 세력이 마침내는 이기리라는 신앙심을 가졌다. 페르시아인은 이 세상이 선과 악이 다투는 전쟁터라는 것을 인식했으며, 선과 광명으로써 악과 흑암을 이겨야 한다는 이원론적 종교를 일으켰다.

조로아스터교 이전에도 페르시아인은 아후라 마즈다(Ahura Mazda : 조로아스터의 최고신)라는 선신(善神)을 믿었다. 아후라는 '신'이란 뜻이며, 마즈다는 '현명하다'는 뜻으로 '현명한 신'이라는 칭호이다. 아후라 마즈다의 이름은 후세에 페르시아 말로 오르무즈(Ormuzd)라 하였고 그리스와 로마에서는 오로마제스(Oromazes)라고 불렸다. 이 선신과 반대로 악신(惡神) 아리만(Ahriman)도 나타났는데, 이 신은 데바(Daeva)라고도 불렸다.

조로아스터교는 선악간의 영원한 투쟁을 강조하는 종교로, 신도수는 이십만 정도에 불과하지만 매우 큰 영향력을 행사하고 있다. 조로아스터교는 BC 7세기경에 살았던 조로아스터(Zoroaster)가 창시한 종교이다.

2. 조로아스터교의 창시자 : 조로아스터

1) 조로아스터의 생애

조로아스터(c. 628–c. 551 BC)는 페르시아의 종교개혁자이며 조로아스터교의 창시자이다. 조로아스터교가 이란에서는 파르시이즘(Parsiism)이라고 알려져 있으며, 조로아스터의 옛 페르시아 이름은 짜라투스트라(Zarathustra)라고 한다. 조로아스터의 탄생 시기나 장소에 대해서는 정확히 알려지지 않고 있지만, 이란의 메디아(Media)에 있는 도시 라게스(Rhages), 즉 현재 테헤란 근교의 라이이(Rayy) 지역에서 태어났을 것으로 추측한다.[154] '조로아스터'라는 이름은 '신적 원리의 나타남'이란 뜻이다.

조로아스터는 페르시아 동부의 아제르비잔(Azerbijan)에 거주하는 스피타마 가문의 대상(隊商) 부르샤스바(Burshasba)의 아들로 태어났다. 그는 수많은 신들을 숭배하는 환경에서 자라났으며, 점차 종교에 각별한 관심을 가지고 삶의 신비들에 대해 신중하게 생각하기 시작했다. 조로아스터는 페르시아에서 최고 수준의 교사들로부터 우수한 교육을 받았다. 15세 때 쿠스티(kusti)[155]를 받았으며, 20세가 되자 삶의 심오한 문제에 대한 답변을 찾기 위해 집을 떠났다. 그는 여행을 다니는 동안 그가 만나는 모든 사람들에게서 자신의 종교적 물음에 대한 답을 찾으려고 했다.

조로아스터는 30세에 다이티아(Daitya) 강 기슭에서 한 거대한 형상으로부터 계시를 받아 깨우침을 얻었다. 그에게 계시를 보여준 이 형상은 스스로를 가리켜 보후 마나(Vohu Manah), 곧 '선한 심성(good thought)'이라고 했다고 한다. 보후 마나는 조로아스터를 아후라 마즈다(Ahura Mazda)에게로 데리고 갔고, 그 신은 조로아스터에게 진정한 종교가 무엇인지를 가르쳐 주었다고 한다.

---

154) *Britannica Encyclopedia of World Religions*, 1164-1165.
155) 쿠스티(kusti)는 '성스러운 띠(노끈, 帶)'를 말한다. 본장 6. 조로아스터교의 의식, 2) 새 제사장 세우기를 참고하라.

그 후 7, 8년 사이에 여섯 번의 계시를 받았는데 매번 천사장이 나타나서 한 가지씩 계시를 주었다고 한다. 첫째는 선한 심성(Vohu Manah)이요, 둘째는 완전한 정의(Asha Vaishta)요, 셋째는 왕국의 기대(Kshathra Vairya)요, 넷째는 인간의 구원(Haurvatat)이요, 다섯째는 영혼의 불멸(Ameretat)이요, 여섯째는 조화와 대지(Spenta Armaiti)였다. 조로아스터는 이 여섯 번의 계시에서 여신의 형상으로 나타난 여섯 가지 진리의 직각(直覺)을 얻었다고 한다. 이 여섯 여신은 아후라 마즈다의 명령을 받들어 이 세계와 인간을 감찰하는 여섯 천사로 이해된다.

조로아스터는 이후 10년간 그가 새로 발견한 진리를 선포하며 지냈는데 그 결과는 별로 성공적이지 못했다. 10년째 말미에 이르러서 사촌동생 마온하가 전도를 받아 제자가 되었다. 11년째 되는 해에는 아케메니아(Akaemenia) 왕조의 비쉬타시파(Vishtasipa) 왕의 궁궐에 들어가 전도하였는데 처음에는 완강하게 거부하고 전도를 방해하였으나 3년 후에 마음을 돌이켜 조로아스터의 제자가 되었다. 그러자 조정에 있는 문무백관이 모두 새 종교를 믿고 조로아스터를 큰 선생으로 받들게 되었으며, 그 후로 몇 년 동안 그의 신앙은 급속히 번져나갔다.

그 후에 브라만교를 받드는 캉그란가카라는 사람이 내부에서 반항을 일으켰고, 튜라니아 민족에 속한 아스바란 추장이 북방에서 침입하여 조로아스터교를 위협하였다. 제1차 전쟁에서는 조로아스터교를 열렬히 신봉하는 젊은 명장 이스펜디알(Ispendiar)이 북편으로 침입하는 적군을 격퇴하였다. 비쉬타시파 왕은 그를 크게 사랑하여 사위로 삼았고, 이스펜디알은 왕위계승자로 여겨졌다. 조로아스터교 역시 계속하여 페르시아의 국교 자리를 유지할 것처럼 보였다.

그러나 BC 583년경에 북편의 튜라니아 민족과 국내의 브라만교도가 다시 협력하여 전쟁이 일어났는데 비쉬타시파 왕군이 패전하여 아케메니아 왕통이 전복되고, 조로아스터도 이 전쟁 중에 77세로 생을 마감하였다. 조로아스터가 승리를 위해 아후라 마즈다의 제단 앞에서 의식을 행할 때에 구종교의 제사장이 그를 죽였다. 그러나 30여 년간 페르시아에 깊이 박힌 조로아스터교는 여전히 민심을 지배하였다.

조로아스터의 제자 쟈마스푸가 스승을 계승하여 신자들을 지도하고 또 조로아스터의 교훈을 기록하여 후세에 전하였다. 조로아스터교는 당시 유행하고 있던 마술과 우상숭배를 제거하고 그들의 신인 아후라 마즈다와 그에 맞서는 악한 신에 대한 신앙 체계를 세워 놓았다.[156)]

2) 조로아스터의 신격화

다른 종교의 창시자들의 경우에도 그러했듯이, 조로아스터 사후에 제자들이 그를 숭배하게 되었다. 따라서 그는 위대한 신 아후라 마즈다와 더불어 숭배의 대상이 되었는데 조로아스터교도들은 다음과 같이 그를 찬양했다.[157)]

156) Maurice Rawlings, *Life-Wish : Reality or Hoax* (Nashville : Thomas Nelson Inc., 1981), 63.

157) Max Müller, ed., *Secret Books of the East* (Oxford, 1879-1910) 23:190, 229, 275; 5:88; 18:90; 37:241; 47:18-20, 138, 139; 47:21, 22, 122.

그는 인류의 머리이고 만물 위에 뛰어난 최고의 지혜자이며 온전히 악을 물리치실 분이다.

오로지 조로아스터만이 만물을 다스릴 주권을 갖는다. 그는 완전한 선(善)이고 의(義)이다.

의를 사모하는 그의 마음은 어느 누구도 따라갈 수 없으며, 그만이 악의 무리를 물리치는 길을 알고 있으며, 모든 피조물을 가르친다.

찬란히 빛나는 순결한 모친이 조로아스터를 낳는 동안 영원한 빛 하늘의 광채가 그의 조모에게 비추었다.

그는 육신을 입고 세상에 태어나기 3천 년 전에 이미 존재하였으며, 내세에 있는 동안은 대천사와 동등한 천사장으로 존재할 것이다.

3. 조로아스터교의 경전

조로아스터교의 주 경전은 『젠드 아베스타(Zend-Avesta)』인데, 본래는 아베스탄(Avestan)이라 불리는 고대 이란 언어로 기록되었다. 『아베스타』는 힌두교의 경전인 『베다(Veda)』와 같이 '지식'을 의미하며, 『젠드 아베스타』는 '지식의 주해'라는 의미를 가지고 있다. 『아베스타』는 BC 400년경 21권으로 편찬되었으나 알렉산더 대왕의 동방정벌 때 불에 타서 소실되어 한 권만이 남아 있다.

이 한 권의 『아베스타』는 220년경부터 641년 사이에 페르시아를 통치한 사산(Sassan) 왕조의 아탁셀세스(Artaxerxes, 226-240) 왕 때에 편수작업으로 결집되었으며, 771년경에 영국 옥

스퍼드대학의 펠론에 의해 영어로 번역되었다. 오늘날 전해지는 것은 본래의 경전 중 작은 단편들에 불과하며, 그 전체 분량은 성경의 10분의 1 정도이다. 『아베스타』는 찬송, 기도, 그리고 제사에 대한 가르침을 담고 있다. 『아베스타』는 크게 5부로 구성되어 있으며, 그 중 가장 오래된 부분은 「야스나(Yasna)」[158]이다.

제1부는 「야스나」로서 제의의식에 사용되는 기도송인데, 사제가 제사를 드릴 때에 송독하는 것이다. 「야스나」 28장부터 54장까지는 「가타(Gathas)」[159]라고 하는 고대 찬가가 있으며, 조로아스터가 신에게 받은 계시와 그에 대한 교훈이라고 하여 교도들이 소중히 여긴다. 이것은 『아베스타』의 나머지 부분에 비해 훨씬 더 오래된 고대의 방언으로 기록되어 있다. 다른 찬미가들은 일반적으로 조로아스터 당대의 언어에 가장 근접해 있는 것으로 추정된다. 「가타」는 의로운 생활을 장려함과 더불어 최고의 유일신인 아후라 마즈다의 주권을 강조하고 있으며, 의로운 뜻을 가진 사람은 현세의 종말에 가서 반드시 보상을 받는다고 기록하고 있다.

---

158) 「야스나(Yasna)」는 문자적으로 '봉헌' 혹은 '예배'의 뜻을 가지고 있으며, 야스나가 낭송되는 조로아스터교의 예배행위의 명칭인 동시에 아베스타 본문들 가운데 주로 의식적인 부분을 모은 것의 명칭이다. 숙련된 사제는 약 두 시간 내에 야스나 전체를 암송할 수 있다고 한다.

159) 「가타(Gathas)」는 조로아스터에 의해 작곡된 노래인데, 다섯 가지 송가로 이루어져 있다. 1. 아후나바이티 가타 : 야스나 28-34장, 2. 우슈타바이티 가타 : 야스나 43-46장, 3. 스펜타마이니시 가타 : 야스나 47-50장, 4. 보후크샤트라 가타 : 야스나 51장, 5. 바히슈토이슈티 가타 : 야스나 53장.

제2부는 「비스파르드(Vispard : All the Lord)」 혹은 「비스페레드(Vispered)」로서 절기에 따라 제사를 드리는 데 사용한 기도문 내지 의문(儀文)들이다. 천상의 권위자들에게 경의를 표하는 24 기도를 포함하는 것으로 「야스나」에 있는 것들과 유사하며 제의적 예배에 사용된다.

제3부는 「벤디다드(Vendidad : Law against Demons)」 혹은 「비데브다트(Videvdat)」로서 각종 규례의 일종이며, 특히 결례(潔禮)로 청정하게 하는 규정들을 기록한 것이다. 이는 다른 법령과 계율들을 포함하여 악마에 대항하는 법 등을 담고 있다. 의식적 율법, 우주론, 역사, 종말론 등을 포함한다.

제4부는 「콜다 아베스타(Colda-Avesta)」로서 사제와 신도들의 사생활에 사용하는 기도문들이다.

제5부는 「야쉬트(Yasht)」로서 신에게 감사하며 찬양하는 송가집이며, 고대 이란인들의 역사와 설화가 담겨져 있어 페르시아인의 사상과 풍습을 연구하는 중요한 자료이다.

『아베스타』를 두 부분으로 나누어 보다 더 중요한 부분은 대아베스타(Great Avesta)라 칭하는데, 그것은 위의 제1-3부가 해당된다. 제4-5부는 대아베스타와 같이 제사장들의 소용을 위해서 준비된 것이 아니라 평신도의 기도서이므로 소아베스타라 한다. 소아베스타는 파르시(Parsi) 교의의 특별한 신들, 혹은 천사들을 숭경하는 21개의 기도들과 찬가들로 구성된 야쉬트(Yashts), 잡다한 의식서인 아프린간(Apringan), 경건적 역서(曆書)와 함께 한 달의 30일을 관장하는 존재들에게 기원하는 시로자(Sirozah), 하루에 다섯 차례 사용될 기도인 가쉬(Gashs),

자연의 능력들에 대한 찬양인 니야이쉬(Nyayish) 등으로 구성되어 있다.

조로아스터교의 사제는 마기(Magi)이며, 그는 신과 교통하기 위해 마술을 사용한다. 이 마기라는 단어는 영어의 마술(magic)의 어원이기도 하다.

4. 조로아스터교의 대표적인 신

1) 아후라 마즈다(Ahura Mazda)

조로아스터는 아후라 마즈다만이 유일한 참 신이라 주장했다. 『아베스타』의 서두에서는 다음과 같이 아후라 마즈다를 칭송한다.

아후라 마즈다, 창조자시여, 그대는 찬란히 빛나고 영광이며, 그 무엇보다 위대하시고 세상에서 가장 뛰어나시며, 지고의 아름다움을 지니셨고 가장 굳고 지혜로우시며, 완전하시며 가장 자비로운 신이시로다.[160)]

또한 「가타(Gathas)」에서는 아후라 마즈다가 다음과 같은 속성을 가지고 있다고 한다.

창조자(야스나 31:7, 11; 44:7; 50:11; 51:7)
만물을 통찰하시는 분(야스나 31:13; 42:2)

---

160) Max Müller, ed., *Secret Books of the East*, 31:195, 196.

전지자(야스나 31:13; 45:3; 48:2, 3)
가장 강하고 위대하신 분(야스나 28:5; 33:11; 45:6)
친근하신 분(야스나 31:21; 44:2; 46:2)
정의와 의의 근원이신 아샤(Asha)(야스나 44:3; 47:2)
선의 근원이신 보후 마나(Vohu Manah)(야스나 31:8; 45:4)
온정을 베푸시는 후대(Hudae)(야스나 45:6; 48:3)
자비로운 스펜타(Spenta)(야스나 43:4, 5, 7, 9, 11, 13, 15; 44:2; 45:5; 46:9; 48:3; 51:10)
가장 풍요로운 신, 스페니쉬타 마인유(Spenishta Mainyu)(야스나 30:5)[161)]

2) 앙그라 마인유(Angra Mainyu)

아후라 마즈다가 비록 최고의 신이지만, 그에게는 강력한 힘을 가진 적대자가 있는데 그가 곧 '악(惡)의 신'인 앙그라 마인유(Angra Mainyu), 혹은 아리만(Ahriman)이다. 태초로부터 이 두 주신(主神)들은 생각과 말, 그리고 행동까지 정반대여서 각기 선과 악으로 나타났다. 두 세력은 항상 팽팽하게 대립해 왔으며, 그들의 투쟁은 종말에 이르기까지 계속될 것이다. 이 두 신 중에서 거짓의 신은 항상 가장 악한 일들만을 취하여 행하지만, 지고의 거룩한 신은 의(義)만을 선택한다.[162)] 따라서 의를 따르는 자들에게는 낙원이 예비되어 있고, 거짓을 따르는 자들에게는 지옥이 기다리고 있다.

---

161) Robert E. Hume, *The World's Living Religions* (New York : Charles Scribner's Sons, 1959), 210.
162) James Hope Moulton, *Early Zoroastrianism* (London : Constable and Company, 1913), 349. Yasna 30:3-5.

아후라 마즈다	앙그라 마인유
아후라 마즈다 (Ahura Mazda, 빛과 지혜의 신)	앙그라 마인유 (Angra Mainyu, 어둠의 왕)
아샤 바이쉬타 (Asha Vaishta, 정의, 질서와 진리) : 불과 힘	드뤼 (Druj, 거짓됨)
보후 마나 (Vohu Manah, 선한 심성, 선한 사상, 선한 성향) : 동물의 세계	아켐 (Akem, 악한 심성)
크샤트라 (Kshatra, 권능, 통치) : 금속과 광물	두쉬 크샤트라 (Dush-Kshatra, 비겁)
스펜타 아르마이티 (Spenta Armaiti, 사랑, 헌신, 인휼, 경건) : 땅	타로마이티 (Taromaiti, 거짓된 위장)
하우르바타트 (Haurvatat, 완전, 안녕, 건강) : 땅	아베타트 (Avetat, 고통)
아메레타트 (Ameretat, 불멸성, 영생) : 초목	메레딘 (Merethyn, 멸망)

조로아스터교의 교리는 아메샤 스텐타스(Amesha-Stentas)라고 알려진 아후라 마즈다와 앙그라 마인유의 일곱 가지 특성을 나열하고 있다. '은혜로운 불멸자'라고 불리는 아후라 마즈다의 속성들은 인간의 선한 행위를 비롯한 세상 모든 만물 속에 상징적으로 나타나 있다고 본다. 아후라 마즈다와 앙그라 마인유의 속성은 「가타(Gathas)」에 기록되어 있다.

천사장은 위의 속성들을 각각 따로 가지고 있는데, 예를 들어 아샤(Asha)는 정의, 질서, 공의의 임무를 띤 천사장이다. 이러한 속성이 때에 따라서 사람들에게 신적 은사로 주어진다.

5. 조로아스터교의 사상

1) 이원론 사상

페르시아의 중요한 종교사상은 선신과 악신의 투쟁에서 이 세상이 창조되고 전개된다는 것이다. 가령 선신인 아후라 마즈다가 광명의 빛을 창조할 때 악신 앙그라 마인유는 흑암을 만들고, 선신이 선과 정의를 내리면 악신은 악과 거짓으로 맞선다. 이러한 페르시아의 사상은 조로아스터교에도 그대로 적용되었는데, 이 세상과 우주, 인간은 언제나 선과 악, 천국과 지옥이라는 이원론적 구도 속에 있다고 한다. 조로아스터교는 선신을 숭배하고 악신을 멀리할 것을 가르치고 있다. 만약 선신을 숭배하지 않고 악신을 섬길 경우 최후의 승리에서 선신으로부터 은혜를 입지 못할 것이라고 한다.

2) 세계관 및 역사관

조로아스터의 세계관은 빛과 어둠, 선과 악의 대립구도를 기본으로 하는 이원론적 세계관이다. 이러한 대립구도에서는 투쟁이 불가피하며, 인간 세상도 이에 종속적으로 따라갈 수 밖에 없다. 후기 조로아스터교의 우주론은 세계의 역사를 3천년씩 4기로 나눈다.[163)]

제1기는 아후라 마즈다가 정신적 창조를 한 시기인데 창조된 모든 것이 3천년 동안 감촉할 수 없는 영체로 있어 아무

---

163) *Britannica Encyclopedia of World Religions*, 1166.

생각도 없고 아무 활동도 없기 때문에 파괴되거나 부패되지 않았다.

제2기의 3천년은 아후라 마즈다가 물질적 창조를 한 시대인데 한편에서는 앙그라 마인유가 악의를 가지고 선신이 창조한 것을 혼란케 하였다.

제3기의 3천년 동안은 앙그라 마인유가 인간 사회에 나타나 아후라 마즈다의 세력에 대항한다. 선신이 창조한 질서를 혼란케 하고 광명을 어둡게 하며 건강을 질병으로 바꾸고 평화를 전쟁으로 어지럽게 하며 선의의 세력을 죄악으로 가리려 한다. 이 시기가 거의 끝날 때에 이르러 선신은 조로아스터라는 성자를 세상에 나게 한다.

제4기의 3천년 동안은 조로아스터와 그가 가르친 조로아스터교가 이 세상을 구원하는 기간이다. 그들은 미래의 구주 소쉬안트를 대망한다. "세상의 종말이 오기 전에 각각 1천년의 간격으로 세 명의 구원자가 나타날 것이다. 아오쉐다르(Aushedar), 아오쉐다르-마(Aushedar-Mah), 그리고 소쉬안트(Soshyant)는 조로아스터의 초자연적인 후예이다."[164] 그들이 구원자로 세상에 나타나 모든 악령을 제재하여 활동하지 못하게 하며 죽은 자들을 다시 일으키고 모든 물질을 새롭게 하여 이 세계가 새 하늘, 새 땅이 되게 할 때에 앙그라 마인유와 거기에 속한 악령들은 다 지옥에 갇힐 것이다.

조로아스터교는 선이 궁극적으로 악을 이긴다는 것을 가르치는 종교들 중의 하나이다. 조로아스터교 신자들은 세상의

---

164) Robert E. Hume, *The World Living Religions*, 216-217.

종말에는 악한 자들에 대한 심판과 의로운 자들에 대한 보상이 있게 될 것이라고 믿는다.

3) 영혼관

조로아스터교 신자들은 모든 사람이 전세(前世)에 다 암영(暗影)의 형태로 존재하다가 이 세상에 태어나면서 구체적으로 체현(體現)되고, 사망할 때 정령이 육체의 결속 상태에서 해방된다고 믿었다. 사람이 죽으면 몸은 '고요의 탑(Tower of silence)'에 옮겨져서 독수리에게 쪼아 먹히지만 그 영혼은 영원히 살아 존재한다. 그래서 장차 부활의 시간이 오면 영혼이 육체와 다시 결합하는데, 이때 모든 사람이 육체로 있는 동안에 행한 일에 대하여 심판을 받게 된다는 것이다.

4) 내세관 및 구원관

아후라 마즈다의 예배자들은 내면적으로 순전한 예배와 외면적으로 윤리적인 생활을 해야 한다. 이러한 가르침을 충성스럽게 지키는 자는 이생의 삶에서 행복을 누리고 내생에서도 즐거울 것이며, 악행과 거짓말하는 자들의 고통은 영속할 것이라고 한다. 「가타」에서는 사람이 죄를 지으면 내세에 반드시 형벌을 받게 되어 있다고 강조한다. 이는 죄인들을 악한 길에서 돌아서게 하려는 계획적인 시도이다. 모든 사람의 영혼은 그 행위의 선악을 심판하는 불을 통과할 것이다. 즉 불 자체가 모든 사람의 행위의 선악을 선언하는 것이다.

조로아스터교의 구원관에는 속죄에 해당하는 내용이 없다.

이들은 신께 기도하면서 신의 이름 아후라 마즈다를 세 번 부르면 죄를 용서받고 구원을 얻는다고 믿는다.

5) 도덕관

고대의 조로아스터교가 후대에 파르시(Parsee)교로 이어져 내려오면서 그 성격이 도덕적, 율법적 종교로 변하였다. 조로아스터는 몸과 혼의 순결을 중요시한다. 그들이 도덕에서 강조하는 내용은 순결한 생각, 순결한 언어, 순결한 행위이다. 이 밖에도 경건, 순결, 성실, 근로의 네 가지 도덕률이 있다. 파르시들 가운데 부자가 많은 것은 근면을 강조하는 도덕관의 영향인 듯하다.

6. 조로아스터교의 의식

1) 예배의식

조로아스터교는 광명과 불의 종교이며, 인도에서는 배화교(拜火敎)라고 부른다. 이처럼 불을 숭배하는 조로아스터교의 신전의 제단에는 항상 불이 타오르고 있다. 이 불은 백단향이라는 나무를 넣어서 꺼지지 않게 한다. 제사장은 매일 신전에 들어가 불을 피우고 노래를 부르며 주문을 외운다. 신성한 불에 접근할 때에 제사장은 모자를 쓰고 손에 긴 장갑을 끼고 두꺼운 베수건으로 입과 코를 싸매어 입김과 콧김이 불에 섞이지 못하게 한 후, 금으로 된 부젓가락으로 연료를 집어넣는다.

조로아스터교에서는 불을 정의의 상징이자 최고신 아후라 마즈다의 속성 가운데 하나인 아샤(Asha)가 겉으로 나타난 것으로 받아들였다. 하지만 조로아스터교가 불 자체를 숭배의 대상으로 삼는 것은 아니다. 단지 다른 종교들보다 불을 더 강조하고 자신들의 대표적 성물로 삼았기 때문에 불을 숭배하는 것처럼 보이는 것뿐이다. 조로아스터교에서 불을 대표적인 성물로 삼은 것은 불에서 나오는 빛, 따스한 온기, 에너지들을 초월자의 형상으로 간주했기 때문이다. 특히 조로아스터는 아후라 마즈다의 계시를 받은 뒤 불의 의미를 새롭게 규정했다. 그는 불을 단지 신기하고 신비로운 것이 아니라, 우주의 근원을 나타내는 초월적인 그 무엇으로 인식했다. 이것을 계기로 조로아스터교에서 불은 단순한 성물의 범위를 넘어 종교적 의미를 지니게 되었다. 또한 모든 것을 태워 없애는 불은 정화의 의미를 지니고 있기 때문에 악을 행한 자를 사후에 다시 정결하게 만드는 도구로 받아들여졌다.

페르시아 제국 이전에는 거룩함의 상징인 불을 실외에서만 피웠다. 그리스 문헌에 보면 조로아스터교도들은 산이나 넓은 평원에서 예배를 드렸다고 기록되어 있다. 그러나 페르시아 제국이 멸망한 후에는 실내 성전에서도 예배를 드렸는데, 이런 관습은 메소포타미아 종교에서 유래된 것으로 보인다. 석유가 많이 묻혀 있던 지역이기 때문에 땅 속에서 불이 솟아오르는 곳에 사원을 짓는 경우도 있었다.

조로아스터교는 사산 왕조(250–650) 시대에 소아시아에서 중국에 이르는 넓은 지역까지 퍼져 나갔다. 전성기에는 조로아스터교의 불이 근동 전역은 물론 아르메니아와 중앙아시아를 뒤덮을 정도였다. 그러나 이슬람교가 세력을 확장하자 불의 사원은 점점 사라져갔다. 불의 사원은 모스크로 바뀌었고, 불이 타오르던 놋그릇은 자취를 감추었다. 10세기경 조로아스터교도들은 불씨를 들고 인도 남부 지역으로 이주해 그곳에서 면면히 불을 지켜나갔다.

제사장은 매일 다섯 번 신전에 들어가 거룩한 나무에서 나오는 즙에 우유와 성수를 섞어 소마제를 바쳤다. 또한 밀가루로 만든 떡과 과자에 버터나 기름을 섞어서 희생제를 바쳤다. 이러한 제사를 8명이 진행하였는데, 2명씩 짝을 지어 찬송을 부르는 자, 음료 소마를 바치는 자, 우유를 제물 위에 붓는 자, 제단 위에 불을 사르는 자의 역할을 맡았다. 그러나 현재는 간소화되어 단 2명의 제사장이 이 모든 과정을 담당한다.

2) 새 제사장 세우기

새 제사장을 세우는 의식은 7-11세 사이에 이루어지며, 제사장직을 계승할 소년의 집이나 화신전 인근의 집회당에서 행한다. 의식 중 제사장은 아이에게 '수드라(Sudra)'라는 성의(聖衣)를 입혀주고 '쿠스티'라고 부르는 성대(聖帶)를 허리에 세 번 감아준다. '수드라'에는 '의의 전대(purse of righteousness)'라는 주머니가 달려 있는데, 파르시들은 그것을 '가리얀(gariyan)'이라 하고 매일 그것을 살펴서 긍휼의 의로운 행위를 확인한다.

'쿠스티'를 허리에 세 번 감는 것은 선한 생각, 선한 말, 선한 행동을 상징한다. 이것의 전후면을 각각 두 매듭으로 묶어서 불, 흙, 공기, 물의 4가지 기본 원소를 표시한다. 노끈 자체는 72사로 만들어져 있는데, 이것은 「야스나」가 전체 72장으로 되어 있는 것과 같다. 남자들과 같이 여자들도 성의와 성대를 착용하며 그것들이 신체와 영혼을 함께 악령의 권능으로부터 보호한다고 믿는다.

3) 순결의식

각종 절기, 혼례의식, 산모의 정화, 축제일 등 모든 행사에는 순결이 강조된다. 조로아스터교에서는 죽은 사람의 시체를 불결한 것으로 본다. 시신의 매장은 땅과 물을, 화장은 불과 공기를 오염시키는 일이라고 믿는다. 그렇기 때문에 이를 담당하는 하급 제사장들이 시체를 산꼭대기 위에 높이 세운 '고요(침묵)의 탑' 다크마(dakhma)[165] 난간에 두어 독수리들로 그것을 먹게 한다. 또한 그들은 일 년에 두 번씩 남은 뼈들만 모아서 다크마의 중앙 우물에 넣어 원소작용으로 가루가 되게 한다.

7. 근대의 조로아스터교

3,000년 전 조로아스터교를 잉태한 고대 페르시아 제국은 지금은 대표적인 이슬람(쉬아파) 국가이다. 따라서 조로아스터

---

165) 다크마(dakhma)는 '고요의 탑'이라는 뜻의 아베스타어이다. 조로아스터교의 종교의식에 따라 시체를 처리하기 위해 언덕에 세운 장례용 탑으로 벽돌이나 돌을 약 8m 높이로 쌓아올린 이 탑에는 시체를 올려놓는 받침대가 설치되어 있다.

교는 그 발원지에서 자취를 찾아볼 수 없다. 페르시아는 BC 333년 알렉산더에 의해 멸망했고, 7-8세기에 다시 아랍의 침입을 받았다. 무슬림들이 개종을 강요하자 조로아스터교인들은 신앙을 지키려고 인도로 피하였고, 1,300년이 지난 오늘까지 인도에서 옛 전통 그대로 '작은 페르시아'를 구축해오고 있다.

인도에서 조로아스터교인은 '파르시(Parsee)'[166]라고 불린다. 교인은 전세계를 통틀어 약 20만 명 정도이며 인도 중부 뭄바이(봄베이)에 밀집해 있다. 이외에 이란에 몇 천 명이 있으며, 북미주와 영국, 동부 아프리카와 홍콩 등지에 좀 더 적은 수의 공동체가 모여 있다. 그러나 추종자의 수가 적음에도 불구하고, 조로아스터교의 풍부한 이념은 세계의 종교문화 영역에 많은 영향을 끼쳤다.[167] 그들은 타종교로부터 개종한 자들을 입교시키지 않기 때문에 신자 수가 점점 줄어들고 있는 상황이다.

8. 조로아스터교에 대한 평가

조로아스터교의 신관은 기독교의 그것과 유사하지만, 양자 간에는 몇 가지 주요한 차이점들이 있다. 아후라 마즈다는 전능한 신이 아니라 단지 악의 신인 앙그라 마인유와 팽팽히 대

166) '파르시'(Parsee)는 '페르시아에서 온 사람'이란 뜻이다.
167) Richard Cavendish, *The Great Religions* (New York : MacMillan Company, 1980), 125.

립할 만큼의 힘을 가진 신에 불과하다. 즉 아후라 마즈다와 앙그라 마인유는 힘에 있어 동등하며 그 존재에 있어서 똑같이 영존한다. 그러나 성경의 하나님은 유일한 전능자이신 반면에 대적자 사단은 단지 피조물일 뿐이며,[168] 전능하지 않고 영존하지도 못한다. 또한 조로아스터교의 영혼관은 전세(前世)를 말하고 영육이원론을 언급하나 성경은 이러한 관점을 배격한다.

조로아스터교는 사람이 선행으로 신의 호의를 살 수 있다고 믿는다. 조로아스터교는 선한 자와 악한 자의 차이를 상대적으로만 판단하고 있기 때문에 인류의 죄 문제에 대한 해답이 없다. 또한 조로아스터의 구원관에는 속죄에 해당하는 내용이 없다. 그들은 신에게 기도하면서 신의 이름 아후라 마즈다를 세 번 부르면 죄를 용서받고 구원을 얻는다고 믿는 모호한 신앙을 가지고 있다. 조로아스터교는 내면적으로 순전한 예배와 외면적으로 윤리적이고 바른 생활을 해야 이생과 내생에 복이 있을 것이라고 말한다. 하지만 성경은 어느 누구도 스스로의 노력으로는 하나님의 뜻에 합당하게 행할 수 없다고 가르친다. 그렇기 때문에 인류의 죄 문제를 해결하기 위해 예수 그리스도가 십자가에서 죽음을 당하셔야만 했던 것이다.[169]

조로아스터교는 성경에서 단호하게 거부하는 마술적이고도 미신적인 의식들을 포함하고 있다. 조로아스터교의 예배에서

168) "네가 지음을 받던 날로부터 네 모든 길에 완전하더니 마침내 불의가 드러났도다"(겔 28:15).

169) "죄의 삯은 사망이요 하나님의 은사는 그리스도 예수 우리 주 안에 있는 영생이니라"(롬 6:23). "이 뜻을 따라 예수 그리스도의 몸을 단번에 드리심으로 말미암아 우리가 거룩함을 얻었노라"(히 10:10).

는 일종의 환각제인 소마(soma 혹은 haoma)라는 음료수를 마시는 관행이 중심적인 예식이다. 이에 반해 성경은 어떠한 형태의 마술적인 요소도 단호히 금지하고 있다.[170)]

조로아스터교의 예배는 신과의 교제가 없는 형식적인 의식이다. 이는 곧 그들이 숭배하는 아후라 마즈다가 비인격적인 신이라는 사실을 증명해 주는 것이다. 그러나 기독교의 하나님은 인격적이시기 때문에 신자들이 온 마음을 다하여 신령과 진정으로 드리는 예배를 받으신다.[171)]

170) "그의 아들이나 딸을 불 가운데로 지나게 하는 자나 점쟁이나 길흉을 말하는 자나 요술하는 자나 무당이나 진언자나 신접자나 박수나 초혼자를 너희 가운데에 용납하지 말라 이런 일을 행하는 모든 자를 여호와께서 가증히 여기시나니 이런 가증한 일로 말미암아 네 하나님 여호와께서 그들을 네 앞에서 쫓아내시느니라"(신 18:10-12).

171) "하나님은 영이시니 예배하는 자가 영과 진리로 예배할지니라"(요 4:24).

제 10 장
유대교

1. 유대교의 명칭과 기원

유대교는 기독교가 뿌리를 내리고 있는 전신이며 모태이다. 유대교는 오랜 역사를 지내오면서 많은 변화를 겪었다. 때로는 신령과 진정으로 하나님을 섬기면서 신실하신 하나님과 매우 밀접한 관계를 유지하기도 했으나, 하나님께 약속한 것을 어기기도 하고 하나님의 뜻에서 멀리 떠나기도 하였다. 특히 유대인들은 인격적인 구세주 예수 그리스도를 통해 나타난 하나님의 크고 비밀한 계시와 선물을 거부하고 있다.

그러나 유대교가 기독교의 신앙에 커다란 공헌을 하였다는 사실을 부정할 수는 없다. 우리는 아브라함의 육적인 후손인 유대인들이 우리와 마찬가지로 아브라함으로부터 영적인 유산을 물려받았다는 사실을 인정해야 하며, 또 그들이 진정한 신앙을 깨닫게 되기를 기도해야 한다. 유대교는 그 신봉자들이 가진 편협한 배타주의와 종족적 편견 때문에 한 국가적 종교로 고정화되어 있다.

1) 유대인과 유대교의 명칭

유대인들은 처음에는 히브리인들이라고 불렸다. 이 말은 그들의 조상 '에벨(Eber)'이라는 이름에서 나온 명칭이다.[172] 유대인들은 셈족인데, 셈이라는 명칭은 노아의 아들 셈에게서 나온 것이다. 그리고 '유대인'이라는 말은 야곱의 아들 중 하나인 유다가 12형제 중에 대표자 역할로 중요한 지위를 가졌고 또 12지파 중에 가장 큰 지파였으며, 다윗 왕조가 유다지파에서 일어났으므로 12지파를 총칭하여 유대 민족이라고 부르게 되었다. 유대인들이 사는 지역을 팔레스틴이라고도 하는데 이는 옛날 그 지방에 블레셋 민족이 살았으므로 생긴 명칭이다. 현재의 이스라엘은 과거 수천 년 동안 세계 각국에 흩어져 있던 유대 민족이 1948년에 독립국가를 세운 것이다.

유대인은 셈어족에 속하며 본래는 히브리어를 사용했으나 BC 6세기 이후 아람어를 사용하였다. 유대라는 명칭은 바빌론 유수 뒤 이스라엘인(히브리인)의 총칭이 되었다. 현재 유대인의 수는 약 1,400만 명이다.[173] 전체 유대인 수는 큰 변동이 없고 현재 이스라엘에 약 710만 명이 살고 있으며[174] 나머지

---

172) 요세푸스는 '히브리'란 명칭을 그들의 선조 에벨(Eber 혹은 Heber)에서 유래된 것으로 생각한다[참고. "셈은 에벨 온 자손의 조상이요 야벳의 형이라 그에게도 자녀가 출생하였으니"(창 10:21)]. William Whiston, tr., *The Works of Josephus* (Grand Rapids : Kregel Publications, 1981), 32.

173) Willard G. Oxtoby, *World Religions : Western Traditions* (Oxford : Oxford University Press, 2002), 36. 전세계 유대인의 총수는 큰 변동이 없다고 한다.

174) 이 수치는 한국일보 2010년 12월 3일자 지평선 칼럼에서 제시된 것이다.

다수는 북아메리카에 살고 있고, 러시아와 유럽에 수백만 명 등 여러 나라에 퍼져 있다. 유대인은 하나님이 아브라함과 맺은 언약을 통해서 선택된 민족으로, 가시적 표징인 할례를 받은 사람들이다. 현대에는 아버지가 유대인일 경우 할례를 받아야만 유대인으로 인정하지만, 어머니가 유대인일 경우에 그 자손은 무조건 유대인으로 인정한다.

유대교를 의미하는 '유대이즘(Judaism)'은 유대교, 혹은 유대주의라고 번역된다. 유대교라 할 때에는 유대 문명의 영적인 양상, 다시 말해 유대종교를 의미하여 천지만물의 창조자인 유일신 여호와를 신봉하면서, 스스로 하나님의 선민(選民)임을 자처하며 메시아(구세주)의 도래 및 그의 지상천국 건설을 믿는 유대인의 종교를 지칭한다. 그리고 유대주의라 할 때에는 유대민족이라 불리는 한 역사적 집단의 과거와 현재에 이르는 하나의 문명을 의미한다. 그래서 광의적으로 유대교란 이스라엘 백성의 종교, 문화, 법적인 전승 내지 문명을 총체적으로 가리키는 표현이다.[175] 하지만 유대적 특성의 고수(Jewishness)는 유대인 풍의 삶을 사는 것이지만 하나님을 거부하는 것이고, 유물론이나 민족주의 못지않게 우상이 될 수 있다.[176]

유대이즘의 가장 근본을 이루는 성경 구절은 흔히 쉐마(Shemah)로 알려진 신명기 6:4-9이며[177] 미쉬나(Mishinah)[178]의

175) 김경래, 『유대인의 보고』(전주 : 전주대학교출판부, 1997), 9.

176) Longworth ed., *Confrontation with Judaism* (New York : Bloch, 1967), 47.

177) 신명기 11:13-21, 그리고 민수기 15:37-41도 쉐마의 부분들이다. 그러나 일반적으로 신명기 6:4-9절이 잘 알려져 있으며, 그 말씀은 다음과 같다. "이스라엘아 들으라 우리 하나님 여호와는 오직 하나인 여호와시니 너는 마음을 다하고 성품을 다하고 힘을 다하여 네 하나

처음 시작은 이 성경 구절들을 해석함으로 시작된다. 유대인들은 오늘날에도 아침과 저녁, 하루에 두 번씩 이 성구들을 암송한다.

2) 유대교의 기원

유대교의 기원은 정해진 것이 없고 관점에 따라 몇 가지로 살펴볼 수 있다.

첫째로, 유대인의 민족적 관점에서 유대교의 기원을 보는 입장이다. 유대인들은 자신들의 시조를 구약성경에 언급된 족장사에서 찾고 있다. 유대교의 기원을 아브라함으로 보는 이유는 아브라함으로부터 다신교에서 유일신교로 신앙관점이 바뀌었으며, 하나님이 아브라함을 선택하고 부르셔서 큰 민족을 이루게 하시겠다고 언약을 맺으셨기 때문이다. 따라서 유대교는 아브라함을 그들의 시조로 보며 그를 유대교의 기원으로 삼는다.

둘째로, 유대교의 언약사상과 선민의식에서 유대교의 기원을 보는 입장이다. 아브라함의 시대에 다신교에서 유일신교로 전환은 했지만 여전히 유목민족으로 언약과 선민의식이 구체적으로 정착되지 못했다. 그러나 모세 때에 이르러 애굽에서

님 여호와를 사랑하라 오늘날 내가 네게 명하는 이 말씀을 너는 마음에 새기고 네 자녀에게 부지런히 가르치며 집에 앉았을 때에든지 길에 행할 때에든지 누웠을 때에든지 일어날 때에든지 이 말씀을 강론할 것이며 너는 또 그것을 네 손목에 매어 기호를 삼으며 네 미간에 붙여 표를 삼고 또 네 집 문설주와 바깥 문에 기록할지니라."

178) 성문 토라와 함께 전해진 구전 토라를 말한다. 본장 2. 유대교의 경전 부분에 좀 더 설명되어 있다.

의 430년간의 노예생활에서 해방됨으로 여호와 하나님의 역사를 경험하게 되었다. 후에 시내산에서 십계명이 주어짐으로 선민으로 구체화 되었는데, 이는 계명의 가시적 행위의 표현인 희생제물, 제사장, 성막제도가 계시되었기 때문이다. 또한 신관에 대한 변화도 볼 수 있는데, 아브라함, 이삭, 야곱 등의 족장 때에는 하나님께서 자신을 '엘 샤다이(El-Shaddai, 전능하신 하나님)'로 나타내셨는데, 모세 때 이르러서는 '여호와(스스로 있는 자)'로 자신을 나타내시므로 계시가 진전되고 있음을 볼 수 있다.[179)]

셋째로, 유대교에 윤리적 유일신관의 토대를 마련한 선지자의 전통에서 유대교를 보는 입장이다. 이스라엘의 예언자들의 활동은 솔로몬 사후 왕국이 분열되면서 북쪽 이스라엘과 남쪽 유다로 나뉘게 되는데, 북 이스라엘이 BC 722년에 앗수르에게 멸망당하고, 남 유다가 BC 586년에 바벨론에게 멸망당할 때까지 계속되었다. 하나님께서는 이스라엘 백성에게 언약을 상기시키기 위해 선지자들을 보내셨다. 그들은 우상숭배와 부패하고 타락한 사회상에 대해 경고하였다. 그렇지만 하나님의 선민이요 언약의 백성인 이스라엘이 돌이켜 계명을 준수한다면, 시온산에 예루살렘이 회복되고 다윗과의 언약이 회복되며 메시야의 도래가 앞당겨질 것이라고 선포하였다. 이처럼 선지자들의 중심 메시지는 하나님의 선택과 언약백성으로

179) "아브람의 구십구 세 때에 여호와께서 아브람에게 나타나서 그에게 이르시되 나는 전능한 하나님이라 너는 내 앞에서 행하여 완전하라"(창 17:1). "하나님이 모세에게 이르시되 나는 스스로 있는 자니라 또 이르시되 너는 이스라엘 자손에게 이같이 이르기를 스스로 있는 자가 나를 너희에게 보내셨다 하라"(출 3:14).

서 그 계명을 준수하는 것을 강조하였다.

넷째로, 유대교의 제도와 경전과 의례가 확립된 시기를 유대교의 기원으로 보는 관점이다. 이 시기는 바사왕 고레스가 바벨론을 정복하고 포로 귀환조서를 내린 이후 귀환한 히브리인들과 본국에 거주하고 있던 히브리인들 사이의 갈등으로 성전 재건이 15년간 중단되었다가 학개와 스가랴에 의해 성전 건축이 재개되었던 때이다. 결국 BC 515년에 성전 건축을 완공하였지만, 정신적으로는 여전히 정통성 시비가 상존하고 있었다. 이러한 상황에서 에스라와 느헤미야의 대대적인 개혁이 시작되어 백성에게 율법을 가르쳤다. BC 414년에 가나안 종교에 익숙한 본국의 거주민들을 한 곳에 모아 놓고 레위기를 읽어주면서 여호와의 율법과 제사의례를 지킬 것을 맹세하도록 하였다. 이때 바벨론에서 귀환한 자들이 유대인이라는 칭호를 얻게 되었다.

이 같이 에스라 시대에 개혁정책을 통해 유대교의 본격적인 기초를 확립한 것을 유대교의 시작으로 보는 견해가 지지를 받고 있다.

2. 유대교의 경전

유대교의 경전은 구약성경이다. 그 내용은 개신교의 구약 39권과 같지만 권수는 24권으로 통합되어 있다. 유대인들은 구약성경이 하나님의 계시로서 자신들뿐만 아니라 온 인류에게 계시하신 말씀으로 믿고 있다. 구약성경은 BC 15세기경부터 BC 4세기경에 걸쳐 여러 사람들을 통해 기록된 책이다. 창세기에서 말라기까지 24권으로 구성된 유대인들의 구약성경은 그 내용만큼이나 집성과정이 정확하며, 90년 팔레스타인 얌니아에서 랍비들이 모여 정경으로 결정한 경전이다. 유대교의 경전의 명칭은 율법(Torah)과 예언서(Nebiim)와 성문서(Kethubim)이다.

유대교 경전의 구분

A. 율법(律法, 모세五經)

1. 창세기(創世記)
2. 출애굽기(出埃及記)
3. 레위기
4. 민수기(民數記)
5. 신명기(申命記)

B. 예언서(豫言書)

역사문학

6. 여호수아
7. 사사기(士師記)
8. 사무엘
9. 열왕기(列王記)

4 **대예언서**(四大豫言書 : 10–12와 22)

10. 이사야

11. 예레미야

12. 에스겔

13. 십이 소예언서

1) 호세아

2) 요엘

3) 아모스

4) 오바댜

5) 요나

6) 미가

7) 나훔

8) 하박국

9) 스바냐

10) 학개

11) 스가랴

12) 말라기

C. 성문서(聖文書)

14. 시편(詩篇)

15. 잠언(箴言)

16. 욥기

오축(五軸 : 17–21)

17. 아가(雅歌)

18. 룻기

19. 애가(哀歌)

20. 전도서(傳道書)

21. 에스더

22. 다니엘(4 대예언서의 한 권)

23. 에스라 느헤미야

24. 역대기(歷代記)

유대교의 경전화 과정은 먼저 모세오경인 율법(Torah)부터 시작된다. 토라는 BC 400년경에 정경이 된 후 '율법', '모세의 율법', '모세의 율법책' 등으로 불렸으나, 유대인들이 율법(Torah)이라고 칭했다. 예언서(Nebiim)는 오경의 연속적 의미를 지니면서 가나안 점령에서 바벨론의 포로기까지의 역사를 다루며, 주로 이스라엘의 역사를 종교적 의의를 중심으로 언급하고 있다. 세 번째 부분은 성문서(Kethubim)이다.

이러한 배열은 경전으로서의 권위의 정도를 반영하는 것이므로 중요하다. 유대인들에게 토라는 지극히 절대적이고 완전한 영감을 받은 것이어서 모든 글자와 구절이 신적인 표적을 가지고 있는 것으로 간주된다. 하지만 예언서는 그보다 약간 덜한 정도의 영감이 주어진 것이고, 성문서는 더욱 덜한 영감이 주어진 것으로 생각한다.[180)]

이처럼 히브리 경전을 확정한 랍비들은 계속해서 유대의 구전 전승들을 편집하기 시작하여 『미쉬나(Mishnah)』와 『게마라(Gemara)』, 그리고 『탈무드(Talmud)』를 편찬하게 되었다. 그들은 이 같은 경전화를 통해 유대교를 전승, 유지시켰으며 수많은

180) Norman Anderson, *The World's Religions*, 90.

박해 속에서 그들의 미래를 바라보는 창조적인 대응방식을 보여주었다. 이를 통해 '흩어져 있는 유대인들(Diaspora)'의 신앙적 동질성과 결속, 그리고 유대교의 전통을 확립하는 데 기여하였다.

『미쉬나』는 '반복' 또는 '연구하다'는 뜻으로 반복하여 배우는 구전 전통을 일컫는 말이다. 랍비 아키바(유대인 제2차 반란이 진압된 135년경에 순교)가 구전법을 편찬하기 시작하여 210년경 가말리엘(Gamaliel Ⅱ)의 손자 랍비 유다 하나시(Judah ha-Nasi)에 의해서 완성되었다. 이는 당시 이쉬마엘(Ishmael), 아키바(Akiba) 등의 저명한 랍비들이 제시한 토라의 해석과 논쟁들을 주석식으로 기록하고 있다. 이는 구전 율법인 「할라카(Halakkah)」와 「미드라쉬(Midrash)」[181)]를 총망라한 토라의 재해석이다. 약 4,000개의 율법조항을 집대성한 것으로 총 63개의 문서가 523장으로 구성되어 있다.

제1부는 제라임(Zeraim)으로 '씨앗(seeds)'이란 뜻이며 농사에 관한 율법이다.

제2부는 모에드(Moed)로 '계절, 절기(festivals)'라는 뜻이며 안식일에 관한 율법이다.

제3부는 나쉼(Nashim)으로 '여인, 여성(women)'이라는 뜻이며 주로 가족에 관한 율법이다.

제4부는 네지킨(Nezikin)으로 '사범(私犯)'이란 뜻이며 손해배상(Damages)에 관한 율법이다.

제5부는 코다쉼(Kodashim)으로 '거룩한 일, 성물(holy things)'이란

181) 미드라쉬(Midrash)는 성문율법과 구전율법에 대한 주석이다.

뜻이며 성전의식과 음식물에 관한 율법이다.

제6부는 테하로트(Teharoth)로 '청결, 정결의식(purifications)'이란 뜻이며 청결과 부정에 관한 율법이다.

이에 대해 『탈무드』는 "네 시대에 평안함이 있으며 구원과 지혜와 지식이 풍성할 것이니 여호와를 경외함이 너의 보배니라"(사 33:6)라는 말씀을 가지고 『미쉬나』를 다음과 같이 비유적으로 설명한다. "네 시대는 절기이며, 구원은 손해배상이고, 지혜는 거룩한 일이며, 지식은 정결의식이고, 풍성은 여인이다. 무엇보다도 여호와를 경외하는 것은 너의 보배이다."(Shabbat 31a)

『게마라』는 아람어로 '가르침의 완성'이라는 뜻을 가지고 있으며 4세기 말에 집성된 책으로 『미쉬나』에 기록되지 않은 「할라카(Hallakah : 구전율법)」와 「학가다(Haggadah : 율법 이외의 유대역사, 종교, 도덕)」를 모아놓은 책이다.

『탈무드』는 『게마라』 편찬 이후 유대교 역사에서 새로운 기원을 열었다고 평가되는 책이다. 탈무드란 '연구' 또는 '학문'이란 뜻을 지닌 히브리어로 『게마라』와 『미쉬나』를 합쳐 통상 『탈무드 토라(Talmud Torah)』라고 부른다. 탈무드라는 말은 '성경의 종교와 시민법을 확장하고 개발하는 연구'라는 의미에서 유래했으며, BC 300년경에서 AD 500년경까지 『미쉬나』를 해석한 것들을 덧붙여서 대단히 방대한 분량을 이루고 있다. 『탈무드』는 다양한 율법의 자료들과 조문들 그리고 토라에 대한 주석을 포함하고 있다.[182)]

『미쉬나』와 『탈무드』를 여기에 언급한 것은 하시딤(Hasidi

---

182) George W. Braswell, Jr., *Understanding World Religions*, 91.

m)[183]과 정통파에서 이 책들을 토라에 버금가는 권위로 인정하고 있기 때문이다.

3. 토라와 실행

1) 협의(狹義)의 토라

토라는 일련의 양피지 종이를 가로로 연결하고 두 나무 막대기에 말아서 두 개의 원통형으로 만든 문서로서 천지창조로부터 모세의 죽음에 이르는 사건들을 기술하고 있는 구약의 모세오경, 즉 창세기, 출애굽기, 레위기, 민수기, 신명기의 히브리어 원전을 말한다. 토라는 이스라엘 민족의 시작에 대하여 상세히 서술하고 있으며, 족장들의 생애, 애굽에서의 노예생활과 그들의 구원, 그리고 시내 광야에서 그들에게 주어진 하나님의 계시에 대하여 언급하고 있다. 또한 만물의 창조자이며 율법의 수여자이신 하나님에 대한 교리를 생생하게 설명하고 있다.

토라는 정의와 사랑의 도덕적 원리를 개관하고, 의식(儀式)과 성일(聖日)과 축제일을 규정하며, 예배와 경전의 적절한 형식을 지도하고, 교회법, 시민법, 형법의 규범을 알려준다. 또한

---

183) 바벨론에서 귀환한 유대인들 사회에 헬레니즘의 문화가 밀물처럼 들어와서 세속화가 급속히 진행될 때 경건과 충절을 지켜나가려는 사람들을 일컬어 하시딤(Hasidim)이라고 부르게 되었다. 하시딤 중에서 율법주의적, 형식주의적 하시딤으로 흘러간 사람들이 바리새인이고 신비주의적, 금욕주의적인 방향으로 나아간 사람들이 에세네파라고 할 수 있다.

종교, 가정, 사회, 정치의 제도를 규정하므로 유대민족은 '제사장의 나라이며 거룩한 백성'으로서, 이들을 통하여 지상의 모든 민족이 복을 받게 될 것이라는 선민사상을 제시해 준다.

2) 광의(廣義)의 토라

토라는 '안내하다, 가르치다'라는 어원의 동사에서 파생된 히브리어 명사이다. 토라는 문자적으로 오경의 두루마리를 의미하지만, 넓은 안목에서 볼 때 광대하고 다양한 유대 전통의 총체를 말한다. 즉 모세율법에 기초한 랍비적 교훈에서 제시되는 내용들 및 유전에 의해 설정된 유대인의 생활과 실행에 의한 전 양식을 가리킨다.

랍비들은 토라를 크게 두 부분으로 나누는데 성문토라(모세오경)와 구술에 의해 대대로 전해 내려온 불성문토라이다. 랍비적 유전에 의하면 '불성문율법'도 '성문율법'과 동일한 권위를 가진다. 불성문토라는 성문토라의 전통적 해석을 내포하기 때문에 그것과 분리될 수 없다고 한다. 유대인에게 있어서 토라는 성전(聖典)이며, 헤아릴 수 없을 정도의 가치와 영적인 중요성을 지닌다. 토라가 유대인의 삶의 원천이라는 사상은 랍비들의 비유와 설교, 예배의 축도와 아침 기도에서 잘 표현된다.[184]

토라 전체가 하나님에 의하여 계시된 것이기 때문에 유대인들은 그것이 절대적인 진리이며 완벽한 선(善)이라고 믿는다. 토라의 모든 글자는 하나님에 의하여 이스라엘 민족에게 주어

---

184) *The Encyclopedia of the Jewish Religion* (New York : Holt, Rinehart and Winston, 1966), 387.

진 것이며, 계시는 지적이고 도덕적인 절대적 진리를 보장해 주므로 성전(聖典)에 위배되는 주장은 그것을 뒷받침하는 논거가 아무리 설득력 있다고 하더라도 잘못된 것이다. 이것은 이성과 경험이 무가치하다거나 철학과 과학, 그리고 실제의 도덕성이 유용하지 않다는 말이 아니라, 이런 것들보다 인간과 하나님의 관계 속에서 계시가 중요한 위치를 차지하고 있다는 의미이다.

3) 토라의 실행

랍비들은 성문 율법의 명령들을 613개의 항목으로 축소하였다. 그리고 그 중에 365개 항목은 유대인이 하지 말아야 할 소극적인 것들로서 태양년의 날 수와 상응하게 하고, 나머지 248개 항목은 유대인이 하여야 할 적극적인 것들로서 사람의 몸에 있는 248개의 뼈와 동수가 되게 하였다. 이는 유대인이 매일 전심으로 자신의 몸을 드려 율법을 지켜야 한다는 것을 의미한다.

이 많은 교훈들 중에 오경의 첫째 두 계명은 하나님으로부터 직접 주어졌고, 611개의 교훈은 모세의 묵상을 통해 주어졌다고 랍비적 유전은 말한다. 이로 보면 유대교는 신조의 종교라기보다 실행의 종교이다. 랍비적 율법은 유대인의 생활을 요람에서 무덤까지 면밀히 규정한다. 유대인 유아는 난지 8일 만에 할례를 통하여 언약에 참여하고 13세에 바 미츠바(Bar-mitzvah)를 통하여 '계명의 아들'이 된다. 그 순간부터 평생 동안 그는 토라의 약속 아래 묶인다.

율법을 준수하는 유대인들은 자연적으로 이방세계와 구별된다. 특히 음식규례는 유대인을 이방인들뿐만 아니라 율법을 실행하지 않는 유대인과도 식탁교제를 가지지 못하게 한다. 유대인은 각종 고안된 종교적 의무들 – '네 귀',[185] 즉 통상 의복의 네 귀에 술을 만들 것,[186] 수염 끝을 손상치 말 것,[187] 수염 양편을 깍지 말 것,[188] 하나님을 공경하는 뜻으로 모든 보행하는 시간에 모자를 쓸 것, 기도를 위하여 성구함(聖句函)을 휴대할 것,[189] 기도 쇼올(Prayer shawl)을 걸칠 것, 메주자(Mezuzzah)[190]에 관한 율법을 지킬 것, 율법에 맞는 음식을 먹을 것 – 에 구속을 받는다.

율법이 한 교훈을 규정했으면 랍비들은 그것의 세부사항을 정의한다. 예를 들어 율법이 술을 만든 옷을 입을 것을 규정하였으면 랍비들은 실의 수, 매듭의 수, 술들의 길이, 술들의 올바른 착용 등을 정해 놓는다. 한 실례는 안식일 휴식에 관한 문제이다. 율법은 안식일에 일하는 것을 금하였는데, 랍비들은 안식일에 금지되는 노동의 39가지의 주요 구분을 만들어 냈다. 그 가운데는 매는 것, 푸는 것, 두 바늘 뜸을 꿰매는 것, 자모의 두 글자를 쓰는 것, 뜨거운 모래에 계란을 두어 익히는 것 등이 포함된다. 『미쉬나』는 동물들이 안식일에 어떤

185) '네 귀'는 arba Kanfat로 문자적으로 '네 모서리'라는 뜻이다.
186) "입는 겉옷 네 귀에 술을 만들지니라"(신 22:12).
187) "머리 가를 둥글게 깎지 말며 수염 끝을 손상치 말며"(레 19:27).
188) "제사장은 머리털을 깎아 대머리 같게 하지 말며 그 수염 양편을 깎지 말며 살을 베지 말고"(레 21:5).
189) "너는 또 그것을 네 손목에 매어 기호를 삼으며 네 미간에 붙여 표를 삼고"(신 6:8).
190) 신 6:4 이하와 다른 성경 본문을 포함하는 양피지 문서의 작은 두루마리를 말한다. 유대인은 집의 문설주에 이를 붙인다.

종류의 짐들을 질 수 있는지에 대해서도 규정하고 있다.

어떤 율법들은 지나치게 자세히 규정한 랍비적 결의론(決疑論)에 의하여 본래의 목적을 잃어버리게 되었다. 예를 들어 "염소새끼를 그 어미의 젖으로 삶지 말지니라"(출 23:19)는 율법은 동물들을 잔인하게 다루지 말라는 뜻으로 해석할 수 있다. 하지만 랍비들은 동물선대의 율법정신보다는 그 형식에만 집중하여 젖과 고기를 동시에 먹는 것을 금하는 것을 의미한다고 해석하였다. 그리하여 랍비들은 그릇들을 전적으로 분리하여, 고기에 사용된 그릇들과 도구들은 젖 음식에 절대로 쓰지 말아야 하고 젖에 사용된 것들은 고기에 쓰지 말 것을 권고한다. 만일 어떤 사람이 고기를 먹었거나, 고기를 준비한 그릇에서 먹었으면 6시간 이내에는 젖 음식을 먹지 못한다고 규정하였다.[191]

4. 유대교의 분파

BC 2세기경 유대교에 바리새파, 사두개파, 에세네파 등의 분파가 생겼다.

1) 바리새파(Pharisees)

바리새파는 그 근원을 BC 5세기에 바벨론에서 이주하여 나라와 종교를 재건한 스룹바벨, 에스라, 느헤미야에게서 찾는

191) G. Friedlander tr. & ed. *Laws and Customs of Israel*, 96을 박형룡, op. cit., 366에서 재인용.

다. 당시 그들은 이방인을 멀리하고 유대민족을 정화하기 위하여 이방여자와 혼인한 사람들로 하여금 이혼하도록 강요하였다. 바리새파가 완전한 종파의 형태를 갖춘 것은 BC 135년경 마카비 가계인 요한 힐카누스의 시대였다. 마카비 후서에는 시리아 왕 안티오쿠스 4세의 박해에도 굴하지 않고 유대교의 정절을 지킨 독신자들의 집단이 생겼는데, 이들을 앗시데안(Assideans, 경건자) 또는 카시딤(Chasidim, 성도)이라 불렀다는 기록이 있다. 이들이 바리새파(바리새는 구별한다는 뜻)의 전신일 것이라 추정한다. 바리새인들은 이방인을 배척하고 민족을 단합하여 율법을 엄수하고 유전을 존중하였다.

바리새인들은 정치적으로 국수주의를 고수했고 종교적으로는 보수주의를 지켰다. 후에는 처음 구성되었을 때보다 퇴보하여 형식주의와 독선주의에 빠졌으나, 그 중에는 니고데모나 아리마대 요셉과 같은 진실한 사람들도 있었고 바울의 선생인 가말리엘과 같이 정직한 인물도 있었다. 그리스도보다 조금 앞선 시대에 바리새파에 속한 유명한 랍비 두 사람이 있었다. 한 사람은 샴마이(Shammai)이며 엄격파의 수령으로 율법과 유전을 그대로 지키라고 주장하는 보수주의자였고, 다른 한 사람은 힐렐(Hillel)이며 온건파의 수령으로 자유주의에 가까운 인물이었다. 가말리엘은 힐렐에게서 배웠다고 한다.

2) 사두개파(Sadducees)

사두개파는 제사장 사독의 이름에서 온 명칭이며 제사장들이 중심이 되어 조직한 종파로서 역시 마카비 시대인 135년경에 바리새파에 대립하여 일어났다. 사두개파는 정치 당국과 자주 연락하는 제사장들이 중심이 되어 정치적으로는 완화정책을 취하였다. 그리스도 당시에 바리새파는 율법대로 생활하는 동시에 천사와 부활 같은 교리들을 성경에 있는 대로 믿었으나, 사두개파는 로마 관리와의 잦은 교제로 정치적인 관심을 나타내며 이런 종교적 교리들을 경시하고 믿지 않았다. 그러나 유대인의 자치 기관인 공회 곧 산헤드린(Sanhedrin)에서는 두 파의 세력이 비등하여 72명의 의원 가운데 바리새인 중의 랍비, 교법사, 장로가 반 정도 되었고, 나머지 절반은 사두개파의 제사장들이었다.

3) 에세네파(Essenes)

에세네파는 바리새파와 사두개파의 자극을 받아 BC 2세기경부터 AD 1세기말까지 팔레스타인에서 활동한 종파 혹은 형제단이다. 사해의 서해안에 주로 거주했고, 산업을 함께 소유하였으며 노예를 부리는 것과 전쟁에 참여하는 것을 금지하였다. 에세네파는 여자들을 배제한 수도원 공동체를 이루어 재산을 공유했고, 일상생활의 세세한 부분까지도 관리자에게 통제를 받았다. 에세네파의 구성원은 많지 않았다. 비두니아(Bythynia)와 본도(Pontus) 지방의 총독이었던 플리니(Pliny)는 그 당시 에세네파의 수를 약 4,000명으로 추측한다.[192] 에세네파는 바리새파와 마찬가지로 모세율법, 안식일, 정결의식을 철저히 지켰으며 불멸과 죄에 대한 하나님의 심판을 믿었다. 그러

192) *Britannica Encyclopedia of World Religions*, 334.

나 바리새파와는 달리 육체의 부활을 부정했다. 그들은 예외적인 경우를 제외하고는 성전예배에 참석하지 않았고, 은거지에서 육체노동을 하며 지내는 금욕생활에 만족했다. 안식일은 하루 종일 기도하고 토라를 묵상하는 방식으로 지켰다. 맹세는 극히 자제하였는데, 한 번 맹세를 하면 철회할 수 없었기 때문이다. 개종자들은 1년간의 시험기간을 거친 뒤 에세네파 구성원의 표식을 받았으나, 공동식사에는 2년 후에 참석할 수 있었다. 구성원 자격을 갖춘 사람들은 하나님 앞에 경건히 살 것, 사람들에게 정의로울 것, 거짓을 미워하고 진리를 사랑할 것, 에세네파의 모든 교리를 충실히 지킬 것 등을 서약했다.

5. 유대교의 가정과 회당

1) 가정

가정은 유대교인들의 신앙이 실천되는 장이다. 문설주의 메주자(Mezuzzah)는 가정에서 율법이 중요하게 다루어진다는 표시이다. 음식의 규례가 엄격한 유대인에게 가정의 부엌은 유대교의 의식을 실천하는 장소이다. 유월절 기간 동안(니산월 15-22)에는 모든 주방 기구들과 그릇들이 특별히 그 시기를 위한 도자기로 환치되어 누룩의 작은 조각이라도 음식을 더럽히지 않게 한다. 특히 피를 먹는 것을 금지하기 때문에, 율법에 맞는 정결한 고기에 소금을 치고 담그는 일에 가장 신중을 기한다.

회당에서 유월절은 '자유의 축일(hag ha-herut)'이라 부르는

데 실제로는 가정의 축일이다. 유월절을 기념하는 니산월 14일 밤의 연회에는 온 가족이 모여 앉아서 노예생활로부터의 구원을 즐거워한다. 경건한 유대인은 기도 쇼올을 걸치고 성구함을 두르며 조상들의 하나님께 기도하고 식탁의 교제를 나눈다. 또한 유대인 가정에 특별한 의의를 주는 안식일은 금요일 밤 처음 별이 보이는 때 시작되며, 이 안식일을 위한 준비는 아침 일찍 시작한다.

2) 회당(Synagogue)

유대인에게 회당은 신성한 성전이라기보다는 함께 모여 예배를 드리기에 편리한 장소이다. 회당의 가장 중요한 물건은 경건의 상징인 율법의 두루마리이다. 그 양피지의 두루마리는 손으로 쓰고 신중히 검사하여 가장 작은 실수라도 방지하며, 장식품들로 꾸미고 덮개로 싸서 동편 벽(예루살렘을 향한) 휘장 뒤에 안치된다. 이 두루마리를 꺼내어 낭독하는 것이 유대인 예배의 가장 엄숙한 행위이다. 전형적인 회당에는 궤(율법 두루마리들을 보관한 상자), 궤 앞에서 타오르는 '영원한 빛', 곧 2개의 촛대, 교도들이 앉는 자리, 사회자가 토라를 낭독하고 예배를 인도할 때 올라서는 강단(bimah)이 있다.

6. 유대교의 절기

유대인의 성력(聖曆)은 그들을 과거와 연결시키는 중요한 역할을 담당한다. 그들은 절기들을 지킴으로 개인과 집단이 구약시대의 전 역사를 간접적으로 경험한다. 이것은 회당과 구약 전통 사이의 가장 강한 연결고리이다. 또한 성력은 구약 절기들만이 아니라 유대 백성의 여러 역사적 사건들을 모두 포함한다. 절기들을 통해 하나님의 섭리를 깨달을 수 있기 때문에 종교적 의의를 갖는다. 중요 절기들은 다음과 같다.

1) 신년절(Rosh Ha-Shanah)

이 절기는 유대력으로 7월인 티쉬리월(Tishri, 양력 9월–10월경) 1일부터 10일까지의 기간 중에 기념되는 가을축제로, '열흘간의 회개기간'으로 불리며 또한 '심판의 날'로 알려져 있기도 하다. 이 기간에 대심판관 앞에 생명책이 펼쳐지는데, 이때 악인은 생명책에서 지워지고 의인은 생명책에 기록된다고 한다. 쇼파르(Shofar)라는 뿔고동 소리와 더불어 예배가 시작되며, 랍비와 독송자는 흰 성의를 입고 회중들과 함께 언약의 토라를 낭송한다. 이 축제는 무엇보다도 유대력의 신년[193]이 회개의 기간으로 지켜지며, 동시에 그 날이 종말론적 심판의 날과 관련된다는 점에서 유대교가 지닌 종교적 동기를 함축하고 있다.[194]

2) 대속죄일(Yom Kippur)

대속죄일은 티쉬리월 1일에 신년절과 함께 시작되는 '열흘

193) 유대 민간력은 해의 시작을 티쉬리월로 한다. 참고로 유대 종교력은 니산월로 해를 시작하며, 티쉬리월은 종교력으로 일곱 번째 달이다.
194) 한국종교문화연구소, 『세계종교사입문』 (서울 : 도서출판 청년사, 2003), 431.

간의 회개기간'을 마무리 짓는 날(티쉬리월 10일)이다. 이 날을 제정한 목적은 다른 사람들의 죄를 용서해 주고 하나님께 지은 죄를 진심으로 회개함으로써 개인과 집단을 정결하게 하려는 데 있다. 유대교 회중들은 대속죄일 전야와 대속죄일을 기도와 명상으로 보낸다. 전야에는 가락이 아름답기로 유명한 '콜 니드레(Kol Nidre)'를 낭송한다. '콜 니드레'는 한 해 동안 자기 자신에게 한 모든 서약을 무효화하는 선언이다. 이때 회당 공동체는 지난날 맹세하고도 잊거나 지키지 못한 종교적 서약의 짐에서 벗어난다고 여긴다.

대속죄일은 경건한 유대인에게 가장 중요한 날이다. 안식일 중의 안식일(샤바트 샤바톤)로 여겨질 만큼 모든 세속적인 일상이 금지되며 의미 깊은 금식일로 지킨다. 이 절기가 주중(週中)에 해당되더라도 유대인은 일을 완전히 중단하고 욤 키푸르를 엄숙히 지켜야 한다. 이 날은 열흘간의 회개기간의 절정이므로 24시간 금식하면서 회당에서 기도와 회개로 보낸다. '회개'의 히브리어는 '테슈바(teshubah)'로 '돌아옴' 혹은 '전환(轉換)'을 의미한다. 대속죄일은 죄를 자백하고 기도함으로 하나님께 돌아오는 때이다.

대속죄일에 드리는 예배는 아침부터 저녁까지 계속되며, 이 예배에는 토라 낭독과 참회기도문 암송이 포함된다. 유대 설화에 의하면, 새해 첫날 생명책에 이름이 기록되고 속죄일에 그것이 봉인된다고 한다. 마지막 뿔고동이 울릴 때까지 쉬지 않고 금식과 기도, 예배가 계속되어 지극히 경건하고 감동적인 분위기가 고조된다. 공동체의 죄를 나열하면서 속죄를 구하는 대속죄일은 마지막으로 쉐마를 외친 후 "새해는 예루살렘 성전이 재건되게 하소서"라는 기원으로 막을 내린다.

3) 세 순례 절기

유대인들은 "한 해에 세 번씩 모든 남자들이 주 앞에 나타날지니라"[195]고 하신 말씀에 따라 예루살렘을 순례하는 세 절기 유월절, 오순절, 초막절을 지켰다.

(1) 유월절(Pesach)

유대력 니산월(3–4월경) 15일부터 8일간 행해지는 봄축제이다. 유월절은 출애굽기 12장에 기록된 출애굽 사건을 기억하는 절기이다. 유월절 첫 날 해질 무렵, 그 해 봄의 첫 번째 만월이 뜨면 온 가족이 모여 어린양이나 염소새끼를 잡아 마차(Matzah)라는 무교병과 쓴 나물과 함께 나누어 먹는다. 짐승의 피는 우슬초에 적셔 문설주에 바르는데, 이로써 장자의 재앙[196]으로부터 유대 백성을 지켜주신 하나님을 기억한다. 해가 뜨기 전에 급히 음식을 먹은 후 남은 것은 모두 불에 태워버린다. 이 가족예식의 절차를 '세델(Seder)'[197]이라 하며, 세델의 상세한 설명은 『학가다』[198]에 기록되어 있다.

---

195) "너의 가운데 모든 남자는 일 년에 세 번 곧 무교절과 칠칠절과 초막절에 네 하나님 여호와께서 택하신 곳에서 여호와를 뵈옵되 빈손으로 여호와를 뵈옵지 말고"(신 16:16).

196) "밤중에 여호와께서 애굽 땅에서 모든 처음 난 것 곧 위에 앉은 바로의 장자로부터 옥에 갇힌 사람의 장자까지와 생축의 처음 난 것을 다 치시매 그 밤에 바로와 그 모든 신하와 모든 애굽 사람이 일어나고 애굽에 큰 호곡이 있었으니 이는 그 나라에 사망치 아니한 집이 하나도 없었음이었더라"(출 12:29-30).

197) '세델(Seder)'은 문자적으로 '순서(order)'라는 뜻이다.

이 절기에는 출애굽의 전 역사가 대화와 상징적 동작들로 전해진다. 출애굽 사건은 유대인의 삶과 정신 속에 날마다 반복되어야 하는 것으로 각인되어 있으며, 그것은 억압과 속박으로부터의 해방뿐만 아니라 자유롭고 창조적인 정신을 추구한다.

(2) **오순절**(Shavuot)

이 절기는 유대력 시반월(Sivan, 5–6월경) 6일, 즉 유월절 첫째 날 후 50일째 되는 날부터 기념한다. 본래는 고대 농경축제였으나 후대에 바리새인 랍비들에 의해 시내산에서 모세가 토라를 받은 날이라는 의미가 첨가되었다. 따라서 회당에서는 이 절기를 율법을 받은 시기로 여긴다.

아침 예배 후에 룻기가 낭독되어 이방 세계도 이스라엘의 하나님께 간구할 수 있다는 것과, 토라는 보편적 적용을 가진다는 것을 유대인에게 상기시킨다.

(3) **초막절**(Sukkot)

초막절은 추수기의 끝 부분에 있는 연중 마지막 절기로 속죄일 이후 닷새째 되는 날 티쉬리월 15일부터 22일까지의 8일 동안의 기간이며, 이전의 경건한 분위기가 이 날을 기점으로 축제 분위기로 바뀐다. 이 날에 회당은 한 해 동안 주간적(週間的)으로 분배된 토라의 낭독을 완료하고, 곧바로 그것을 처음부터 다시 낭독하기 시작한다. 사람들은 두루마리를 들고

---

198) '학가다(Haggadah)'는 문자적으로 '서술(narration)'이라는 뜻이다.

행진하며, 아이들을 비롯한 모든 사람들이 춤추며 즐거워한다.

초막절에는 경건한 유대인들이 나뭇가지와 이파리로 수카(Sukkah)라는 초막을 짓고, 선조들의 40년 광야생활의 여정과 그들을 지켜주셨던 구속자 하나님을 기억한다. 그리고 종려나무 가지를 비롯한 나뭇가지들을 엮어 흔들면서 호산나를 외치는데, 이는 하나님의 통치와 구원을 노래하는 것이다.

4) 역사적 절기들

모세가 제정하지는 않았지만 유대인의 역사에 있어 매우 중요한 위치를 차지하는 두 절기는 수전절(Hanukkah)[199]과 부림절(Purim)[200]이다. 수전절은 BC 165년 시리아 군에 대한 마카비의 승리 후에 있었던 성전의 재봉헌을 기념하는 날이다. 전설에 의하면, 성전에 하루 분량밖에 되지 않는 한 병의 기름만이 남아 있었는데, 기적적으로 그 기름이 8일 동안 지속되었다. 그리하여 수전절은 광명의 절기로 지켜진다. 유대인 가정마다 수전절 등(燈)이 켜지는데, 매일 밤에 한 촛불씩을 추가하여 여덟 개의 초를 밝히게 된다. 수전절의 안식일에는 다음의 성구를 낭독한다. “이는 힘으로 되지 아니하며 능력으로 되지 아니하고 오직 나의 영으로 되느니라”(슥 4:6).

또한 부림절은 에스더서에 기록되어 있는 대로 하만의 손에서 구출된 것을 기념하여 지키는 날이다. 그 전날은 작은 금식일로 지키나 부림절 자체는 축제의 날이다. 유대인들은

199) ‘수전절(Hanukkah)’은 문자적으로 ‘헌신(dedication)’을 의미하며 시기는 양력 12월로 흔히 크리스마스와 일치한다.
200) 부림절의 시기는 유월절 한 달 전 양력 2-3월경이다.

회당에서 에스더서를 낭독하고 하나님께서 그의 백성을 주권적으로 구출하신 사실을 기억하며 하나님을 찬양한다.

5) 금식일

회당은 속죄일을 비롯하여 금식일들을 지킨다. 중요한 금식일들은 예루살렘 포위의 시작, 성벽에 파열구가 만들어진 날, 첫째 성전과 둘째 성전의 파괴, 그리고 게달리아(그다랴)의 순교를 기념하는 날들이다.[201] 경건한 유대인들은 유월절과 초막절 후 월요일과 목요일에 금식하는 습관이 있다.

7. 유대교의 개인적 종교의례

1) 출생과 유대인

유대인 됨에는 두 가지 보편적인 원칙이 있다. 첫째, 어머니가 유대인이면 그 자식은 유대인이다. 물론 부모가 모두 유대인일 때에는 어느 나라나 어느 지역에서 출생하든 유대인이 된다. 유대교의 풍속과 전통을 지키지 않는 사람일지라도 유대인이 된다. 둘째, 유대교 신자가 된 사람도 유대인이다. 그러나 모친이 이방인일 때는 부친이 유대인일지라도 그의 자녀는 유대인이 될 수 없다. 비(非)유대인 여인의 자녀들은 유대인으로 개종 절차를 밟아야만 유대인이 될 수 있다.

---

201) "느다냐의 아들 이스마엘과 그와 함께 있던 열 사람이 일어나서 바벨론의 왕의 그 땅을 위임했던 사반의 손자 아히감의 아들 그다랴를 칼로 쳐죽였고"(렘 41:2).

유대인이 되기 위한 조건으로 어머니가 유대인이어야 한다는 원칙이 모세오경, 즉 토라에는 분명히 나와 있지 않다. 하지만 토라에는 유대인 여자와 비유대인 남자 사이에서 태어난 아이를 유대인이라 판정할 수 있는 기록이 있는 반면, 비유대인 여자와 유대인 남자 사이에 태어난 아이는 유대인이 될 수 없다고 볼 수 있는 기록들이 있다.[202] 아기가 태어나면 산모는 결례에 따라서 남아를 낳으면 7일, 여아를 낳으면 14일 동안 남편과 떨어져 있어야 한다.

2) 할례

하나님이 아브라함과 그 후손들에게 명령하신 할례는 하나님에 대한 충성과 순종의 증표로 간주되어 왔다.[203] 유대인이 태어난 후 제일 먼저 경험하는 것은 하나님과 그들 사이에 언약이 있다는 사실을 몸에 표시하는 일이다. 이 예식을 가리켜 할례, 히브리어로 '베리트 밀라(berit milah)'라고 한다. '베리트'라는 말은 히브리어로 '언약'을 뜻하며, '밀라'라는 단어는 남자 성기의 귀두에 덮여 있는 표피를 제거하는 행위를 가리킨다.

---

202) "이스라엘 여인의 아들이요 그 아비는 애굽 사람된 자가 이스라엘 자손 중에 나가서 한 이스라엘 사람과 진 중에서 싸우다가"(레 24:10). "우리가 우리 하나님께 범죄하여 이 땅 이방 여자를 취하여 아내를 삼았으나 이스라엘에게 오히려 소망이 있나니 곧 내 주의 교훈을 좇으며 우리 하나님의 명령을 떨며 준행하는 자의 의논을 좇아 이 모든 아내와 그 소생을 다 내어 보내기로 우리 하나님과 언약을 세우고 율법대로 행할 것이라"(스 10:2-3).

203) "너희 중 남자는 다 할례를 받으라 이것이 나와 너희와 너희 후손 사이에 지킬 내 언약이니라 너희는 포피를 베어라 이것이 나와 너희 사이의 언약의 표징이니라"(창 17:10-11).

할례는 아기가 출생한 지 정확하게 8일째 되는 날[204]에 랍비에 의해 행해진다. 할례의식에는 열 명 이상의 유대인 성인 남자가 입회하도록 되어 있으며, 이때에 선지자 엘리야도 입회하는 것으로 믿어 그가 앉을 빈 의자를 준비한다. 이는 이스라엘이 언약을 어겼을 때 엘리야를 보냈던 일을 상기함으로써[205] 할례의 의미를 강화하고자 하는 의도에서 비롯된 관행이다.[206] 할례의식은 보통 오전에 행하며 그 날이 다른 절기와 겹치더라도 일정을 변경하지 않는다. 가령 모든 일이 금지된 안식일이나 혹은 안식일보다도 더 엄격한 대속죄일이라 할지라도 그 날이 아기가 태어난 지 8일째 되는 날이라면 이를 시행한다. 이와 같이 유대인들은 할례를 귀히 여기며 철저하게 그 시행 날짜를 준수하지만, 의사가 아이의 건강에 문제가 있다고 진단하면 할례를 연기할 수 있다. 이후 의사가 아이의 건강에 더 이상 문제가 없다고 판단하면 그 진단 후 7일째 되는 날 할례를 행한다.

3) 성인식

유대 소년들은 13세 때 성인식인 바 미츠바(Bar-mitzvah)[207]

---

204) "여덟 째 날에는 그 아이의 포피를 벨 것이요"(레 12:3). 생후 8일째가 되면 몸에서 프로트롬빈(prothrombin)이라는 물질이 가장 많이 분비되어 할례를 행하여도 통증이 적으며 지혈도 잘 된다고 한다.

205) "그가 대답하되 내가 만군의 하나님 여호와께 열심이 유별하오니 이는 이스라엘 자손이 주의 언약을 버리고 주의 제단을 헐며 칼로 주의 선지자들을 죽였음이오며 오직 나만 남았거늘 그들이 내 생명을 찾아 빼앗으려 하나이다"(왕상 19:10).

206) 한국종교문화연구소, 『세계종교사입문』, 437.

207) '미츠바(mitzvah)'라는 말의 실제적 의미는 '하나님에 의해 주어진

를 행하는데, 이는 회당에서 토라를 읽는 개인적인 예식으로 큰 잔치를 베풀고 선물을 받는다. 이때부터는 의무적으로 율법을 배우도록 되어 있다. 바 미츠바의 의미는 토라의 유산을 다음 세대에게 전달하는 것이다.

최근에 진보적 유대인들은 '바트 미츠바(Bat-mitzvah : 계명의 딸)'를 통해 소녀들도 포함시키기 시작했다. 소녀들이 소년들보다 빨리 성숙하기 때문에 바트 미츠바는 소녀가 12세가 되면 기념한다. 비록 어린 숙녀에게 어린 신사와 같은 특권이 부여되지는 않지만, 바 미츠바와 유사하게 해방, 부름, 기념의 형식으로 진행된다. 바트 미츠바는 보수파와 개혁파 유대인 사이에 행해지나 정통파 유대교가 국교인 이스라엘에서는 시행되지 않는다.[208]

명령'인데 매사에 적절한 행동을 하게 한다는 뜻으로 확대되었다. '바(bar)'라는 말은 '아들'이라는 뜻이고 바 미츠바 의식을 통해 소년은 '계명의 아들(son of the commandment)'이 된다. 그리고 이 소년은 유대사회에서 중요한 역할을 하게 된다. 더 이상 순진한 아이가 아니고 전적으로 종교적 책임을 가진다. 13세가 되면 성경을 읽기 시작하고 유대인의 전통을 따르게 된다. 계명의 아들이 되면 네 가지의 특권이 주어진다. 첫째는 공적 예배를 드리는 데 필요한 10명으로 구성된 그룹인 '민얀(minyan)'에 속하게 된다. 이것은 오직 남자에게만 주어진 특권으로 예배로의 부름은 중요한 성숙의 표징으로 간주된다. 둘째, 바 미츠바에 참여한 소년은 성경구절이 적힌 쪽지들이 들어 있는 두 개의 작은 가죽상자인 '성구함(phylacteries)'을 몸에 달 수 있는 특권이 주어진다. 하나는 앞이마에 부착하고 다른 하나는 왼팔에 부착하는데 매일 아침 기도를 암송할 때 이 상자들을 달도록 되어 있다. 셋째, 이 소년은 이제 젊은 남자로 대우받고 토라를 읽을 책임이 주어진다. 네 번째 특권은 '베틴(betdin)' 또는 유대법정의 일원이 되어 논쟁에 참여할 수 있게 된다. [Michael Anthony ed. *Evangelical Dictionary of Christian Education* (Grand Rapids : Baker Academic, 2001), 67]

208) Ibid.

4) 정혼(kidushin)과 결혼(nisuin)

유대인의 혼인식에는 보통 정혼으로 번역되는 '키두신'과 혼인생활로 들어가는 '니수인'의 두 가지 절차가 있다. 키두신은 여자가 남자로부터 지참금 또는 혼인서약서를 받으면 성립된다. 키두신의 본 뜻은 '순결'이며, 한 남자를 위해 한 여자를 구별해 두는 것이다. 키두신은 우리가 흔히 알고 있는 약혼보다 더 강력한 개념이다. 중세의 랍비 람밤은 키두신의 여자는 이미 법적으로 한 남자의 아내가 되었음을 의미한다고 말했다.

니수인은 본격적이고 완전한 결혼이다. 니수인 이후에 남편은 아내를 자기 집으로 데려가 혼인생활을 시작한다. 키두신의 기간 동안 남자는 아내가 될 여자를 위해 가정을 준비해야 하므로 헤어져 있었다. 그러나 그동안 여자가 다른 남자로부터 청혼을 받거나 남편이 될 남자가 죽는 경우가 있었기 때문에 랍비들은 이에 따른 복잡한 율법들을 제정했다.

오늘날에는 키두신과 니수인을 함께 치르므로 이런 문제가 없다. 혼인은 성숙한 남자와 여자 사이의 개인적인 약속이어서 랍비나 종교인들이 참여하지 않는 경우가 많다. 하지만 랍비들은 적어도 율법적으로는 함부로 이혼할 수 없도록 여러 제도적 장치를 마련하였다.

5) 장례

유대교에서 죽음은 비극이 아니다. 죽음은 삶과 마찬가지로 하나님의 계획의 일부이다. 유대인들이 죽은 자를 애도하는 것은 죽음에 대한 공포나 증오 때문이 아니라 죽은 자에 대한 존경 때문이며 죽은 자를 사랑했던 자들을 위로하기 위함이다. 시신은 화장하지 않고 매장하기 때문에 깨끗한 무명천으로 싼다. 유대인의 애도는 슬픔이 수그러질 때까지 일정 기간 계속되는데, 이는 애도자들이 이후에 자연스럽게 정상생활로 복귀하도록 돕는 것이다.

가까운 사람, 즉 부모나 형제자매, 배우자 또는 자식의 죽음에 대한 소식을 들으면 눈물을 흘리며 슬픔을 나타낸다. 죽음부터 매장까지 애도자는 애도에만 전념한다. 이 기간을 '아니누트(aninut)'라고 하며, 대개 하루나 이틀인데 유대교는 신속한 매장을 권한다. 아니누트가 끝나면 7일 동안 애도기간인 '쉬바(shivah)'를 갖는다. 쉬바에는 죽은 자의 부모, 자식, 형제자매, 배우자가 참석한다. 쉬바는 매장한 날에 시작해서 일곱 번째 날 아침까지 계속된다. 애도자는 낮은 걸상이나 마루에 앉는다. 가죽 구두를 신지 않으며 면도나 이발을 하지 않고 외모를 꾸미지 않으며 즐거움이 되는 일체의 일을 하지 않는다.

쉬바 다음에는 '쉘로쉼(sheloshim)'이 있다. 서른이란 뜻으로 매장 후 서른 번째 되는 날까지의 기간을 말한다. 이때 애도자들은 어떤 축하연에도 참석하지 않으며 극장이나 공연장에도 가지 않는다. 매장부터 열한 달 동안 죽은 자의 아들은 매일 '애도자의 카디쉬(kaddish)'를 암송해야 한다. 상가를 떠날 때 조문객들은 "우리 주님께서 시온과 예루살렘을 위해 애도하는 모든 자들과 함께 당신을 위로하실 것입니다"라고 인사한다. 매년 기일(忌日)마다 친척들은 '야르차이트(yahrzeit)'라고 하는 추도식을 행한다. 이때는 카디쉬를 낭송하고 촛불을 밝히면서 죽은 이를 회상한다.

6) 음식규례

토라 중에서도 레위기와 신명기는 유대인들에게 음식물 규례를 지킬 것을 요구한다. 이 규율을 지키는 유대인들은 돼지고기나 새우, 그리고 굴 같은 조개류를 먹지 않는다. 짐승과 새의 피를 먹는 것은 금지되어 있다. 생선은 지느러미와 비늘을 둘 다 가지고 있는 것만 먹을 수 있다. 그들은 또한 고기와 유제품을 따로 저장하고, 식사 때 그것들을 함께 담지 않는다.

음식물 법에 따르면 쉐히타(shehitah)라고 하는 도살 의례에 따라 잡은 양호한 상태의 동물들에게서 나온 고기만 먹어야 한다. 이 도살법은 되도록 고통은 적게, 그리고 빨리 짐승을 잡을 수 있도록 하는 방법이다. 많은 유대인들이 의식적으로 도살된 고기만을 먹는 것은 아니지만, 여전히 돼지고기를 먹는 것은 삼가고 있다. 현대 유대인들은 대개 아침에는 우유, 치즈, 삶은 계란 중심의 식사를 하고 저녁에는 고기 중심의 식사를 한다.

8. 유대교의 구원관과 메시야관

유대교에서 죄는 타고난 흠이 아니라 치료될 수 있는 결점일 뿐이며, 사람이 만일 율법을 지키며 하나님 앞에 겸손히

행하면 죄를 짓지 않는다고 생각한다. 그러므로 유대교에서는 원죄를 비유대교적 개념으로 여겨 이를 거부한다. 유대교에서는 죄를 상태로 보지 않고 행동으로 본다.[209] 유대교는 죄를 아베로트(aberot), 즉 범죄들(trespasses)이라는 복수로 표현한다.

유대교는 기독교의 구주와 같은 개념이 전혀 필요하지 않다. 유대인의 메시야는 죄로부터 구원하는 것이 아니라, 이스라엘을 이전 영광으로 회복시키는 하나님의 기름부음을 받은 지혜로운 지도자이다. 메시야 소망은 유대교의 신앙에 깊이 스며 있어 예배시에 끊임없이 반복된다. 하지만 유대교는 인격적 메시야보다는 메시야적 이상에 더 관심을 갖는다.

유대교는 인격적 메시야의 관념을 버리고, 메시야의 영웅적 노력에 의해서 올 장래의 황금시대만을 믿는다. 그러므로 유대인들은 아직도 메시야를 대망하고 있다. 그들은 개인적 메시야 개념을 거부하고 메시야 시대의 도래 혹은 '진리, 정의, 평화의 왕국의 성립'에 대한 낙관적인 믿음으로 그 개념을 대치하고 있다.[210] 유대교에는 기독교와 같은 현세적 구원이 없으며, 궁극적으로 메시야가 와서 유대인을 중심으로 하여 평화로운 세계를 창조하는 것을 구원으로 본다. 현 세상에서 앞으로 전개될 사건들, 즉 죽은 자의 부활, 메시야의 시기, 그리고 내세에 대해서는 확실히 알지 못한다.

1885년에 있었던 미국 펜실베니아 주의 피츠버그(Pittsburgh) 선언에 따르면, 개혁파 유대교(Reformed Judaism)는 인간 영혼의 불멸성은 인정하지만 육체적 부활이나 천국과 지옥은 믿지 않

209) 박형룡, 『박형룡박사 저작전집X : 비교종교학』, 375.
210) *Encyclopedia of Jewish Religion*, 260.

는다. 유대인들은 하나님이 유대인을 중심으로 세상을 완벽하게 하기 위하여 그들을 선택하셨다고 한다. 하나님이 유대인에게 토라를 주셨기 때문에, 이방인들은 유대교의 율법을 지키지 않아도 된다고 말한다.

9. 유대교에 대한 평가

유대교와 기독교를 구분 짓는 핵심기준은 예수 그리스도를 어떤 분으로 인식하는가이다. 예수님이 지상에 계셨을 때부터 유대교인들과 기독교인들은 분리되고 있었다. 그 당시에도 유대교인들은 세상적 의미의 메시야 곧 구원자를 찾고 있었다는 사실을 기억해야 한다. 구약성경의 선지자들은 메시야가 그의 백성을 그들의 죄로부터 속량하실 분이라고 예언하였다. 그러나 예수님 당시까지도 랍비적 전통이나 토라의 율법적 해석이 원죄와 인간의 개인적인 구원의 필요성에 대한 믿음을 흐리게 하고 있었다. 그 결과로 많은 유대인들은 자신들을 압제하는 로마인들을 축출하고 이스라엘의 옛 영광을 재건할 수 있는 다윗과 같은 왕을 찾고 있었다. 따라서 유대교에는 제2위의 구세주 성자 하나님이 없으며 삼위일체 하나님을 수용하지 않는다.

유대교는 내세를 인정하나 현세에서의 도덕적 생활을 강조하는 것만큼 내세를 위한 준비는 강조하지 않는다. 그리고 인간은 원죄를 갖고 태어나는 것이 아니며 선악을 택할 수 있는 의지를 지니고 자유롭게 태어났다고 생각한다. 하지만 기독교의 성경은 인간이 아담 안에서 타락했으며 죄 가운데서 태어난다고 말한다. 모든 사람은 하나님 앞에서 적극적인, 또한 소극적인 죄로 인하여 심판을 받는다.

더 나아가 유대교는 하나님을 믿고 도덕적인 생활을 함으로써 구원을 얻게 된다고 믿는다. 그러나 우리의 구원은 오직 그리스도의 대속적인 죽음을 통해서 이루신 구원의 길을 깨닫고, 예수 그리스도를 믿음으로 말미암아 얻게 된다. 예수님이 메시야이시며 그리스도이신 것은 신약 여러 곳에 기록되어 있다.[211] 예수님이 메시야라고 하는 기독교인의 믿음은 그가 구약성경의 예언을 다 이루셨다는 데 근거하고 있으며, 예수님도 자신을 메시야라고 주장하셨다. 그가 예언을 성취하셨다는 것은 그의 주장이 진실함을 증명해 준다.

구약은 오실 메시야를 증거하며, 예수님께서는 구약을 성취하셨다. 그렇기 때문에 구약을 예수님과 관련 없이 해석하면 유대주의 곧 율법주의가 된다. 유대주의란 율법이 그들의 삶의 법칙과 구원의 길이라고 믿는 사상이다.

유대교와 구약성경이 말하는 종교는 전적으로 다른 종교라는 사실을 인식해야 한다. 그것은 행위의 종교와 은혜의 종교의 차이이며, 인간성취의 종교와 하나님의 구속의 종교의 차이이다. 종교적 유대인들은 인간의 죄악성과 스스로를 구원할

---

211) "시몬 베드로가 대답하여 가로되 주는 그리스도시요 살아계신 하나님의 아들이시니이다"(마 16:16). "그가 먼저 자기의 형제 시몬을 찾아 말하되 우리가 메시야를 만났다 하고 (메시야는 번역하면 그리스도라)"(요 1:41). "성결의 영으로는 죽은 가운데서 부활하여 능력으로 하나님의 아들로 인정되셨으니 곧 우리 주 예수 그리스도시니라"(롬 1:4).

능력이 없음을 인식하고 은혜로 말미암는 구원을 올바르게 이해해야 한다. 그들은 잘못된 개념의 선민의식, 곧 아브라함의 자손이므로 구원을 얻을 것이라는 망상에 사로잡혀 있다.

유대교는 구약성경을 자신들의 경전으로 삼고 하나님을 섬긴다고 하지만, 예수 그리스도의 신성을 거부하고 삼위일체 하나님을 배척하므로 인간을 구원하는 종교가 되지 못한다. 구원은 오직 하나님께서 미리 택하시고 사랑하신 자들이 예수 그리스도를 구주로 믿는 믿음으로 얻게 되는 하나님의 은혜로운 선물이다.

제 11 장
이슬람교

1. 이슬람교의 이해

순수한 혈통을 자랑하는 고대 아라비아 유목민들은 용맹과 관용으로 대표되는 베두인(유목민) 정신 속에서 살았다. 그들은 유서깊은 부족전통과 강한 연대의식을 갖고 있으면서도 사막이라는 특수한 환경으로 인해 대체로 삶에 대해 숙명적인 태도를 가졌다. 각기 다른 고유의 부족신을 섬겼으나 어떤 초월적 절대자의 존재에 대한 믿음이나 내세에 대한 개념은 없었다. 현실을 중시한 그들에게는 용기, 긍지, 남자다움 같은 덕목이 삶의 가치였다. 이것이 자힐리야(jahiliyah) 시대[212)]의 보편적인 아라비아인들의 생활 모습이었다. 이러한 때에 무함마드가 새롭게 창시한 종교가 이슬람교이다.

이슬람교는 기독교, 불교와 더불어 세계의 3대 종교이며, '마호메트교', '무함마드교', '무슬림교', '회교'라고도 불린다.

---

212) 자힐리야(jahiliyah) 시대는 '무지의 시대'라는 뜻으로 『꾸란』이 무함마드에게 계시되기 이전의 기간을 말한다. 『꾸란』이 계시된 이후 시대는 이슬람 시대라고 한다. 아랍어로 이 낱말(jahiliyah)이 '무지'나 '미개'를 뜻하는 것을 보면 무슬림들이 아라비아에서 이슬람 발생 이전의 삶과 문화를 부정적으로 평가함을 알 수 있다.

이슬람교는 알라를 믿는 유일신교이며, 무슬림(Muslim)이란 '헌신된 사람'이란 뜻으로, 이슬람교를 믿는 신도들을 의미한다. 이슬람(Islam)은 아랍어로 '순종(복종)'과 '평화'라는 뜻이다. 알라에게 절대 복종함으로써 육체와 정신의 진정한 평화를 얻을 수 있다는 종교적 의미를 담고 있다. 무슬림이 절대 다수인 국가는 49개국인데, 전체 무슬림 인구의 70퍼센트를 차지한다.[213] 한국에는 약 14만 명의 무슬림이 있다.[214]

2. 이슬람교의 창시자 : 무함마드

모하메드(Mohammed)라고도 하는 무함마드(Muhammad)는 570년 4월 22일 아라비아 반도의 중앙에 있는 메카(Mecca)[215]에서 쿠라이쉬 부족에 속하는 하심 가문의 일원으로 태어났다. 조부는 그의 이름을 '찬양을 받을 자'라는 뜻인 무함마드라고 지어주었다. 그의 아버지 '압둘라(Abdullah, 알라의 종이란 뜻)'는 카라반(Caravan, 대상)이었는데, 무함마드가 태어나기 전에 세상을 떠났다. 무함마드는 여섯 살 때 어머니(Amina)의 죽음 앞에서 깊은 생각에 빠져들게 되었고, 내성적인 성격의 소유자로 어린 시절을 보냈다. 부모를 여읜 무함마드는 할아버지 압드 알 무탈리브와 함께 지냈는데 그가 여덟 살이었을 때 80세

213) Colin Chapman, *The Cross and Crescent-Responding to the Challenge of Islam* (Illinois : IVP, 1995), 140.

214) 전호진,『이슬람 원리주의의 실체』(서울 : 한반도국제대학원대학교 출판부, 2007), 204.

215) 무함마드의 출생지, 이슬람교의 발생지인 동시에 중심지이다.

된 할아버지마저 죽고 결국 숙부인 아부 탈리브(Abu Talib) 밑에서 성장했다.

무함마드가 열두 살이 되었을 때 그의 숙부는 시리아로 향하는 무역여행에 그를 데리고 갔다. 무함마드는 부유한 과부인 카디자(Khadijah)의 고용인이 되어 성실하게 일한 결과 25세 때에 40세의 그녀와 결혼하게 되었다.216) 카디자는 남편을 사랑하였으며 그에게 필요한 모든 것을 제공해 주었다. 그러나 무함마드는 뜻하지 않은 불행을 만나게 된다. 어려서 부모를 잃은 그에게 닥친 또 다른 시련은 바로 자녀들의 죽음이었다. 그는 두 아들과 네 딸을 두었는데 두 아들은 모두 유년기를 넘기지 못하고 세상을 떠났으며, 딸들도 파티마를 제외하고는 모두 무함마드보다 먼저 죽었다. 이에 무함마드는 숙부에게 받은 은혜를 생각하고 그의 경제적 부담을 덜어주기 위해 그의 아들 중에서 알리(Ali)를 입양하였다.

그가 자랐던 고향 메카는 다신 숭배의 중심지였다. 조잡한 미신들에 환멸을 느낀 그는 메카에 있는 히라(Hira)산의 동굴에

---

216) 이 결혼은 무함마드의 성실함에 감동을 받은 카디자의 청혼으로 성사되었다. 무함마드는 당황스럽고 혼란스러웠으나 카디자의 진심을 알고 결혼에 동의하였다. 결혼을 위해서는 부족의 동의가 있어야 했는데, 카디자의 부모님은 이미 세상을 떠났고 카디자가 부족 내에서 힘 있는 실력자였기 때문에 큰 어려움은 없었으나 뜻밖에 카디자 부족의 족장이 강경하게 반대하고 나섰다. 하지만 숙부인 아부 탈리브의 도움으로 늙은 족장을 연회에 초대하여 술을 마시게 한 뒤 결혼 승낙을 받아내었다. 술에 취한 늙은 족장이 잠에서 깨어났을 때 결혼식은 이미 끝난 뒤였다. 무함마드는 낙타 두 마리 값도 안 되는 돈을 주고 신부를 맞았다. 일찍 부모를 여의고 스스로 생계를 해결해야 했던 무함마드는 카디자와 결혼함으로써 안정된 삶을 살게 되었다. [나종근 엮음, 『무함마드』(서울 : 시공사, 2003), 79-82]

서 은거하며 기도에 힘쓰고 단식하면서 환몽에 빠져드는 일이 많았다. 어느 날 밤 놀라운 일이 일어났는데, 새벽의 여명처럼 훤히 밝아오는 지평선상에 신비한 인간의 형상이 나타나 그에게 다가와 "오 무함마드여, 그대는 신의 사자이니라"라고 말하였다. 놀란 무함마드는 놀라움과 차가운 냉기에 싸여 온몸을 가누지 못할 정도로 떨면서 집으로 달려 왔다. 그는 부인 카디자에게 떨리는 자신의 몸을 무엇인가로 덮어달라고 청하였다. 그는 오한과 두려움이 가실 때까지 두터운 외투에 덮인 채로 있었다.[217] 이것이 그와 대천사 가브리엘(Gabriel)의 첫 조우였다. 라마단 달의 이 밤을 무슬림들은 '운명지어진 권능의 밤'[218]이라고 부른다.

무함마드가 가브리엘 천사를 만난 후 카디자는 무함마드를 그녀의 사촌인 와라카 나우팔(Waraqah Nawfal)에게 데려갔다. 이때 와라카는 이 사건이 악령에 의한 것이 아니라는 조언으로 무함마드를 안심시켰다. 그는 성경에 대한 지식을 어느 정도 갖고 있었으며 무함마드에게 일어난 일이 바로 모세에게 일어났던 일과 크게 다르지 않다고 말하였다. 이 첫째 계시를 받은 때가 무함마드의 나이 40세였다. 그 후 그는 52세가 될

---

217) 『꾸란』 제73장은 '외투로 감싸인 자'의 장이고 제74장은 '외투에 덮인 자'의 장으로 "외투를 덮어쓰는 자여, 일어나 경고하라"(74:1-4)고 한다.

218) 일부 무슬림들은 이 날을 이슬람력 아홉 번째 달인 라마단월 26일 또는 27일로 말하지만 정확하지 않다. 그러나 모든 무슬림들이 이 날을 축복받는 날로 경축하며 기린다. 『꾸란』 97장 1절은 이 밤이 얼마나 중요한 날인가를 보여준다. "진실로, 우리는 그것을 권능의 밤에 내려 보냈도다." 그 밤의 예배는 천 개월의 예배보다 더 가치 있는 것으로 묘사된다.

때까지 계속 환상을 보며 계시를 받았다고 한다.

부인의 위로로 평정을 되찾은 그가 그 후에 다시 동굴을 찾아가자 가브리엘 천사가 다시 그의 앞에 나타나, 글씨가 쓰여 있고 아름다운 무늬가 있는 듯한 비단 덮개 같은 것으로 심하게 그를 누르면서 "이끄라(Iqra, 읽어라)"라고 말하였다. 그가 "저는 읽을 줄을 모릅니다"라고 답하자 가브리엘 천사는 더욱 세차게 그 덮개로 그를 누르면서 "이끄라!"라고 명령하였다. 참기 어려운 억눌림에서 벗어나기 위해 "무엇을 읽으라는 말입니까?"라고 답하자 가브리엘 천사는 더욱 세차게 그 덮개로 그를 누르면서 "읽어라, 만물을 창조하신 너의 알라의 이름으로, 그는 한 방울 응혈로써 인간을 창조하셨도다. 읽어라, 너의 신은 가장 관대하신 분이시며 펜으로 가르쳐 주시는 분으로 인간이 알지 못하는 것을 가르쳐 주셨도다."[219]라고 말하였다. 『꾸란』은 이렇게 인류에게 전달되기 시작했다고 한다.

'꾸란'이란 아랍어로 '읽는 것', '암송하는 것'을 뜻한다. 무함마드가 두려움에 떨면서 자신도 모르게 무릎을 꿇고 신비로운 체험을 한 그 날 이후, 23년 동안 '신의 말'은 무함마드의 입을 통해 암송되어 이 땅에 내려졌다. 가브리엘을 통해 전해지는 이 '말'은 와히(wahy, 영감)에 의해 무함마드에게 내려졌고, 무함마드가 계시를 받아 외운 것을 뒤에 친구들과 제자들이 기록하여 책으로 만든 것이 『꾸란』이다.

무함마드를 따르는 추종자가 약 40명 정도 되었을 때, 무함마드는 아라비아 사람들의 민족적 종교에 대해 그들이 숭배

219) 『꾸란』 96:1-5.

하는 신들은 진정한 참신이 아니라고 하였다. 무함마드는 종교적 반대 세력들로부터 신변에 위협을 느끼고 메카를 떠나 친구들이 있는 메카 북방에 있는 메디나(Medina)로 피신하였다. 이때가 622년 9월이고, 이 메디나 행을 이슬람에서는 헤지라(Hijrah)라고 한다. 이슬람에서는 이 사건을 이슬람력의 기원으로 삼고 있다. 메디나로 옮겨간 후부터 이슬람교는 괄목하게 성장하였다. 놀라운 속도로 신도가 늘어가고 메디나 시민들이 그를 대표로 선출하여 그는 메디나의 통치자, 입법자가 되었으며 메디나 주민 전체가 무슬림이 되었다.

세력이 점점 커지자 무함마드는 성지 메카를 탈환한 후 전 아라비아에 강력한 신정정치(神政政治)를 시행하였다. 그는 모든 우상을 폐지하고 유대교와 기독교를 압박하여 이슬람교에 종속시키고자 하였으며, 그리스, 페르시아, 이집트 등지에 사절단을 파송해서 이슬람의 신앙을 수용하도록 강요하였다. 그의 후계자들이 이러한 호전성과 이슬람 전파의 열정을 계승하여 이슬람의 영토를 계속 확장하였다.

무함마드는 62세로 세상을 떠날 때까지 13번 결혼하였는데,[220] 53세 때에 9살 소녀와 결혼하기도 하고, 심지어는 양자의 이혼한 부인과 결혼하기도 하였다.[221] 그가 애처 아이샤

---

220) 마크 가브리엘, *Jesus and Muhammad*, 이용중 역, 『예수와 무함마드』(서울 : 지식과사랑사, 2009), 274.

221) 무함마드가 자기의 첫 부인인 카디자와 결혼했을 때 그녀가 무함마드에게 선물로 주었던 노예가 자이드(Zayd)였다. 그런 배경이 있는 양자인 자이드는 무함마드가 자기의 아내 자이납(Zainab)의 미모에 매료되었음을 알고 자기 부인을 무함마드에게 허락하였다. 이는 자이드가 일부러 이혼을 한 것이 아닌가 하는 의혹을 갖게 한다. [노남도, 『이슬람의 실체를 밝힌다』(서울 : 도서출판 실로암, 2009), 20-21]

(Aisha)[222]의 팔에 안기어 죽을 때(632년)의 최후의 말은 "알라여, 나를 용서하여 주옵소서"였다. 그가 죽을 때 9명의 젊은 과부를 남겼다고 한다. 무함마드는 자신을 아담, 노아, 아브라함, 모세, 예수에 이어지는 최후 최대의 예언자로 자처했다. 후에 신격화되어 15세기에 이르러서는 그에 관한 여러 가지 기적적인 진술이 따르게 되었고, 어떤 분파에서는 그의 선재설과 무죄성을 믿었으며, 그의 이름을 부르기만 하여도 구원을 받는다고 생각하였다.[223]

3. 이슬람교의 경전

이슬람의 경전인 『꾸란(Quran)』은 보통 '순나'와 '하디스'로 나누어지는데, '순나'는 무함마드의 생애와 교훈을 말하고, '하디스'는 순나와 관련된 전승을 기록한 것이다. 무슬림들은 『꾸란』이 신의 교시로 가브리엘 천사가 알라의 명을 받아 문맹인 예언자 무함마드를 통해 한 자도 빠짐없이 인류에게 전달했다고 믿는다.

이슬람 성전의 벽에 우상이나 다른 그림을 새기는 것이 금지되어 있었으므로 무슬림들은 그곳에 『꾸란』의 구절을 새겨 넣는 것을 선호하였다. 오늘날 무슬림들이 읽고 있는 『꾸란』은 예언자 무함마드가 사망한 지 20년 후 제3대 칼리프 우스만

---

222) 무함마드는 그의 첫 부인 카디자가 619년에 죽은 후 7세된 아이샤와 결혼하였다고 한다. (Ibid., 20)
223) 박영지, 『종교학개설』(서울 : 기독교문서선교회, 1998), 166.

이븐 아판(Uthman : 644–656 재위) 때에 완성된 것이다. 이때 양피지, 가죽, 야자나무 껍질, 나무 조각 등 여러 군데에 흩어져 기록되어 있던 『꾸란』 구절을 모아 비단과 파피루스에 다시 수록하여 기본 경전으로 만들었다.

『꾸란』은 114장 6,200여 절로 나누어져 있다. 짧은 장은 불과 3, 4행으로 구성되어 있지만, 가장 긴 장(章)은 오늘날의 인쇄체로도 30여 쪽이 된다. 아랍어로 장은 수라(Sura), 절은 아야(Aya)라고 부른다. 각 장의 배열은 무함마드가 20여 년 동안 받은 계시 순이 아니며, 제1장을 제외하고 대체로 가장 긴 장에서 짧은 장의 순서로 배열되어 있다. 일반적으로 그 짜임새가 낯선 『꾸란』은 각 장마다 독특한 이름이 있는데, 그 내용과의 연관성을 찾기가 힘들다. 예를 들면 제2장은 암소의 장(surat al–baqr)이라고 부르는데, 암소에 관한 것은 총 286절 가운데 몇 절에 불과하다.

메카 초기의 계시는 주로 인간의 내면적인 것, 즉 절대신과의 관계와 임박한 최후의 심판 등을 다룬 내용이며, 시의 운율로 되어 있지만 산문체이다. 반면 메디나에서 받은 계시는 주로 인간의 외면적인 것이어서 그 내용은 움마(ummah)[224)] 의 행정과 그 구성원들의 일상생활에 관한 것이 많으며 서술적인 문체이다. 또 메디나 계시에는 구약성경 또는 신약성경에서 유래한 내용이나 일화가 포함되어 있으나 그 핵심은 변

224) '움마'는 이슬람의 교단(敎團) 내지 종교 공동체를 말한다. 이슬람 시대 이전의 종족적 결합이 아니고 이슬람의 유대를 확고하게 하는 결합이다. 샤리아에 의하여 통합되는 보편적 종교 사회가 '움마'로서 이념화되었으며, 정통파 이슬람은 개인적인 교단 지도자가 아닌 '움마'에 카리스마를 부여하였다.

형된 것이 많다.[225] 꾸란과 성경 사이의 모든 외적 유사성에도 불구하고, 꾸란은 성경교리의 본질인 원죄와 예수님의 성육신, 그리고 예수님께서 십자가에 달려 죽으심으로써 얻는 죄인의 구원을 부인한다. 또한 삼위일체와 예수 그리스도의 신성을 부인한다.[226]

4. 이슬람교의 교의와 실행

1) 이슬람의 여섯 교의(신앙, iman)

(1) 알라(Allah)에 대한 신앙(신의 유일성에 대한 신앙)

알라는 이슬람교에서 믿는 세상을 창조한 최고의 신이다. 그는 자비롭고 은혜로우며 모든 것에 초월한 신으로서, 누구도 그의 신성이나 속성을 나누어 가질 수 없다. 알라를 제외하고는 그 누구도 기도를 받거나 어떤 숭배 형식의 예배를 받을 권리가 없다. "실로 알라는 그 분에 비견하려 한 자를 용서치 아니하며, 그 외에는 그 분의 뜻에 따라 용서를 베푸나 알라에 비견하려 하는 자는 크나큰 죄를 조성하는 것이니라."[227]

알라(Allah)라는 아랍어는 '유일신'을 말하는 알-일라흐

---

225) 꾸란의 내용은 구약에서 78퍼센트, 신약에서 8퍼센트, 그리고 우상숭배에서 14퍼센트가 포함되어 있다고 한다. [공일주, 『중동의 기독교와 이슬람』(서울 : 예영커뮤니케이션, 2003), 111]

226) Christine Schirrmacher, *The Islamic View of Major Christian Teachings*, 김대옥·전병희 역, 『이슬람과 기독교교의』(서울 : 도서출판 바울, 2010), 150-151.

227) 『꾸란』 4:48.

(al-ilah)의 준말이다. 이슬람 신앙의 기본은 알라를 믿고 그의 명령에 복종하는 것이다. "알라 외에는 다른 신이 없으니, 나는 무함마드가 그의 사도(사성)임을 믿는다." 이슬람인은 기도할 때마다 이 구절을 암송한 후 기도한다. 신의 절대적인 단일성과 통일성, 이것은 무함마드가 접촉했던 기독교의 삼위일체 교리를 거부하는 것이다.

(2) 예언자(Nabi)들에 대한 신앙

무슬림들은 신이 보낸 모든 예언자들을 믿는다. 『꾸란』에 언급된 예언자의 이름은 28명이다. 그 중에 대예언자는 여섯이 있는데 아담, 노아, 아브라함, 모세, 예수, 무함마드의 순서이다. 28명의 예언자는 모두 동등한 지위를 누리고 있으나 무함마드가 최후의 예언자임을 강조한다. 무함마드는 알라의 사성(使聖, messenger of God, rasul Allah) 혹은 예언자(nabi), 또는 경고자(nadhir)로 불린다. 특히 예언자와 사성[228]의 개념을 구별하여 전자는 신과 대화를 나눈 사람으로, 후자는 신의 말씀을 책으로 인간에게 전달한 사람으로 정의한다. 무슬림들은 알라가 인류에게 보낸 마지막이자 영원한 메시지는 바로 예언자 무함마드에게 계시된 메시지라고 믿는다. 예언자들은 다양한 민족, 여러 지역에 보내어졌지만 그들이 전한 메시지, 즉 그들의 신앙은 근본적으로 같았으며 이슬람으로 일컬어진다. 이는 그 메시지가 하나의 동일한 근원인 알라에게서 비롯되었기

---

228) 사성(使聖)은 공동체에 보내는 알라의 말을 책의 형태로 받으며, 또 그의 사명은 예언자와는 달리 성공적으로 끝나도록 보장받고 있다. 따라서 사성은 예언자이지만 모든 예언자가 사성이 될 수는 없다.

때문이며 알라에게 이르는 정로로 인류를 올바르게 인도하는 동일한 목적의 가르침이기 때문이라 한다.

(3) 경전에 대한 신앙

무슬림들은 알라가 그의 예언자들에게 계시한 책들, 모세의 구약(Torah), 다윗의 시편(Zabur), 예수의 복음(Injil), 무함마드의 꾸란(Quran)을 믿는다. 이 네 권의 책은 모두 신의 교훈으로 본래는 같은 내용이다. 『꾸란』은 아브라함, 모세, 다윗과 예수에게 내려진 경전들을 언급하고 있다. 무슬림들은 『꾸란』이 계시되기 오래 전에 이런 경전들과 계시의 일부가 이미 소실되거나 왜곡되었으며 또 일부는 유기되었다고 주장한다. 『꾸란』을 제외한 3권의 경전은 그 추종자에 의하여 수정, 삭제, 가필되었다고 보며, 『꾸란』만이 순수한 신의 교훈으로 첨삭 없이 보존되어 있기 때문에 완전히 믿을 수 있는 것은 오직 『꾸란』뿐이라고 한다.

(4) 천사에 대한 신앙

무슬림들은 천사의 존재를 믿는다. 그들은 빛으로 창조된 순수하고 영적인 존재들이며, 본질적으로 먹고 마시거나 자야 할 필요가 없고 아무런 육체적 욕망이나 정신적·물질적 욕구가 없다. 이들은 알라의 명령을 받들고 시행하며 알라를 섬긴다. 천사들의 수는 많으며 각 천사마다 특정한 임무가 부과되어 있다. 무함마드에게 나타난 천사는 가브리엘(Gabriel)이라고 하며, 알라를 대적한 천사는 샤이탄(Shaitan)이라고 한다.

천사는 알라의 전령으로 성(性)을 갖지 않으며, 많은 천사가 있는데 오직 신만이 그 수를 안다. 『꾸란』에는 가브리엘(Gabriel, Jibril), 미카엘(Michael, Mikail), 하루트(Harut), 마루트(Marut) 등의 천사들이 등장한다. 이슬람 전통에 있어 가브리엘은 모든 천사들 위의 대천사로 계시의 천사이다. 비의 천사는 미카엘이며, 최후심판을 알리는 천사는 이스라필(Israfil)이고, 죽음의 천사는 아즈라일(Azrail)이다. 키라물(Kiramul)과 카티빈(Katibeen)이라는 천사는 모든 인간의 선행과 악행을 감시하고 행위들을 기록한다. 몬카르(Monkar)와 나키르(Nakir)는 무덤의 천사이며, 천국의 일은 라드완(Radwan)이, 지옥의 일은 말리크(Malik)가 맡고 있다.[229)]

(5) 최후 심판과 부활에 대한 신앙

무슬림들은 인간의 생이 현세에만 존재하는 것이 아니고 사후에도 계속해서 지속된다고 믿는다. 그들은 세계의 종말과 심판의 날(부활의 날)을 믿는다. 이 날은 정의의 심판이 이루어지며, 어느 누구도 피할 수 없는 날로 천국과 지옥으로의 심판을 받으며 자신이 행한 만큼 보상과 처벌을 받는다는 것이다.

최후 심판의 날은『꾸란』의 여러 장에 언급되어 있지만, 그 중 특히 75장에는 부활에 대한 내용이 언급되고 있다. 여기에서는 이 날을 종교의 날, 최후의 날, 부활의 날, 운명의 날 등 여러 표현으로 말하고 있다. 이 날은 오직 신만이 아는 날로, 천둥소리와 큰 외침, 나팔소리가 울려 퍼지면서 갑작스럽게

---

229) 손주영,『이슬람 : 교리, 사상, 역사』(서울 : 일조각, 2005), 201-202.

오는 것으로 묘사되어 있다. 우주 안에 있는 모든 피조물들을 알라가 소멸시키는 심판의 날이며, 부활의 날에 알라의 명령에 따라 무덤에서 부활한 육체에 영혼이 들어오면 다시 생명을 부여받고 승천한다고 믿는다.

(6) 정명사상(kismet, 신의 예정)에 대한 신앙

이는 인간의 현재 생활을 규정하며 제한하는 사상으로서 알라의 법칙에 대한 완전한 순종을 뜻한다. 특정한 기간에 특별한 방법에 의하여 어떤 존재들을 만드는 알라의 창조를 믿는 것이 정명사상의 기초이다. 우주의 운행 질서도 모두 알라의 권능 안에 있으며, 인간의 탄생과 임종의 시기와 장소 및 방식도 알라의 뜻에 따른다. "신이 인도하는 자는 바른 길에 있는 자요, 신이 그의 인도에서 제외시킨 자들은 멸망할 자들이다."[230] 이는 예정에 대한 『꾸란』의 대표적인 구절이다.

2) 이슬람의 다섯 가지 실행(din)

무함마드는 베두인 사회를 건설할 때 5가지 기본적인 종교적인 의무를 정하였는데, 이를 이슬람의 다섯 기둥이라 한다.

(1) 신앙증언(shahada)

신앙증언은 세계의 어떤 종교의 경(經)을 외우는 것보다도 짧고 간소하다. "라 일라하 일랄라, 무함마드 라술룰라(알라 외

---

230) 『꾸란』 7:178.

에 신은 없고, 무함마드는 신의 사성이다)"라고 하는 신앙증언문을 암송하는 것이 전부이다. 이 신앙고백문은 하디스(Hadith)[231]에 근거한다. 두 구절로 되어 있기 때문에 샤하다텐(shahadatain, 신앙의 두 증언)이라고도 불린다. 이 두 구절은 비록 나란히 합쳐진 형태로 『꾸란』에 나타나지 않으나 무슬림이 가장 빈번하게 읊는 말이다. 샤하다는 자신의 신앙심을 나타내는 가장 기초적인 표현으로 무슬림들은 예배와 기도 때는 물론이거니와 평상시에도 항상 이 말을 되뇌인다. 이슬람의 유일신관[232]과 무함마드가 신의 마지막 예언자임을 정의한 것으로, 이슬람 교의를 총체적으로 표현한 대표적 신경이다. 이슬람교에 귀의하려는 자는 샤하다를 외워야 하며, 이 두 구절만 믿으면 누구나 무슬림이 되는 것이다.

(2) 예배(기도, salat)

무슬림은 하루 다섯 번씩 예배를 드려야 한다. 예배근행의 의무는 『꾸란』에 근거하지만 예배시간은 하디스에 정해져 있다. 일출예배(fajr)는 새벽에서 해 뜨기 사이, 보통 새벽잠에서 깨자마자 드리며, 정오예배(zuhr)는 정오에, 오후예배(asr)는 정

231) 하디스(Hadith)는 아랍어로 '소식' 또는 '이야기'라는 뜻이며, 예언자 무함마드에 관한 구전 전승을 말한다. 이슬람에서 도덕의 지침으로, 또한 종교법의 주요원천으로서 존중된다.

232) 순수한 이슬람 형식으로 주조된 최초의 은화(698-699)의 중앙에는 '신은 오직 하나밖에 없으며, 아무도 그와 연합되지 않는다'라는 문구가 적혀 있다. 신의 단일성에 대한 주장과 그와의 연합에 대한 부인은 기독교의 삼위일체 교리에 대항하기 위한 방침으로 이루어진 것이다. [Drake Bush ed., *The Mainstream of Civilization* (USA : Thompso Learning Inc., 1994), 201]

오에서 해질 때 사이, 보통 오후 3시경에 드린다. 일몰예배(maghrib)는 해가 진 직후에 드리며, 밤예배(ishah)는 대개 하루 일과를 마치고 잠자리에 들기 전에 드린다. 이는 기도자의 마음을 24시간 신에게 향하게 한다는 의미이다. 정해진 시간에 성지 메카를 향하여 무릎을 꿇고 엎드려 아랍어로 기도한다. 무에진(Muezzin)이라 불리는 사람이 회교 사원의 높은 탑에 올라가 기도시간을 매번 알린다.

기도를 시작하기 전에 다음과 같은 7가지 사항이 충족되어야 한다. 즉 시간에 맞추어 드릴 것, 깨끗한 물로 손, 발과 얼굴을 씻을 것, 가능한 한 깨끗한 옷을 입을 것, 예배장소가 정결할 것, 바지와 셔츠 등 몸을 덮는 의복을 입을 것, 메카를 향해 기도할 것, 기도하겠다는 의도(niyya)를 가질 것 등이다.[233] 기도는 알라신에게 복종한다는 의미로서 평생 해야 한다. 예배는 기독교나 유대교에서만큼 중요하게 여기지 않으며, 오히려 기도를 강조하는 편이다. 예배날도 기독교의 주일이나 유대교의 안식일처럼 특별히 구별된 날은 없지만, 금요일 정오의 기도를 중요하게 여겨 예배당에 모이며, 이 때에 매주 한 번 설교를 한다.

『꾸란』은 내적인 악으로부터 보호받기를 기도하라고 권하며, 사람은 신에게 의지해야 한다고 가르친다. 기도(예배)하기 전에 무슬림들은 반드시 정결의식(wudu)을 행하는데, 그것은 사지(四肢, 인간의 행동을 뜻함)를 정화하고 신에게 예배하는 것 이외의 다른 생각을 모두 떨쳐 버렸음을 상징한다.

---

233) Yahiya Emerick, *The Complete Idiot's Guide to Understanding Islam* (New York : Alpha Books, 2002), 127-128.

(3) 구제(희사, 종교세, zakat)

자카트는 무슬림들이 경제적으로 어려운 사람에게 재물을 희사하는 것을 말한다. 무슬림들은 가난한 사람들을 위해 자신의 소득 중 일부의 몫을 베풂으로써 자신이 소유하고 있는 재산이 정화된다고 믿는다. 또한 모든 무슬림들이 의무적으로 자카트를 내야 하기 때문에 이를 구빈세라고도 부른다. 무슬림들은 자신이 낼 희사금을 개별적으로 계산한다. 16세 이상 성년이 된 무슬림이 내는 자카트는 1년 소득의 1/40, 즉 2.5%이다.[234)]

『꾸란』은 신실성에 대한 외적인 징표이며 구원의 수단으로써 자카트를 정기적으로 낼 것을 명령한다. 자카트는 명목상으로 '신에 대한 대여'라고 되어 있으나 실제로는 국가에서 징수하는 일종의 세금이며, 이 돈으로 빈민이나 과부 및 고아를 구제하고, 노예가 자유를 얻는 것을 돕고, 성전(聖戰)을 위한 병사를 양성한다.

무슬림들에게 예배와 자카트는 우선해야 하는 기본적 종교행위로 간주된다. 예배를 드림으로써 신과 인간의 수직적 관계를 명확히 하고 경건한 신앙을 배양하는 것처럼, 자카트는 무슬림 상호간, 즉 인간 상호간의 수평관계와 그 중요성을 깨닫게 한다. 자카트의 의무수행은 무슬림들 간에 공동체 의식을 고취시키는데, 이것은 이슬람의 단결과 번영의 상징이자 동력이기도 하다. 그 이유는 자카트가 개개인의 자기정화라는 종교적인 의미뿐만 아니라 사회적인 책임의 의미도 갖기 때문

---

234) 손주영, 『이슬람 : 교리, 사상, 역사』, 221.

이다. 무슬림, 자유인, 성인, 올바른 이성의 소유자, 재산의 소유자는 자카트의 책임이 있다. 그러나 기독교인이나 유대교도, 이교도인 경우 또는 노예, 미성년자, 정신이상자, 가난한 자는 자카트의 의무가 없다.

(4) 단식(saum)

라마단(Ramadan)이란 이슬람력 제9월의 이름으로, 무함마드가 이 기간 동안에 첫 번째 계시를 받았고, 십 년 뒤에는 메디나로 간 헤지라 사건이 있었던 절기이다. 이 두 사건을 기념하기 위해 무슬림들은 라마단의 기간 한 달 동안 금식을 해야 한다. 이슬람력은 음력이기 때문에 라마단은 해마다 바뀐다.

해 뜰 때부터 해 질 때까지 먹거나 마셔서는 안 된다. 어떤 것이든지 씹거나 삼켜서도 안 되고, 약의 복용이나 흡연도 허용되지 않는다. 그러나 무의식 상태에서 먹거나 마신 경우는 용서된다. 이를 닦거나 입을 헹구는 행위, 몸을 씻거나 침을 삼키는 것은 가능하다. 크림이나 향수를 바를 수 있고 배우자나 아이들에게 하는 가벼운 입맞춤은 허용되지만, 부부관계는 할 수 없다. 고의로 혹은 의식적으로 금식을 깬 경우에는 정해진 벌칙을 나중에 받아야 한다. 예컨대 성행위를 한 경우 60일의 금식 또는 최소한 60명에게 식사대접을 해야 하는데, 이를 '카파라(kaffara, 보상회개)'라고 부른다. 금식의 의무는 임산부, 생리 중인 여인, 노약자, 어린이, 병자, 정신이상자에게는 적용되지 않는다.[235] 기간은 한 달 동안이며, 아침과

---

235) Ibid., 222-223.

점심 두 끼를 굶고 일몰 후에 저녁 식사를 한 끼 먹는다.

『꾸란』에서는 단식을 의무화 한다. 라마단 단식의 주목적은 신앙심의 고양과 정신적인 자기정화인데, 이와 더불어 무슬림들은 건강도 얻게 된다고 한다. 단식을 수행함으로 무슬림들은 세속적인 욕망들과 절연하고 인내와 성찰, 예배와 기도에 집중함으로 신앙생활의 큰 성장을 이룰 수 있다고 한다. 라마단의 금식은 영적 훈련으로, 신의 명령에 복종하고 나 아닌 다른 사람들, 특히 가난하고 배고픈 사람들과의 본질적인 동일성을 깨닫는 것이 목적이라고 한다.

(5) 순례(메카 참배, hajj)

매년 행하는 메카로의 성지순례는 신체적, 경제적으로 이를 수행할 수 있는 무슬림들에게 일생에 한 번 꼭 행해야 하는 의무이다. 성지순례는 이슬람력 12월 8일에 시작되며 순례자들은 이때 민족과 피부색, 계층과 문화의 구별이 없이 모두 바느질 하지 않은 흰옷을 두르게 되는데 이것은 모든 무슬림들이 신 앞에 평등하다는 것을 나타낸다. 여자들도 순례복으로 갈아입는데, 남자와는 달리 보통 헐겁고 간편하며 온 몸을 가려주는 각국의 전통의상을 입는다. 일부 무슬림들은 남성의 순례의상이 이슬람의 통일성과 평등주의를 나타내며, 여성의 순례의상은 이슬람의 다양성을 상징한다고 말한다. 순례기간 동안 머리를 자르는 것이 금지되므로 남자는 먼저 머리를 짧게 깎아야 한다.

순례의 중요 의식 중에는 카아바[236]를 시계 반대방향으로 7번 도는 따와프(tawaf) 행사가 있으며, 또 다른 중요한 의식으로 사라에게 쫓겨나 갈증의 고통 중에 있던 하갈이 싸파(Safa)와 마르와(Marwa)의 두 언덕 사이를 사람을 찾으며 일곱 번씩 뛰어다닌 것을 기념하여 이 두 언덕 사이를 일곱 번 빠르게 걷는 싸이(say)가 있다. 또 9일째 되는 날에는 아라파트(Arafat) 언덕 평원에서 정오 때부터 일몰 때까지 서서 명상하고 기도하며 신에게 찬양과 예배를 드린다. 다음날은 전 세계 무슬림들의 대축제인 이드 알 아드하(id al-adha, 봉헌의 축제)로 경제적 여유가 있는 사람이면 양을 잡아 예배하고 이웃과 고기를 나누어 먹는다.[237] 순례는 이슬람 공동체의 신앙과 통일을 상징하는 의식으로, 순례를 하고 고향에 돌아온 신자는 하지(hajj)라는 칭호를 얻어 무슬림 공동체에서 존경을 받는다.

(6) 성전(지하드, jihad)

성전(聖戰)은 이슬람의 다섯 가지 신앙실천에는 포함되어 있지 않지만, 이맘(imam : 최고 종교지도자)들에 의해 반복적으로 강조되고 있다. 광의(廣義)로서의 지하드는 개인적 신앙투쟁이나 선교, 종교교육 및 종교기관의 설립 등 이슬람 전파와 팽창을 위해 헌신적으로 노력하는 것을 의미하며, 협의로서의 지하드는 꼭 필요한 경우 이슬람의 적들에 대항하여 치르는 방어적 무장투쟁이다. 지하드의 의미는 '능력을 극대화하기 위한 갈등'이며, 그 해석 또한 다양하여 '성전' 또는 '이슬람

236) 카아바는 사우디아라비아 메카의 히람성원 내에 있는 제단으로 무슬림들은 이곳을 향해 예배한다. 그들은 이 제단이 원래 아담에 의해 건립되었고, 아브라함에 의해 재건되었다고 주장한다.
237) 손주영, 『이슬람 : 교리, 사상, 역사』, 225-227.

방어'로 해석되고, 초기 이슬람 확장 기간 동안에는 '침입', '정복' 등을 뜻하다가, 현대에는 '이슬람 전파', '개인훈련' 등으로 이해되고 있다. 따라서 지하드는 칼과 무력, 말과 문필, 지적이고 영적인 갱신 등을 포함한다.

5. 이슬람교의 신관

1) 신의 유일성(Tauhid)

무슬림들은 신의 유일성을 강조한다. 『꾸란』에는 "일러 가로되 알라는 단 한 분이며 알라는 영원하며, 그는 낳지도 않고 태어나지도 않았으니 그와 같은 이가 없도다"[238]라고 쓰여 있는데, 이것은 무슬림들이 가장 즐겨 인용하는 구절이다. 무슬림들은 다른 신과 알라를 동렬에 두는 것을 가장 큰 죄라고 생각한다.

2) 신의 속성(Sifat) 7가지

(1) **생명**: 그의 존재는 시작도 끝도 없다. 그는 무슨 일이 발생하든지 거기서 이익도 손해도 보지 않는다.

(2) **지식**: 그는 보이는 것이나 보이지 않는 것이나 과거나 미래의 모든 것을 안다. 그는 망각하지도 소홀히 여기지도 않으며 실수도 없다.

(3) **능력**: 알라는 전능하다. 그가 원하기만 하면 돌이나 나무

---

238) 『꾸란』 112:1-4.

도 말하게 할 수 있다.

(4) **의지**: 그는 원하는 것은 무엇이든지 할 수 있다. 그는 행동할 필요가 없다. 선과 악은 그의 의지에 의해서 존재한다. 어떤 사람이 신앙을 가지면 그것은 알라의 뜻이고, 어떤 사람이 믿지 않으면 그것도 알라의 뜻 때문이다.

(5) **들음**: 그는 높고 낮음에 관계없이 모든 소리를 듣는다. 그는 귀가 없이도 듣는다.

(6) **봄**: 그는 눈 없이 모든 것을 보는데 심지어 검은 고양이가 밤중에 검은 돌 위에서 걸어가는 발자국까지 볼 수 있다.

(7) **말함**: 그는 혀 없이 말한다.

3) 신의 초월성(Tanzih)

무슬림들은 신이란 정녕 알 수 없는 존재라고 믿는다. 신은 인간에 초연하며 인간은 신에 대해서 알 수가 없다. 인간이 신에 대해 어떤 관념을 갖든지 신은 그 생각과는 다르다. 신은 어떤 것 안에도 존재하지 않으며, 신 안에는 아무 것도 존재하지 않는다.

6. 이슬람교의 종파

무함마드의 후계자 계승에 관한 문제로 이슬람 세계에 분열이 일어났다. 무함마드의 외동딸 파티마의 남편인 알리의 가계

혈통에서 칼리프[239]가 계승되어야 한다는 주장과 칼리프는 선거제도에 의해서 선출되어야 한다는 주장으로 양분된 것이다.

1) 순니파(Sunnites)

『꾸란』과 더불어 전통적 구전을 신봉하는 이슬람교의 정통파로 무슬림 인구의 85% 정도를 차지한다. 순니파는 제1대 후계자 아부 바크르부터 정통으로 인정하고, 종교적·율법적 권위를 꾸란과 전승(하디스)에서 찾는다. 오늘날 무슬림의 대부분이 순니파에 속하며 주로 사우디아라비아와 터키를 중심으로 분포되어 있다. 역사적으로 보면 순니들은 무슬림 공동체, 즉 움마의 순나(Sunna)[240]를 추종하는 사람들로서 선거제도에 의해서 칼리프가 선출되어야 한다고 주장하는 파이다. 순니파에서는 꾸란(Quran), 순나(Sunna), 하디스(Hadith)에 표현된 모든 내용들을 수용하고, 네 개의 기본적 법(토라, 수으웁, 자부르, 인질)인 샤리아(Shariah)를 인정한다. 샤리아는 꾸란, 하디스, 이즈마(Ijma),[241] 쿠야스(Qyas)[242]로 구성되어 있다.

꾸란의 법을 적용하는 문제를 중심으로 약간씩 다른 의견이 있어 다시 네 개의 파로 갈라지는데, 그 중 각 지역의 특

---

239) 무함마드의 후계자를 칼리프(Caliph)라고 한다.

240) 순나(Sunna)는 아랍어로 '관습'이라는 뜻이다. 순나는 무슬림 공동체의 전통적인 사회적·법률적 관습으로, 이슬람교 발생 이전의 아랍에서 부족의 선조들이 제정하여 규범으로 채택하고 공동체 전체가 실천했던 선례를 일컫는 말이었다.

241) 이즈마(Ijma)는 아랍어로 '합의'란 뜻으로 '이슬람 공동체의 동의'를 의미한다. 이슬람의 어떤 원칙에 대한 이슬람 공동체 내의, 특히 무슬림 학자들간의 보편적인 합의를 말한다.

242) 쿠야스는 '분석적 추리'라는 의미이다.

수성을 감안해서 적용하려는 진보적인 샤파이파가 네 파 중에서 가장 수가 많다. 이집트, 시리아, 인도, 말레이시아, 인도네시아 등에 분포해 있다.

2) 쉬아파(Shiites)

이 종파는 제4대 칼리프(Caliph) 무함마드의 사위 알리(Ali)가 스스로 무함마드의 후계자라고 주장하던 무아위야(Muawiya)에게 암살당한 사건이 계기가 되어 시작되었다. 알리의 지지자들은 무함마드의 직계 후손만이 이슬람 최고 지도자의 정통성이 있으며 그들에게만 통치권이 주어져야 한다고 믿었다. 그러므로 쉬아파는 곧 알리파이며 혈통주의라는 특징이 있다.[243] 알리파의 혈통적 지도자들은 이맘 마디(Imam Mahdi)로서 '거룩한 자들'이라고 존경받으며 알라의 초자연적 인도를 받는 특별한 영적 지도자라고 한다.

주로 이란, 이라크를 중심으로 아프리카에 많이 퍼져 있으며, 세계 이슬람교인의 10-15%를 차지한다. 현재 이란은 쉬아파를 공식 종교로 받아들였으며, 이라크 인구의 약 3분의 2가 쉬아파이다. 그 외의 쉬아파들은 사우디아라비아, 인도, 파키스탄, 아프리카 동부 등에 흩어져 있다.[244]

3) 수피파(Sufis)

이슬람교의 신비주의파로서, 이슬람의 정통 노선인 순니파

243) 김은수, 『비교종교학개론』(서울 : 대한기독교서회, 2006), 257.
244) 오강남, 『세계종교둘러보기』, 320-321.

에 대한 반발로 일어났다. 형식주의를 반대하고 환상, 치유, 기도에 집중하며 알라와의 관계에서 하나로 연합되는 신비체험을 강조한다. '수피'라는 말은 '양털 옷을 입은 자'라는 뜻인데, 이는 그들이 염색하지 않은 거친 옷을 입고 다녔기 때문이다. 처음에는 참회의 표시로 입다가 나중에는 정식 의복이 되었다.[245] 수피파는 금욕주의와 율법주의 등도 함께 강조하기 때문에 순니파나 쉬아파 교도들 중에 내면적으로는 수피파 노선을 따르는 자가 상당히 많다. 수피파는 민속 이슬람 사상과 신비주의 사상을 결합하여 이슬람 문화를 꽃피웠다. 그들은 무함마드를 신격화하고, 점성술과 마술을 인정하며, 알라의 9가지 이름을 외우면 신비의 힘이 솟아난다고 믿는다. 수피파는 인도나 파키스탄, 인도네시아, 말레이시아, 필리핀 등 주로 아시아 지역에 퍼져 있다.[246]

4) 기타의 소수 종파들

이스마일파는 무함마드의 영적 후계자이며 제6대 쉬아파 이맘인 자파르 알 사디크의 사망(765)과 더불어 비롯되었다. 자파르의 장남 이스마일은 자파르가 생존해 있을 때 죽었지만, 그럼에도 불구하고 그의 추종자들은 이스마일을 자파르의 후계자로 명명했다.[247] 8세기 말에서 9세기 초에 정립된 이스

245) Ibid., 321.
246) 김은수, 『비교종교학개론』, 257-258.
247) 대다수의 쉬아 무슬림은 장남인 이스마일이 술을 마신다고 비난하면서 7대 이맘으로 작은 아들인 무사 알 카짐을 선택했다. 하지만 형인 이스마일을 이맘으로 추종하는 사람들도 많이 있었다. 이들은 이스마일에게 신성한 계시의 능력이 있다고 믿기 시작하였고, 이스마

마일파의 교리는『꾸란』해석에서의 이중성, 즉 비전적(秘傳的) 요소와 공개적 요소를 동시에 주목하였다. 이스마일파는 이맘을 정점으로 하는 위계조직을 형성했는데, 이맘은 최고의 '선교사'로 간주되었다. 이스마일파는 신적인 계시를 통해 이맘 직이 알 후세인[248]의 가계로 이양되었다고 한다.[249]

아하미디아파는 신흥 종교의 성격을 가지고 있으며 복음서의 예수님의 행적을 전적으로 부정한다. 그들의 주장에 의하면 예수님의 무덤이 타시미라는 곳에 실제로 존재한다고 한다. 아하미디아파의 중심은 파키스탄이다.

와하비파는 18세기 중엽 아라비아반도에서 출현한 이슬람 복고주의 운동이자 사회·정치 운동으로 이슬람 원리주의를 이어받은 보수주의 부흥을 주장하는 종파이다.[250]

7. 이슬람교의 문화

이슬람의 문화를 이해하는 데 있어서 대전제가 되어야 할

일의 집안에서 '숨은 이맘(쉬아 이슬람의 구세주)'이 나온다고 선언하면서 계승권을 지키기 위한 투쟁을 지속하였다. 이들을 이스마일파라고 부르며, 이스마일을 포함한 위의 7명의 이맘을 숭배한다 하여 다른 말로 '일곱 이맘파'라고도 부른다.

248) 무함마드의 사촌동생이자 사위인 알리의 차남이다.

249) Norman Anderson ed., *The World's Religions*, 153.

250) 와하비파는 압둘 와하브(Abdul Wahab)가 이슬람문명의 주요 성지를 돌아다니면서 18세기 이슬람 사회의 병폐를 직접 경험한 1745년에 창시하였다. 와하브는 당시 이슬람 사회가 낙후된 원인은 전통 이슬람에서 벗어났기 때문이며, 이를 바로잡기 위해서는 이슬람교의 근본 교리와 경전인『꾸란』으로 돌아가야 한다고 주장하였다.

것은 모든 이슬람 국가가 신정국가라는 것이다. 즉 국가와 국민과 종교가 떨어질 수 없는 관계 속에 있는 문화이다. 이슬람 사회는 정치와 종교가 명확히 구분되지 않는다. 중요한 정치적 결정은 호메이니[251]와 같은 종교 지도자가 결정한다. 이슬람 문화는 영적이고 현실적이면서 강력한 종교적 특징으로 결합된 문화이다.

1) 정치

이슬람 문화의 정치적 특성은 '오른손에는 칼, 왼손에는 꾸란'에서 상징되는 바와 같이 폭력적인 힘의 지배이다. 이슬람 세계에서는 정치적 목적을 위해서 암살과 테러를 자행하여 왔다. 암살단을 조직하여 정치적 반대파들을 암살하는 것이야말로 알라의 뜻을 실행하는 신성한 종교적 의무이며, 천국에 갈 수 있는 수단이라고 여긴다. 『꾸란』 제8장 39절에서는 "불신하지 아니 할 때까지 성전(聖戰)하되 모든 종교가 알라만을 위할 때까지 하라. 만일 그들이 단념한다면 실로 알라는 그들이 행하는 모든 것을 지켜보고 계실 것이다"라고 지하드를 언급하고 있다.

2) 언어, 과학, 예술, 건축, 문학

이슬람은 독자적인 사막 문화를 건설하면서 이를 보급하고 세계화시키는 데 주력하였다. 무엇보다도 그들이 사용하던 아

---

251) 호메이니는 이란 이슬람공화국을 성립시키고 이맘(imam : 최고 종교지도자)의 칭호를 받았으며 최고지도자로 이란을 통치하였다.

라비아 숫자는 전세계적으로 쓰인다. 아랍인들은 사막에서 밤을 지새며 밤하늘의 신비와 별들을 관찰한 까닭에 천문학이 발달하였으며, 별을 보며 상상력을 키웠기 때문에 운문과 산문이 발달하였다. 이슬람의 건축 양식 또한 매우 독특하다. 돔 형식의 성전과 첨탑은 이슬람의 독특한 건축 양식이다.

3) 가족제도와 여성의 지위

이슬람 사회에서 남자는 네 사람 이상의 아내를 취할 수 없다. 『꾸란』 제4장 3절에는 "만일 너희가 고아들을 공정하게 대처하여 줄 수 없을 것 같은 두려움이 있다면[252] 결혼을 할 것이니 둘 또는 셋 또는 네 명의 여자와 결혼함이 나으니라"[253]라고 기록되어 있다. 그러나 그 외에도 그들이 원하는

252) "고아의 복지를 위한 조건을 제기하면서 결혼 준칙을 소개하고 있다. 이 결혼 준칙의 선포시기는 우흐드 전투 이후였다. 이 전투에서 많은 이슬람 병사들의 사상자가 발생함으로써 무슬림 공동체 내에서는 많은 고아들과 과부들이 생기게 되었다." [최영길, 『꾸란해설』(np, 1988), 122]

253) "이슬람이 오기 이전 '암흑시대' 또는 '무지의 시대'라고 불리던 시기에는 아내의 숫자에 관한 제한이 없었으므로 일부다처제였다고 말할 수 있다. 그러나 이슬람이 오면서 4명으로 제한함은 물론 4명의 부인을 얻을 수 있는 특수한 환경, 즉 조건이 부여되고 있다. 첫째, 부인이 불임증이어서 자손을 갖지 못할 경우 첫 부인을 보살피면서 다른 여성을 부인으로 맞아들일 수 있다. 둘째, 부인이 성불능이거나 심한 질병으로 성생활을 할 수 없어 이혼을 할 경우 그 부인은 보호자를 잃게 되는데, 이러한 조건하에서 질병에 걸린 부인을 보호하면서 다른 여성을 부인으로 맞이할 수 있다. 셋째, 전쟁이나 사고로 인하여 여성의 숫자가 남성의 숫자보다 절대적으로 우월할 때 여성의 본능을 구하고 그로 인하여 맞아들인 고아들을 돌볼 수 있도록 한 여성을 부인으로 맞아들일 수 있다는 것이다. 이로써 4명의 부인을 맞아들일 수가 있는데 여성들의 질투와 시기 때문에 4명

만큼의 많은 여인을 동거자로 삼을 수 있다. 이슬람에서 결혼은 신성한 의무를 갖지 않는다. 남자들은 언제든지 또 어떠한 이유로든지 이혼할 수 있다. "나는 너와 이혼한다"고 세 번 외치면 여자의 의사와는 상관없이 이혼이 성립된다. 남편은 언제든지 자기 아내와 이혼할 수 있지만 여자는 어떤 경우에도 이혼을 제기할 수 없다.

부부의 관계에 대해서도 『꾸란』에서는 여성의 낮은 지위를 언급한다.[254)]부분적일지라도 결혼한 남성이 여러 명의 아내와 사는 것은 복혼이다. 남성들은 타 종교 여성과 결혼을 할 수 있는데 여성들은 타 종교의 남성들과 결혼을 하지 못한다. 또한 여성의 위치가 이슬람에서는 법적으로 서로 상반된 입장을 보이고 있다. 이슬람의 법에서는 여성과 남성은 서로 동등하다고 쓰여 있는데, 또한 여성의 지위가 남성보다 하위라고 명시되어 있어 서로 상충되고 있다.

무슬림 여성들은 직장이나 정부의 공직에 나갈 수 없으며, 학교, 병원, 회사에서도 남성과 같은 일을 할 수 없다. 이러한

의 부인을 거느리기가 불가능한 것으로 보고 있다. 그래서 본 절에서도 이러한 특수 환경을 제외하고 또 부인들에게 공평성을 유지할 수 없을 경우에는 한 부인이 낫다는 것을 제시하고 있어 일부일처제이나 위에 언급한 특수 환경에서만 일부사처제가 허용된다."고 한다. [Ibid., 123]

254) "남성은 여성의 보호자이나니 이는 신께서 그녀들보다 강한 힘을 주기 때문이니라 남성은 여성을 그들의 모든 수단으로써 부양하나니 여성은 헌신적으로 남성을 따를 것이며, 남성(남편)이 없을 경우 남편의 명예와 자신의 순결을 보호할 것이로다 순종치 아니하고 품행이 단정치 못하다고 생각되는 여성에게는 먼저 충고를 하고 그 다음으로는 잠자리를 같이 하지 말 것이며 셋째로는 가볍게 때려줄 것이로다 그러나 다시 순종할 경우는 그들에게 해로운 어떤 수단도 강구해서는 아니 되나니 진실로 신은 위대하시도다." 『꾸란』 4:34.

규제들로 인해 국가발전이 저해 되자, 몇몇 국가에서는 여성들의 사회진출을 허용하고 있다. 또한 페르시아와 인도의 풍속에서 유래한 이슬람권 여성들의 베일은 여성의 정숙을 상징하는데, 이러한 생활습관이 여성들의 인권을 침해하는 요인이 되고 있다. 이와 같이 『꾸란』은 무슬림 여자들이 당하고 있는 비천한 지위를 그대로 인정하므로 이슬람 제도의 커다란 악(惡)을 묵인하고 있다.

4) 음식

무슬림들의 음식에 대한 일반적인 원칙은 다음과 같다. 깨끗하고 신이 허용하였으며, 인간의 몸에 좋은 음식을 적당하게 섭취하는 것은 적법하다. 그러나 이러한 일반 원칙을 넘어서 신이 금기로 정한 음식이 있다. 예를 들면 신의 이름으로 도살하지 않은 고기, 죽은 짐승의 고기나 동물의 피, 돼지고기, 모든 육식성 동물의 고기이다. 정상적인 상황 아래에서 불결하고 해로운 것을 섭취하는 것은 모두 금기이다. 그렇지만 예외를 허용하는 융통성을 갖고 절대적인 필요에 따라 대처하는 모습을 보인다. 무슬림들은 건강에 좋은 음식을 섭취하며 건강한 삶을 영위하는 것이 무슬림의 길이라고 생각한다.

8. 이슬람교에 대한 평가

이슬람교에서는 알라 외에 다른 신은 없다고 한다. 이슬람교는 신의 인격의 단일성을 가르치는 일신교로 삼위일체이신 하나님에 대한 개념이 결여된 신앙이다. 그들은 예수 그리스도가 아담, 노아, 아브라함, 모세와 같은 선지자에 불과하다고 한다. 이슬람교는 예수 그리스도를 단순히 무함마드보다 덜 중요한 하나의 선지자로 간주함으로써 예수님의 존엄을 심각하게 훼손한다. 몽고메리 와트(Montgomery Watt)에 의하면 무슬림은 기독교인들이 신의 아들을 신이라고 하였고, 신 이외에 다른 인간 및 사제들을 숭배했으므로 우상숭배(idolatry, shirk)를 저지른 불신자(kuffar)라고 비난한다고 한다.[255)]

이슬람의 신은 인간과 인격적인 교제가 없을 뿐 아니라 심판을 강조하는 신이고, 사람을 은혜로 다스리기보다는 두려움에 떨게 하는 신이다. 무슬림들은 아버지라는 개념을 육체적인 것과 관계있다고 생각한다. 그러므로 그들에게 있어 알라를 아버지라고 부르는 것은 불경스러운 일이다. 이슬람교에서 용서받을 수 없는 죄는 신을 회피하는 죄와 사람이나 사물을 전능자와 관련시키는 죄이다. 따라서 신의 화육(化肉)에 대한 사상은 정통 이슬람교에서는 파문에 해당하는 신성모독의 죄가 된다.[256)] 이슬람교가 예수님에 대해서 인간의 죄를 위해 죽지 않았고 십자가에 달린 사람은 가룟 유다라고 주장하는 것은 사실의 왜곡일 뿐 아니라 예수님이 제2위 성자 하나님이시며 구원자이심을 알지 못한 것이다.

또한 이슬람교는 성경이 아닌 『꾸란』을 최고의 권위로 받

---

255) W. Montgomery Watt, “The Christian Criticized in the Quran”, in *The Muslim World* 57, no.3(1967), 197-201.

256) J. N. D. Anderson, *Christianity and Comparative Religion*, 박영관 역, 『비교종교론』(서울 : 기독교문서선교회, 1991), 65-66.

아들이고 있다. 이슬람교의 경전에는 모세의 교훈들과 선지서, 다윗, 예수, 그리고 무함마드의 교훈들이 포함된다. 하지만 무슬림들은 앞의 모든 교훈들은 상실되고 손상되었으며 오직 무함마드의 말인 『꾸란』만이 온전하게 보존되어 있다고 본다. 또한 『꾸란』이 성경 이전의 계시를 대신한다고 믿는다. 그러나 실상은 『꾸란』이 성경을 왜곡한 것이며 하나님의 종교를 인간의 종교로 만들어버린 것이다. 따라서 이슬람의 경전은 기독교의 성경과 전혀 다르다는 것을 명심해야 한다.

『꾸란』은 예수가 죄 없는 삶을 살았으며, 맹인을 보게 하고, 문둥병을 고치며, 죽은 자를 살리는 기적을 많이 행하였다고 하며, 그를 '신의 말씀', '신으로부터 온 영'이라 불렀다. 하지만 이슬람교에서는 예수님의 인격과 사역을 기독교에서 바라보는 시각으로 보지 않는다. 이슬람교에서는 이러한 진리들, 즉 예수 그리스도가 하나님의 아들이시며 십자가에 못 박혀 죽으시고 죽음에서 부활하셨다는 사실을 받아들이지 않는다. 이슬람교가 예수님에 관해 비교적 높은 차원의 견해를 가지고 있다고는 해도, 예수님이 하나님의 독생자와 구세주가 아니라고 주장한다면 『꾸란』에서 언급하는 예수님의 존재와 예수님께 표현되는 존경도 아무런 가치가 없는 것이다.

이슬람교에 있어서 사람의 구원은 결코 확실한 것이 아니다. 왜냐하면 구원이 알라의 뜻에 완전히 복종하며 행하는 데 근거하고 있기 때문이다. 이것은 하나님이 은혜로 값없이 주신 대속자를 믿는 신앙이 아닌, 자만하는 자기 의를 조장한다. 그러한 태도는 죄책감으로 인한 고통이나 절대적인 도덕기준의 요구를 달성하기 위해 노력하며 애쓸 때에 오는 좌절감이 없다. 기독교는 상한 심령의 종교이지만, 이슬람교는 도덕적 요구를 이행하기만 하면 되는 형식의 종교이다. 이슬람은 기독교와는 아무런 공통점도 없다고 보아야 한다.[257)]

이슬람교에서의 죄는 알라의 뜻에 소홀하며 종교적 임무를 등한히 하는 것이다. 회개와 개혁이 없는 이슬람에서는 사람이 자기 스스로 구원을 얻고 자기 자신의 죄 값을 치른다고 한다. 하지만 성경적으로 볼 때 죄는 적극적, 소극적 형태로 하나님께 반항하는 교만하고 독자적인 행위이며, 구원은 하나님의 아들 예수 그리스도께서 우리의 죄를 위해 십자가에 돌아가심을 믿음으로 말미암아 이루어지는 것이다. 무함마드는 성경을 심하게 왜곡하였으며, 이슬람은 『꾸란』을 절대적인 신의 계시라고 거짓되게 선언하고 있다.

이슬람교가 기독교의 영향을 많이 받았고 신구약 성경을 그들의 경전에 상당한 부분 포함하고 있으나 예수 그리스도께서 하나님이심을 부인하고 아담으로부터 무함마드에 이르기까지 여러 선지자들 중의 하나로만 여기므로 인간을 구원하는 종교가 되지 못한다. 이슬람교의 구원은 예수 그리스도가 인간들의 유일한 구속자이신 것을 알지 못하기 때문에 필연적으로 거짓된 것이다.

---

257) Jacques Ellul, *Islam et judéo-christianisme*, 이상민 역, 『이슬람과 기독교』(서울 : 도서출판 대장간, 2009), 104-105.

제 6 부
한국과 일본에서 발생한 종교

제 12 장
신도교

1. 신도의 기본적 이해

일본의 국교라고 할 수 있는 신도는 세계에서 오랜 역사를 지니고 있는 여러 종교들 중의 하나이다. 신도(神道)라는 단어는 중국어의 셴따오(Shen-tao)에서 유래된 것으로서 '신의 길'이라는 뜻이며 일본어로는 '가미노 미치'라고 한다. 이 용어는 6세기경부터 신도를 불교와 구분 짓는 데 사용되었다. 신도는 일본에서 발생한 일본만의 종교라고 할 수 있다. 하지만 신도는 체계화된 종교의 형태를 지니고 있지 않다는 점에서 여타 종교들과는 성격이 다르다.

신도란 일본 민족의 고유한 신 및 신령에 관계된 신념의 기반에서 발생하여 생활 속에서 전승되어온 삶의 태도와 사고방식들까지 포함하는 종교를 총칭하는 말이다. 신도는 샤머니즘적 요소가 강하며 고대 일본인들의 물활론(物活論)에 그 기원을 두고 있다. 다시 말해 각 가정이나 그 지방의 수호신을 섬기던 것이 점차 그 지역의 영웅이나 지도자를 숭배하고 조상의 영혼을 기리는 것으로 변화되면서 일본의 정신적 종교로 확대된 것이다.

신도 신앙은 이전부터 있었지만 ‘신도’라는 명칭은 훨씬 후대에 생겨났다. 신도라는 말이 처음 나타난 것은 『니혼쇼키(日本書紀)』에서이다.258) ‘가미(神)’는 근본적으로 생물체나 무생물체에 깃들어 있는 신비스러운 힘을 가리키는 하나의 개념어이다. 그들은 경외감을 불러일으키고 숭배의 대상이 될 수 있다고 생각되는 것은 모두 가미로 받아들였다. 신도에 있어서 가장 중요한 것은 가미를 경외하는 것이다. 스코틀랜드 출신의 비교종교학자인 스마트(Ninian Smart, 1927–2001)는 ‘가미’에 대하여 다음과 같이 설명하고 있다.

신도는 자연에 깃들어 있는 신이나 영들의 존재에 대하여 깊은 관심과 경외심을 표명한다. 이러한 신들이나 영들을 가리켜 소위 가미라고 하는데 가미의 문자적 의미는 ‘초월적 존재’라는 뜻이다. 이 같은 가미는 무수히 많기 때문에 그 가미들을 계급적으로 구분짓거나 하나의 거대한 조직으로 체계화할 수 없을 정도이다. 그렇지만 그처럼 많은 가미들 중에서 가장 오랫동안 경외를 받아온 가미는 태양의 여신인 아마테라스이다. 바로 이 여신이 신도 신앙의 중심을 이루고 있다.

한편 『고지키(古事記)』의 서두에 나오는 신화에 의하면 하늘에 있던 최초의 몇몇 신들이 이자나기(伊莊諾)라는 남신과 이자나미(伊莊再)라는 여신을 탄생시켰으며, 이들이 일본이라는 섬나라를 낳았다. 그리고 이자나미와 이자나기 사이에서 육지 및 산신(山神), 목신(木神), 폭풍의 신, 화신(火神) 등 각양각색의 신들이 생겨났다. 그리하여 마지막에 태어난 것이 위대한 태양의 여신인 아마테라스(Amaterasu, 天照)라는 것이다. 그런데 이 같은 신화가 생겨나기 이

258) 村岡典嗣, 『일본신도사』, 박규태 역 (서울 : 예문서원, 1998), 15.

전부터 이미 일본인들은 아마테라스를 야마또(大化) 왕조 천황들의 선조로 믿고 있었다. 이상과 같은 신화를 통하여 우리는 어떻게 하여 수많은 가미들 중 유독 아마테라스만이 일본인들로부터 특별한 경외를 받고 있는가에 대하여 조금이나마 이해할 수 있다.

신화에 의하면 일본인들은 가미의 후손이 된다. 즉, 일본 천황의 계보를 더듬어 올라가 보면 그 계보는 아마테라스에까지 이르게 된다는 것이다. 아마테라스가 그녀의 아들인 니니기(Ni–ni–gi)에게 자신을 대신하여 일본을 다스릴 수 있는 통치권을 주었다. 그러므로 이후 일본 황족의 계통은 이 니니기의 후손들로 이루어지게 되었다. 위대한 신들에 대하여 이야기하고 있는 일본 신화가 다분히 의인화 된 색채를 띠고 있음에도 불구하고, 특별한 장소나 사물에 깃들어 있는 것으로 여겨지고 있는 일부 영들은 그렇게 의인화되어 있지 않다.[259)]

신도는 간단히 말해 일본이 만든 그들만의 종교로 죽은 조상들과 자연의 영들을 숭배하는 일종의 정령숭배 종교에 해당한다. 신도는 일본 민족의 가미 관념에 근거하여 그 배경을 이루는 생활태도 및 이념의 총체를 가리킨다. 신도에서는 가미와 조화롭게 사는 것을 삶의 목표로 삼는다.

2. 신도의 기원과 역사

신도는 순수한 일본 종교로서 그 기원이 아주 오래 되었

---

259) Ninian Smart, *Religious Experience of Mankind* (New York : Charles Scribner's Sons, 1969), 192-193.

다. 신도 교도들은 신(神)이 일본이라는 섬나라를 최초에 창조했다고 믿고 있다. 일본인들은 자신들의 국명을 일본(日本)이라고 부르고 있는데, 이 단어의 의미는 '태양으로부터 기원되다'라는 뜻이다. 이러한 일본인들의 사상은 신도가 왜 일본인들 사이에서만 발달되고 있는지에 대하여 근본적인 해답을 제시하여 준다.

1) 신도의 초기 역사

신도의 역사는 크게 네 단계로 구분해 볼 수 있다. 첫 번째 단계는 선사시대로부터 552년까지의 시기이다. 원시 신도는 벼농사를 위하여 행해지는 집단적 제사의 종교였다. 이외에도 조령(祖靈), 사령(死靈)에 대한 제사나 자연, 동물 등의 영혼에 대한 제의도 행해졌다. 두 번째 단계로 6세기 중반에 이르자 불교가 차츰 일본인들로부터 호응을 얻기 시작하였으며, 645년에는 고도쿠(孝德 : 645–649) 천황이 등극하여 불교를 숭상하고 신도를 배척하였다. 세 번째 단계는 800년부터 1700년에 이르는 기간으로 신도가 다른 종교들과 융합되는 현상을 띠게 된 시기이다. 그 중 불교 및 유교와 융합된 신도를 '료부(兩部)신도', 혹은 '신곤(眞言)신도'라고 한다. 이 시기에 신도는 급격한 퇴보의 길을 걷게 되었다.[260] 그 후 네 번째 단계로 1700년 이후 신도의 부흥기가 오게 된다.

---

260) Josh McDowell and Don Stewart, *Handbook of Today's Religions* (Nashville : Thomas Nelson Publishers, 1983), 350.

2) 신도의 부흥

1700년경 일본에서는 고문헌에 대한 연구를 재개하는 일환으로 고문헌연구소가 설립되었다. 그 당시 뛰어난 신도학자였던 히라타 아쓰타네(平田篤胤, 1776–1843)는 다음과 같이 말하였다.

신도는 두 가지 기본적인 신조를 가지고 있다. 그 중 하나는 일본이 신들에 의해 창조된 나라라는 것이며, 다른 하나는 일본인들이 신들의 후손이라는 것이다. 그러므로 일본인들은 자신들이 중국인이나 인도인, 러시아인, 화란인, 태국인, 캄보디아인 및 기타 세계 다른 나라 사람들과는 근본적으로 구분되는 민족이라고 믿고 있다. 일본인들은 미코토(みこと) 천황[261]이 신의 아들이며, 그로부터 오대양 육대주를 다스릴 수 있는 통치권을 부여받았다고 믿는다. 이처럼 자신들이 신의 후손이라는 사실로 인해 일본인들은 다른 나라 사람들에 비해 지적인 면에 있어서나 행동적인 면에 있어서 비교할 수 없을 정도로 뛰어나다는 우월감을 맛볼 수 있었다.[262]

일본이라는 나라가 신의 창조물이며, 일본인들이 신의 후손이라는 점을 재정립시킨 아쓰타네와 같은 학자들의 사상은 결과적으로 신도를 부흥시켰다. 1870년에는 메이지(明治 : 1852–1912)

261) 최초의 천황이다. 신대1의 천황으로 재위의 기록은 나타나지 않는다. 신대1에서 신대3은 재위기록이 없고 역사적 사실로 인정하는 데 다소 무리가 있어서 신대(神代)라고 표기한다. 재위기록이 있는 천황은 제1대 진무(神武) 천황(재위 660-585 BC)에서부터 시작된다. 현재는 제125대 헤이세이(平成) 천황(재위 1989-현재)이 계승하고 있는데, 그의 본명은 아키히토(繼明仁)이다.

262) Robert E. Hume, *The World's Living Religions*, 172.

천황이 대교선포(大敎宣布)의 칙령을 발하여 신도 국교화의 토대를 마련하였다. 그 내용은 “지금은 천운이 순환하는 유신의 때이니 통치의 교를 밝히고 가미나라의 대도를 선양하며 새로이 선교사를 명하여 천하에 포교케 한다”는 것이었다. 더 나아가 1871년에는 관폐사 및 국폐사 제도가 발족되었고, 1872년에는 신도포교의 근본 방침으로서 삼조의 교칙 – 경신애국의 취지를 실현할 것, 천리인도를 밝힐 것, 천황을 섬기고 조정의 뜻을 준수할 것 – 이 선포되었다. 이러한 과정을 거치면서 1882년 이후에는 국가신도와 교파신도라는 이중적인 시스템이 형성되었다.

3) 국교로서의 신도

일본의 메이지 천황은 불교 대신 신도를 국교로 제정하였다. 그러나 일본인들이 신도뿐 아니라 불교 신앙도 계속 고수하자 메이지 천황은 1877년 국민들이 불교를 숭상하는 것을 공식적으로 허용하였다. 그리고 2년 후에 그는 어떠한 종교라도 자유롭게 믿을 수 있는 신앙의 자유를 승인하였다.[263)]

한편 나라에서 관장했던 국가신도(State Shinto)는 1882년에 수립되었는데 그것은 국가에 대한 애국과 단합, 천황에 대한 충성을 강조하는 것이었다. 일본인들은 자신이 믿고 있는 종교에 관계없이 이러한 ‘국가신도’를 일종의 애국적 의식으로 여기게 되었다. 1884년에 신도의 국민교화 정책이 일반교육제

---

263) Josh McDowell and Don Stewart, *Handbook of Today's Religions*, 350.

도 안에 흡수됨으로써 형태상 정교분리가 이루어졌지만, 교조(教祖)나 교전(教典)이 없고 민족생활의 연장선상에서 성립되었던 신사는 메이지 시대를 일관하여 국가의 시설로 여겨졌다. 1889년 '제국헌법'이 제정된 이후에도 일본에는 신도가 일반 종교와는 구별된다고 하는 이른바 신도 비종교론이 주류를 이루고 있었다. 그 결과 1890년 '교육칙어'에 의해 신도는 교육의 기본으로 교전화(教典化) 되었고 1891년에는 소학교에서 교육칙어 봉독과 어진영(천황사진)에 대한 예배가 제도화 되었다. 또한 '국체(國體)의 교의(教義)'를 통해 일본제국은 황조신 아마테라스로부터 비롯되었고 그 후손인 천황이 통치하는 나라라고 하였다. 국민의 본분은 천황에게 충성을 다하는 것으로, 이 국체사상은 오직 일본에만 있는 영원히 변치 않는 진리임을 강조했다. 이로써 천황을 절대화하는 국가신도의 교의가 사상적, 법적으로 완성되었다.

일본이 제1차 세계대전에서 승리를 거두자 일본인들은 천황이 신의 후손이라는 사실을 더욱 확신하게 되었다. 그러나 일본이 제2차 세계대전에서 패하자 신도는 더 이상 국교로 존립할 수 없게 되었다. 국가신도의 몰락 이후 국가의 관리를 받아오던 신사(神社)들은 점차 민간단체들이 관장하게 되었으며 현재에는 모든 신사가 민간인들에 의해 관리되고 있다.

3. 신도의 경전

신도는 기독교의 『성경』이나 이슬람교의 『꾸란』과 같은 공식적인 경전을 가지고 있지 않다. 그렇지만 일본인들은 『고지키(古事記)』[264)]와 『니혼쇼키(日本書紀)』,[265)] 이 두 권의 책을 신도의 거룩한 책으로 여기고 있다. 『고지키』란 '고대 사건들에 대한 기록'이란 뜻으로, 현존하는 일본의 고대 문서들 중 가장 오래 되었다. 이 책은 712년에 완성되었으며 일본 열도 및 일본 황족, 황실과 관계된 신화와 전설, 역사적 기록들이 수록되어 있다. 720년에 완성된 것으로 추정되는 『니혼쇼키』는 '일본의 연대기'라는 의미인데, 일본 태동기의 역사부터 700년경까지의 일본사를 기록하고 있다.

4. 신도의 유형과 예배

1) 신도의 유형

신도에는 신사(국가)신도와 교파(종파)신도의 두 가지 형태가

---

264) 나라(奈良) 시대 초기인 712년 겐메이(元明) 천황의 명으로 오노 야스마로(太安麻呂)에 의해 편찬된 일본 최고(最古)의 역사서이다. 전 삼권으로 구성되어 있으며, 상권은 신의 시대(神代), 중권은 진무(神武) 천황에서 오진(応神) 천황까지, 하권은 닌토쿠(仁徳) 천황에서 스이코(推古) 천황까지의 기사를 담고 있으나, 사서라기보다는 전체적으로 신화적 혹은 설화적 분위기가 지배적이어서 문학적 가치가 더 돋보이는 사료라 할 수 있다.

265) 『日本紀』라고도 불리는 20권의 한문체 사서이다. 『고지키』보다 약간 늦은 720년에 편찬되었다. 권1과 권2는 신들의 세계를 묘사하고 있으며, 권3 이하에서는 제1대 진무(神武) 천황에서 제40대 지토(持統) 천황에 이르는 인간 세계의 사건들이 편년체로 기술되어 있다. 그러나 전체적으로 객관적인 역사기술로 보기에 문제가 많아, 오늘날 일본 학자들조차도 『니혼쇼키』의 기록을 문자 그대로 믿는 경우는 거의 없다고 한다.

있으며, 두 신조들 간에는 상당한 차이점이 나타난다. 대부분의 신사신도 신자들은 신조나 교리 등에 구애받지 않고 일본 도처에 설립되어 있는 신사에서 자유롭게 예배한다. 하지만 교파신도는 신도의 창시자나 경전, 자신들만의 교리 등을 주장한다. 가정신도는 또 다른 형태는 아니며 가정에서의 신앙 형태로 볼 수 있다.

(1) 신사(국가)신도(State Shinto)

신사신도란 국가가 직접 주관하던 신도를 말한다. 일본정부는 메이지 유신 초기에 불교와 기독교 등을 금지하고 신도만 받아들이게 했으나 불가능하다는 것을 깨닫고 신도를 국가 의례나 국민도덕으로 받들게 했다. 일본의 수도인 도쿄로부터 남서쪽으로 약 320km 정도 떨어진 지방도시 이세(伊勢)에 있는 신사에서는 아마테라스 신을 봉사한다. 그리고 각 지방 신사에서는 영웅이나 지방신, 특별한 사건과 관련된 신을 받들며, 황국신민은 누구나 국가에 대한 충성의 표시로 신사참배를 하였다.

이와 같이 정치이념으로서 신도 신앙으로 무장한 많은 일본인들은 국가와 천황을 위해 목숨을 버리는 것을 영광으로 생각하게 되었다. 이는 제2차 대전 말기 가미가제 특공대[266)]

---

266) 제2차 세계대전 때 일본공군의 특공대가 연합군의 큰 군함들을 향해 돌격하여 함께 폭사했는데 이들을 가리켜 '가미가제 특공대(가미가제 독고타이, 神風特攻隊)'라 한다. 이는 세계 전쟁사상 유래없는 일로 일본인들이 대단한 자부심을 가지는 것이다. 태평양 전쟁 막바지에 일본은 미군의 상륙에 저항할 군비가 남아 있지 않았다. 이때에 일본은 가미가제식 공격 밖에는 다른 대안이 없다는 판단에서 평

를 모집할 때 많은 지원자가 차례를 기다렸다는 사실에서도 알 수 있다. 1945년 패전국 일본이 연합군의 요구로 작성된 '신도지령'에 따라 천황은 살아있는 가미라는 주장이 공식적으로 폐기되었고, 신도 신화가 교육의 기초가 되는 일도 금지되었다. 그렇게 국가와 신도와의 유착관계가 끝나자, 국가 종교로서의 신사신도도 막을 내렸다.

(2) 교파(종파)신도(Sectarian Shinto)

교파신도는 메이지 시대 이후 교리, 교법을 세워 교단을 조직한 신도 교파를 총칭한다. 서민층에서 민간신앙 형태로 유행하던 것이 특정한 교조를 중심으로 조직된 교파신도는 종교로 취급되어 문부성 종교국의 감독을 받았지만, 국가의 보장이나 지원은 받지 않았다. 교파신도는 사회적 프로그램이나 교세 확장을 위하여 신적 은사를 받은 전도자들을 특별히 훈련시키기도 한다. 예를 들어 천리교(天理敎)는 나카야마 미키(中山美伎, 1798–1887)가 1838년에 세운 종파로 치병을 강조하는데, 개인의 체험에만 관심을 두지 않고 사회개혁도 추구한다. 천리교는 한국에도 들어왔다.[267)]

균연령이 20세 정도인 지원병을 모집하여 자살공격을 감행하였다. '천황을 위하여, 국가를 위하여'라는 구호 아래 17세에서 24세 정도의 젊은이들은 500kg 정도의 탄약이 실린 전투기에 몸을 실었다. 그러나 연료는 가고시마에서 오키나와까지의 분량밖에 주지 않았다. 즉 돌아오기 위한 연료는 없었다. 일본은 청년들에게 전투기 한 대에 미군함 한 대를 폭격할 것을 명령했다.

267) 한국에서는 '대한천리교'라는 이름으로 활동하고 있으며, 그들의 사상은 신과 인간이 함께 즐거운 삶을 누리는 것, 즉 신인공락(神人共樂) 세계 건설을 목적으로 한다. 그들은 인간은 다 같은 형제자매

(3) 민속신도(Domestic Shinto) 혹은 가정신도(Family Shinto)

교단조직이나 교리체계 없이 민간에서 일반적으로 받들어지는 신앙이다. 가정마다 가장 중심이 되는 방의 선반에 소규모의 신사 혹은 가미다나(神棚)를 설치하는데, 이는 조상의 신위나 신상, 종교적인 상징물을 올려놓는 조그만 제단이다. 한가운데에는 가미를 상징하는 이세신궁(伊勢神宮)의 부적인 다이마(大麻)를 놓는다. 양쪽에는 지방의 수호신인 우지가미(氏神)나 조상신과 관련된 종이부적인 오후다(お札)를 놓는다. 또한 전통적으로 신성한 곳임을 구별하는 성스러운 밧줄인 시메나와(標繩)를 달고 가미다나에는 매일 물, 술, 음식물, 나뭇가지를 놓는다.

가정신도의 제사형식은 간단하다. 매일 정결례의 일종으로 손을 깨끗이 씻고, 작은 컵에 차와 쌀을 담아 신사에 바치며, 향을 피우고 절을 하며 영혼과의 교신을 위한 상징으로 손뼉을 치고 합장한 다음 소원을 빈다. 가미다나를 받드는 일본의 가정은 때로 불단(佛壇)을 함께 받들기도 한다.

2) 신도의 예배

신도 신자들 중 대다수가 자기 집에 제단을 마련해 놓고 있기는 하지만, 그들이 주로 예배하는 곳은 자신이 속해 있는 지역의 신사이다. 신도에는 수많은 신들이 있으므로 모든 신

로서 서로 상부상조하며 살아갈 때 즐거운 삶을 누린다는 점을 강조하며, 이는 평등사상과 호혜정신에 입각한 것으로 현 시대, 현 사회에 절실히 요구되는 가르침이라고 주장한다.

들에게 일일이 조직적인 제사를 드린다는 것은 불가능한 일이다. 신도와 관계된 종교 서적들 역시 신자들이 규칙적으로 섬기고 있는 신들은 몇몇에 지나지 않는다고 한다. 하지만 그 가운데서도 태양의 여신인 아마테라스만큼은 신도 신자들로부터 절대적인 예배의 대상으로 경배를 받고 있다.

이세(伊勢)에는 아마테라스를 위한 거대한 황실사원이 세워져 있다. 그 중앙 성소는 일본에서 가장 거룩한 곳으로 여겨지는 장소이다. 내성소(內聖所)는 신도 사제들과 정부관료들에게 봉헌된 특별구역으로서 일반인들의 출입이 통제되지만, 외성소(外聖所)는 일반인들도 자유롭게 출입할 수 있다. 일본인들은 해마다 두 번, 6월말과 12월말에 이곳에서 오하라이(大祓)라는 속제(액막이 의식)를 거행한다.

한편 신도에서 가장 중요한 신으로 숭배되고 있는 아마테라스가 여신이라는 사실은 자못 흥미로운 일이다. 왜냐하면 뭇 신자들이 최고의 신으로 숭배하고 있는 절대자가 여신인 경우는 신도 외에는 세계 어느 종교에서도 찾아보기 힘든 현상이기 때문이다.

5. 신도에 대한 평가

신도는 이 세상에서 일본인들과 일본이라는 나라만이 가장 우월한 존재라고 생각한다. 이러한 생각은 성경의 가르침과 완전히 반대되는 것이다. 이는 지구 위에 거하는 모든 족속을 한 혈통으로 만드셨다는 성경적이고도 과학적인 사실을 정면으로 반박한다.[268] 혹자는 선민의식의 관점에서 일본과 유대인의 공통점을 찾으려고도 하지만, 성경은 하나님께서 특별히 유대인들을 택하신 것은 하나님의 말씀을 위임하시기 위한 것이라고 가르쳐 주고 있다.[269] 유대인들은 분명 하나님께로부터 택함을 받은 백성이었지만, 결코 그들이 다른 민족들보다 우월한 존재로 간주된 것은 아니었다.[270] 뿐만 아니라 유대인들은 신도에서 가르치고 있는 것처럼 자신들이 직접 하나님께로부터 태어난 직계 자손이라는 가르침을 받은 적도 없다.

신도는 일본인들에게 허탄한 자만심과 우월감을 심어주었는데, 그러한 교만은 하나님께서 싫어하시는 것이다.[271] 신도는 일본인들이 신들의 직계 자손이기 때문에 구세주가 필요하지 않다고 주장하지만, 기독교는 모든 사람이 다 하나님 앞에서 정죄 받을 수밖에 없는 죄인들이기 때문에 구세주가 꼭 필요하다고 가르친다. 하나님께서는 인류의 모든 죄를 예수 그리스도에게 전가시키고 그 분으로 하여금 대속의 죽음을 당하게 하셨다. 그리하여 모든 인류는 그리스도를 통하여 하나님과의 올바른 관계를 회복할 수 있게 되었다.[272]

---

268) "인류의 모든 족속을 한 혈통으로 만드사 온 땅에 거하게 하시고 저희의 연대를 정하시며 거주의 경계를 한하셨으니"(행 17:26).

269) "그런즉 유대인의 나음이 무엇이며 할례의 유익이 무엇이뇨 범사에 많으니 첫째는 저희가 하나님의 말씀을 맡았음이니라"(롬 3:1-2).

270) "그러면 어떠하뇨 우리는 나으뇨 결코 아니라 유대인이나 헬라인이나 다 죄 아래 있다고 우리가 이미 선언하였느니라 기록한 바 의인은 없나니 하나도 없으며 깨닫는 자도 없고 하나님을 찾는 자도 없고 다 치우쳐 한가지로 무익하게 되고 선을 행하는 자는 없나니 하나도 없도다"(롬 3:9-12).

271) "내가 세상의 악과 악인의 죄를 벌하며 교만한 자의 오만을 끊으며 강포한 자의 거만을 낮출 것이며"(사 13:11).

한편 신도의 경전이라고 할 수 있는 문헌을 살펴보아도 기독교와 커다란 차이가 있음을 알 수 있다. 『고사기』와 『일본기』는 역사적인 기록이기보다는 일종의 신화집에 불과하다. 그러한 내용들은 신구약 성경에 실려 있는, 역사적으로 입증될 수 있는 기록들과는 천양지차(天壤之差)가 있다.

국가신도의 의식들이나 기념행사들이 비종교적인 것이라는 일본 정부의 선언은 단순히 법적으로 꾸며낸 이야기일 뿐이다. 무엇이 종교인가를 선정하는 평범한 기준을 적용한다고 하더라도 의식(儀式)이나 신사들은 과거나 현재나 분명히 종교적인 것이다. 신사, 제사장, 기도, 헌물, 그리고 신들과 영들에 대한 매우 실제적인 인정을 포함하는 예식들에 참여하라고 하는 것은 분명한 우상숭배 강요이다.

교리적으로나 윤리적으로 신도는 내용이 빈약하여 사람들의 종교적이고 도덕적인 필요를 채워주기에는 부족한 면이 많다. 신도는 어떠한 죄의 개념이나 도덕률의 개념을 가지고 있지 않다. 신도에서 이야기하고 있는 가미의 개념 역시 다신교적이며 피상적이다. 그것은 성경이 가르치고 있는 유일하고 인격적인 하나님에 대한 개념과는 커다란 대조를 이루고 있다.

또한 부도덕한 내용들로 가득 찬 신도의 이야기들과는 달리 성경은 인간의 부도덕한 행위를 여지없이 책망하고 있다. 성경은 이스라엘 민족의 죄에 대하여 통렬히 경책하고 있으며,[273] 이스라엘 족장들의 죄에 대해서도 숨김없이 드러내어

272) "하나님이 죄를 알지도 못하신 자로 우리를 대신하여 죄를 삼으신 것은 우리로 하여금 저의 안에서 하나님의 의가 되게 하려 하심이니라"(고후 5:21).

심판의 경고를 하고 있다.[274] 복음서와 서신서 기자들도 사도들의 죄와 자기 자신의 죄에 대하여 솔직하게 진술하고 있다.[275] 성경은 교회내의 무질서, 혼돈, 부패 등에 대하여서도 지적하고 있다.

신도는 일본민족의 신적 기원과 우수성을 주장하며 그 외의 것들은 받아들이지 않는 배타적인 성격을 띠고 있기 때문에 다른 민족들로부터는 환영을 받지 못하고 있는 것이 현실이다. 따라서 신도는 보편적인 종교라기보다는 일본의 역사와 황실의 기원을 설명하고 민족 자긍심을 고취시키기 위해 만들어진 국가종교에 가깝다고 할 수 있다.

---

273) "내가 너희를 알던 날부터 오므로 너희가 항상 여호와를 거역하였느니라"(신 9:24).

274) "시므온과 레위는 형제요 그들의 칼은 잔해하는 기계로다 내 혼아 그들의 모의에 상관하지 말지어다 내 영광아 그들의 집회에 참여하지 말지어다 그들이 그 분노대로 사람을 죽이고 그 혈기대로 소의 발목 힘줄을 끊었음이로다 그 노염이 혹독하니 저주를 받을 것이요 분기가 맹렬하니 저주를 받을 것이라 내가 그들을 야곱 중에서 나누며 이스라엘 중에서 흩으리로다"(창 49:5-7).

275) "베드로가 예수를 붙들고 간하여 가로되 주여 그리 마옵소서 이 일이 결코 주에게 미치지 아니하리이다 예수께서 돌이키시며 베드로에게 이르시되 사단아 내 뒤로 물러가라 너는 나를 넘어지게 하는 자로다 네가 하나님의 일을 생각지 아니하고 도리어 사람의 일을 생각하는도다 하시고"(마 16:22-23). "또 주의 증인 스데반이 피를 흘릴 때에 내가(바울 자신) 곁에 서서 찬성하고 그 죽이는 사람들의 옷을 지킨 줄 그들도 아나이다"(행 22:20).

제 13 장
대종교

1. 대종교의 유래

대종교의 교조 나철(羅喆, 1864-1916)은 1909년 1월 15일에 서울 종로구 재동에서 오기호, 이기, 박호암, 강석화, 최동식, 유근, 정훈모, 이석, 김인식, 김춘식 등 10명과 함께 '단군대황조신위(檀君大皇祖神位)'를 봉안하고 제천보본(祭天報本)의 대례를 봉행한 후에, <단군교포명서(檀君敎佈明書)>를 공표함으로써 고려시대 몽골의 침략 이후 700년간 단절되었던 국조 단군을 섬기는 단군교의 중광식을 거행하고 제1대 교주가 되었다. 1909년 1월 15일을 기유중광(己酉重光)이라고 하는데, 빛이 다시 드러났다고 해서 중광이라고 한 것이다.[276] 그러나 다음해인 1910년 경술국치를 당하자 7월에 교명을 대종교로 바꾸었다. 그 이유는 일제의 민족종교 말살정책을 예견하고 직접적인 충돌을 피하는 한편 교단 내부의 친일 세력을 제거하고자 했기 때문이다.

교명 대종교는 우리말로는 '한검수'이며 한배검(檀帝)이 처음 세운 종문(倧門)이다.[277] 대종교의 교맥(敎脈)은 고조선 시대

276) 대종교총본사 편, 『대종교중광60년사』(서울 : 대종교출판사, 1971), 80.

에는 천신교(天神敎), 부여에서는 대천교(戴天敎), 고구려에서는 경천교(敬天敎), 백제에서는 수두(蘇塗), 발해에서는 진종교(眞倧敎)로 이어졌다. 또 고려 때에는 왕검교(王儉敎), 만주에서는 주신교(主神敎), 다른 곳에서는 신교(神敎)라고도 하였다. 역대로 교명을 달리 하면서도 그 교맥은 하나로 계승되었지만, 그 와중에 암흑기도 거쳤다. 고려 중엽 원종 때 몽고의 침입으로 대종교의 세력이 거의 미미해졌으며 그 뒤 줄곧 외세에 몰려 주체성을 살리지 못했다. 하지만 그 의식(儀式)은 민속화한 형태로나마 잔영을 유지했고 종교(倧敎)라는 이름으로 산중에서 7백여년 동안 이어져 왔다. 이를 나철이 구한말에 구국제민(救國濟民)의 기치를 들고 중광(重光)하였다.

2. 대종교의 창시자와 인물들

1) 나철(羅喆 : 1863-1916)

홍암대종사(弘巖大宗師) 나철의 이름은 철(喆), 자(字)는 문경(文卿), 호는 홍암(弘巖)이며 당호(堂號)는 일지당(一之堂)이다. 본관은 나주이며, 1863년 12월 2일 전남 보성군 벌교읍 칠동리 금곡 부락에서 출생했다. 가문은 7대조 이후 벼슬길에 나가지 못하였으며 경제적으로도 가난한 집안이었다. 나철은 21세에 외무대신이었던 김윤식의 문인이 되어 지도를 받았다. 나철은 29세에 과거에 장원급제하여 기거주(起居注), 권지부정자(權知副

277) 홍범(弘範) 제1장 1조.

正字)를 지냈으나 31세에 그 자리를 내어놓고 낙향하였다. 2년 후에 고종황제로부터 징세서장을 제수받았으나 사양하였다.

나철은 1901년부터 을사보호조약이 체결된 1905년 직후까지 활발한 민간외교 활동을 전개하였지만, 을사조약을 계기로 그는 외교적 방법에 의한 평화적인 노력에 한계가 있음을 느끼게 되었다. 1906년 나철은 오기호 등 50여명의 동지들과 함께 조약에 협조한 을사육적을 암살하려는 계획을 세웠으나 실패로 돌아가고 '정부전복대신암살기도사건'이라는 죄목으로 지도(智島)에 유배당했는데 고종황제의 내명으로 사면되었다.[278)]

나철은 국운 회복이 몇몇 애국지사의 힘으로 되는 것이 아니라 전 민족의 일치단결함과 더불어 단군대황조의 도움이 없이는 성취될 수 없음을 깨닫고 1909년 1월 15일에 대종교를 중광하였다. 대종교는 처음에 '단군교'라는 교명으로 시작되었으나 1910년 내외부의 사정으로 대종교로 바뀌었다. 대(大)는 '한'이고 종(倧)은 '검'이므로 순수 우리말인 '한검교'를 한자음으로 전음시킨 것이 대종교(大倧敎)이다.

일제의 종교탄압이 심해지자 만주로 교당 본부를 옮긴 대종교는 1910년 10월 25일 만주 북간도 삼도구(三道溝)에 지사(支司)를 설치하였다. 1914년에는 대종교 본사를 삼도구에 설치하고 백두산을 중심으로 하여 사도교구(四道敎區)[279)]를 설립하였다. 이는 과거 우리 민족의 활동무대에 대종교의 교구를

278) 차옥승, 『한국인의 종교경험 : 천도교 대종교』(서울 : 서광사, 2000), 129.

279) 사도교구(四道敎區)는 남도교구(한국), 서도교구(중국 산해관까지), 동도교구(노령 연해주 일대), 북도교구(북만주와 외도교구인 중국, 일본, 구미 지역)로 구성되어 있다.

설치함으로써 실지(失地) 회복의 강한 의지를 구체적으로 표명한 것이다.

1917년에는 『신리대전(神理大全)』[280]을 저술하여 발간하였다. 나철은 청파호에 총본사를 두고 포교활동에 주력하면서 만주, 러시아, 중국 등지에 30만 명의 신도를 확보했다. 대종교의 급속한 팽창에 놀란 일제는 1915년 10월 1일 조선총독부령

---

280) 대종교의 창시자 나철이 지어 그가 죽은 후 1917년에 간행된 경전이다. 대종교에서는 경전을 한배검의 계시에 의해 이루어진 계시경전(啓示經典)과 여러 종사(宗師)들이 계시경전을 주해한 도통경전(道通經典)으로 나누고 있는데, 『신리대전』은 근본 계시경전인 『삼일신고(三一神誥)』를 주해한 도통경전의 하나이다. 대종교의 교리는 난해하고 상징적인 계시경전보다 이를 체계적으로 설명한 도통경전에 기초한다. 원래 나철이 지은 『신리대전』은 216자의 한자로 된 것이었으나 1923년 서일(徐一)이 주석을 붙인 『신리대전』이 간행되었고, 1949년 윤세복(尹世復)에 의해 「한글리치」라는 이름으로 『한검바른길』이라는 책 속에 포함되어 한글로 번역·출판되었다. 전체는 서문과 〈신위 神位〉·〈신도 神道〉·〈신인 神人〉·〈신교 神敎〉의 4장으로 구성되어 있다. 〈신위〉 편에서는 한얼님의 위격(位格)을 밝히고 있다. 한얼님은 환인(桓因)·환웅(桓雄)·환검(桓儉)으로서 각기 조화(造化)·교화(敎化)·치화(治化)의 3위(三位)로 분위된다. 조화란 창조주로서의 속성을 말하며 교화와 치화는 교정일치(敎政一致)의 이념을 나타내고 있다. 이와 같이 나누면 셋이지만 합하면 하나이므로 셋이면서 하나이고 하나이면서 셋이다. 〈신도〉 편에서는 한얼님의 도(道)는 모습없이 나타내고 말이 없이 말하며 함이 없이 하므로 만물이 나지(生) 않음이 없고 되지(化) 않음이 없으며 이루지(成) 않음이 없다고 한다. 〈신인〉 편에서는 위와 같은 한얼님의 도가 인간세(人間世)에 있어서는 한얼사람(人)에 의해 실현됨을 밝히고 있다. 〈신교〉 편에서는 한얼님의 이치가 삼일사상(三一思想)으로 표현됨을 밝힌다. 하나만 있고 셋이 없으면 곧 쓰임(用)이 없게 되고, 셋만 있고 하나가 없으면 곧 본체(體)가 없게 된다. 즉 하나는 셋의 본체이고 셋은 하나의 쓰임이다. 그러므로 한 뜻(一意)으로 되어감은 곧 셋에 나아가는 것이고, 세 가지 참됨(三眞)으로 회귀(回歸)하는 것은 곧 하나에 나아가는 것이다. 이와 같이 셋에 나아가고 동시에 하나에 나아갈 때 비로소 한얼님과 합일(合一)될 수 있다고 한다.

制38호에 의거 <종교통제안>을 공포하고 대종교를 노골적으로 탄압하였다. 교단이 폐교될 위기 상황에서 나철은 김도봉, 엄주천, 안영중 등 일행 6명과 함께 황해도 구월산 삼성사(三聖祠)에 도착하여 경내의 제초작업을 비롯해서 당실(堂室)을 수리하였다. 8월 9일 사당의 수리가 끝나자 천수(天水)를 드리고 향을 피우며 경배예식을 봉행하였다. 8월 14일에는 다음날인 가경절(嘉慶節)에 드릴 제물과 제의문을 준비하였으며, 가경절인 15일에는 삼신에게 제사를 드렸다.[281] 그 후 나철은 수도실에서 스스로 목숨을 끊었다. 이렇게 나철은 1916년 8월 15일 황해도 구월산 삼성사에서 생을 마감했다.

2) 김교헌(金敎獻 : 1868-1923)

대종교의 2대 교주 무원종사(茂園宗師) 김교헌은 1868년 7월 5일 수원에서 태어났다. 김교헌의 휘(諱)는 헌(獻)이고, 자(字)는 백유(伯猷)이며 도호(道號)로는 무원(茂園)을 쓰고, 당명(堂名)은 보화(普和)이다. 18세에 과거에 급제하여 규장각의 부제학을 지냈다. 43세에는 종2품 가선대부(嘉善大夫)로 승계되었으나 관직을 버리고 대종교에 귀의하였다. 1910년 대종교에 입교한 김교헌은 중책을 맡으면서 종리(倧理) 및 종사(倧史)를 연구하였다. 그는 『신단실기(神檀實記)』,[282] 『신단민사(神檀民史)』[283] 등을 저술하

281) 대종교총본사 편, 『대종교중광60년사』, 80.

282) 김교헌(金敎獻)이 1914년 2월에 쓴 대종교의 경전이며 한국고대사에 관한 책이다. 신인(神人) 단군(檀君)의 실제 기록이라는 뜻의 제목을 가진 이 책은 단군관계 사적과 신도(神道) 사상의 자취를 여러 문헌에서 발췌하여 대종교의 역사적 연원을 밝힌 것이다. 본문은 20개 조항으로 되어 있고 각 조항마다 인용·고증한 책의 이름을 밝히

여 건국시조인 단군과 대종교를 연결시켜 그 연원을 역사적으로 조명하고 한국민족사의 정통성을 체계적으로 정립하려 하였다. 『신단실기』가 단군을 위시한 고유한 민족종교사라고 한다면, 『신단민사』는 민족사를 체계화한 한국사라고 할 수 있다. 『신단실기』와 『신단민사』는 재만(在滿) 한인사회 교포학생회의 교재로 널리 사용되었으며 일반 대중에게는 민족사로서의 역할을 했다.

김교헌은 국내에서도 일제에 대한 항거운동을 하였으나 제

고, 저자의 견해를 따로 서술했다. 특히 환인(桓因)·환웅(桓雄)·환검(桓檢 : 단군)의 삼신일체(三神一體) 사상에 바탕을 두었다. 형식은 한문체이나 토를 달았다. 주요내용은 여러 고대국가와 단군과의 역사적 계보를 중심으로 하는 관련성, 3신의 정의(定義)와 권능, 신교(神敎)의 내용, 불가사의한 신이성(神異性), 신도사상의 자취, 단군 이래 우리 민족이 지배하던 강역(疆域)의 실상을 밝히고 오늘날 잘못 알려지게 된 원인, 고대사의 귀중한 사료가 없어진 원인과 잊혀진 『고조선비사(古朝鮮秘詞)』, 『대변설(大辨說)』 등의 책이름을 밝히고 있다. 이 책은 대종교 교단의 입장에서 그들의 원류를 대변해주는 매우 중요한 책이며, 신흥무관학교 등에서 역사교재로 채택되어 일제치하 만주지역에서 벌어진 민족운동에 기여하기도 했다. 이는 당시 대종교 교단이 본사를 만주로 옮겨 전개한 활동과 밀접한 관련이 있다.

283) 대종교의 2대 교주인 김교헌이 1923년에 저술한 책으로, 단군조선부터 고종황제까지의 역사가 기록되어 있다. 신시시대(신시)-배달시대(단군)-부여시대-열국시대-남북조(南北朝)시대-려요(麗遼)시대-려금(麗金)시대-고려시대-조선시대-대한제국으로 시대를 구분하였다. 환웅에 해당되는 신시의 통치자는 '신시'라 하였으며, 단군조선을 '배달시대', 기자조선을 '부여시대'로 분류하였다. 단군조선보다 120년 앞서는 신시시대를 그 시초로 삼는 연대를 따르고 있다. 차례는 다음과 같다. 1편: 상고(上古) 1장 신시시대 2장 배달시대 3장 부여시대 4장 종교 5장 제도 6장 문학과 기예 7장 풍속. 2편: 중고(中古) 1장 열국시대 2장 남북조시대 3장 종교 4장 제도 5장 문학과 기예 6장 풍속. 3편: 근고(近古) 1장 려요시대 2장 려금시대 3장 고려시대 4장 종교 5장 제도 6장 문학과 기예 7장 풍속. 4편: 근세(近世) 1장 조선시대 2장 대한제국 3장 종교 4장 제도 5장 문학과 기예 6장 풍속.

2대 교주로 취임한 다음해인 1917년에는 국내에서의 투쟁이 어려움을 깨닫고 만주로 근거지를 옮겼다. 청산리전투에서 참패한 일본은 그 보복으로 병신토벌을 감행하여 만주에 있는 대종교인들을 수없이 고문하고 학살하였다. 대종교인들이 참화를 당하는 모습을 목격한 김교헌은 울분과 비통 속에서 56세를 일기로 생을 마감하였다.

3) **윤세복(尹世復** : 1881-1960)

김교헌으로부터 교통을 이어받은 3대 교주는 단애종사(檀崖宗師) 윤세복이다. 그는 경남 밀양군에서 출생하여 향리에서 한학을 수학하고 밀양의 신창학교에서 교원으로 있다가 1908년에 대구 협성학교의 교사로 있었다. 그는 대동청년당을 조직하여 활동하던 중 1910년 나철로부터 깊은 감명을 받고 대종교에 입교하였다. 입교한 후에 친형 윤세용과 사재를 팔아 환인현(桓仁縣) 성내에 동창(東昌)학교를 설립하고 교육사업과 더불어 항일독립운동과 대종교의 신앙체계 등에 관심을 드러냈다. 윤세복은 1913년에 대종교의 지교(知敎)로 임명되었다가 다시 상교(尙敎)로 승진되었다. 일제와 중국 관리의 방해로 동창학교가 폐교되자 윤세복은 환인현에서 무송현(撫松縣)으로 이주하여 동창학교와 같은 취지의 백산(白山)학교를 설립하였다. 윤세복은 백산학교를 통해 민족교육을 실시함과 아울러 무장독립운동단체인 흥업단을 결성하고 총무로서 책임을 맡게 되었다.

1927년 길림성장 장작상(張作相)에 의해 영안현(寧安縣)에서 대종교 포교금지령이 내려지고, 대종교가 총본사를 밀산(密山) 당벽진(當壁鎭)으로 이전하게 되자, 윤세복은 그곳에서 다시 종립학교인 대흥(大興)학교를 설립하고 민족의식과 항일민족운동을 교육시켰다. 또한 1935년에는 영안현 동경성 지역에 종립학교인 대종(大倧)학원을 설립하였으나 일제의 탄압으로 폐교되었다. 그러나 대종교의 바탕 위에서 세워진 동창, 백산, 대흥, 대종학원에서 양성된 제자들과 이 학교에서 교육을 담당했던 교사들의 꾸준한 노력의 결과로 오랫동안 항일독립정신의 맥이 이어졌다.

1942년 일제는 "대종교는 조선 고유의 신도(神道) 중심으로 단군문화를 다시 발전시킨다는 표방 하에 조선 민중에게 조선정신을 배양하고 민족자결의 의식을 선전하는 종교단체인만큼 조선독립이 그 최후 목적이다"라는 내용의 죄목으로 윤세복을 비롯한 대종교인 21명을 체포하였다. 윤세복은 무기징역형을 받았으나 옥고 4년만인 1946년에 66세의 고령으로 목단강의 액하감옥에서 출감되어 서울에 환국하였다. 윤세복은 6.25 동란 중에 단군전에서 종사(倧史)를 집필하였으며, 1960년 80세를 일기로 숨을 거두었다.

대종교 교단은 1950년에 도통전수제를 폐지하고 선거에 의하여 선출되는 총전교제(總典敎制)를 채택하였다. 제1대 총전교에 단애종사 윤세복이 취임하였고, 현재는 김문겸이 제18대 총전교로 있다.

3. 대종교의 경전

대종교 경전은 『종경(倧經)』이라고 부른다. 처음 『종경』은 1968년 종경종사편찬위원회에서 정식으로 정한 교리에 따라 출간되었으며, 그 후 1971년에 다시 『대종교 중광 60년사』가 발간되었다. 대종교의 주요 경전은 삼화대경(三化大經)으로서 조화경(造化經)인 『천부경(天符經)』, 교화경(敎化經)인 『삼일신고(三一神誥)』, 치화경(治化經)인 『팔조대고(八條大誥)』와 『참전계경(參佺戒經)』이다. 또한 『신사기(神事記)』, 『신리대전(神理大典)』, 『회삼경(會三經)』, 『삼법회통(三法會通)』, 그리고 『진리도설(眞理圖說)』, 『구변도설(九變圖說)』을 보전(寶典)으로 하며, 역대의 뛰어난 대종교 인물들의 책을 보감(寶鑑)으로 한다.[284)]

고대로부터 전해져 내려온 것으로 알려져 있는 『천부경』은 현재 묘향산 석벽본과 최치원의 사적편이 전해지고 있는데, 몇 군데 자구(字句)가 틀린 것 외에는 모두 81자로 되어 있다.

『삼일신고』는 발해의 석실본, 천보산의 태소암본, 고경각의 신사기본이 있다. 대종교에서 사용하고 있는 것은 석실본이다. 대종교측에 의하면, 교화경전인 『삼일신고』는 발해시대 3대 황제인 광성문 황제가 영원히 보존하기 위해 백두산 보본단에 간직한 경전으로서, 여기에는 문황제의 『삼일신고 봉장기(三一神告奉藏記)』와 대야발(대조영의 아우)의 『삼일신고 서문』, 그리고 태조 성무고 황제(대조영)의 『임금이 지은 삼일신고 예찬』이 함께 들어 있다고 한다. 이를 민족의 안위를 걱정하며 백두산에서 10년 도천 끝에 한배검의 묵계를 받은 백봉신사(白奉神師)가

284) 홍범(弘範) 제1장 제7조.

나철에게 전해 대종교를 중광케 했다고 한다.[285)]

여기에서는 가장 중요한 경전인 『천부경』의 해석을 살펴보고자 한다.

천부경 원문 및 해석

一始나 無始가 一이니 析三極하되 無盡本이니라

天은 一이 日이오 地는 一이 二이며 人은 一이 三이니 一積하여 十鉅라도 無匱化三하나니

天도 二三이오 地도 二三이며 人도 二三이니라

大三合六이 生七八九運할새 三四가 成環하고 五七이 一妙衍이라

萬往萬來라도 用變에 不動本하나니 本은 心으로 本太陽昂明하고

人이 中天地一하니 一終이나 無終이 一이니라

하나란 우주의 근본이요, 만유의 비롯되는 한얼이니 하나에서 더 비롯이 없이 한얼로부터 비롯이 된다. 이를 헤아리면 한울, 땅, 사람으로 삼극으로 나누어지지만 그 근본은 늘 다함이 없다. 한울의 본체인 하나는 창조과정이 첫 번째요, 땅의 근본인 하나는 그 두 번째요, 사람의 근본인 하나는 그 세 번째가 된다. 이 우주의 근본인 하나를 쌓아 나아가면, 열까지의 끝수에 이르도록 커지되 아무 부족함이 없이 삼으로 화하여 나아간다. 한울이름의 음과 양(體虛天, 理空天)은 셋으로 조화를 이루고, 땅의 음과 양(물, 불)도 셋으로 조화를 이루며, 사람의 음과 양(남, 여)도 셋으로 조화를 이루어 간다. 이 큰 셋 조화를 합하여 여섯을 낳아(우주의 구성요소는 天火雷水風地, 인간은 三眞과 三妄이어서) 일곱, 여덟과 아홉을 낳는다. 셋과 넷으로, 한울과 땅과 사람이 운행하며 변화하여 다섯과 일곱

285) 차옥숭, 『한국인의 종교경험 : 천도교 대종교』, 143-144.

으로 우주의 질서를 낳아 간다. 이 한얼의 묘하고 신비로운 조화로 말미암아 인류가 영원히 번성하며, 만물이 수없이 번성하여 낳고, 죽고, 오고감이 한얼의 도이다. 그러나 무상한 많은 변화 가운데서도 한얼의 본자리는 움직이지 않는다. 이 근본은 인간의 참 성품이니 그 근본의 본마음은 태양처럼 밝게 비춘다. 인간의 중심은 한울과 땅이 하나이다. 인간이 그 중심에 하나를 잃지 않으면 온 우주의 근본이 사람과 하나가 된다. 하나의 근본으로 돌아가면 마침이 된다. 그러나 하나에서 더 마침이 없이 한얼로 돌아간다.[286]

4. 대종교의 교의

대종교는 삼신일체(三神一體) '한얼님'을 신앙의 대상으로, 단군 한배검을 교조(敎祖)로 받드는 한국 고유의 종교다. 한얼님이 사람으로 변화해서 백두산 신단수 아래에 내려온 이가 바로 신인(神人)으로, 세상을 크게 널리 구제하기 위하여 지상에 내려왔다. '대종(大倧)'에는 이러한 진종대도(眞倧大道, 한얼 이치의 진리)의 뜻이 담겨 있다.

대종교의 핵심 교의는 "홍익인간(弘益人間), 이화세계(理化世界)로 화성홍제(化成弘濟)"이다.[287] '홍익인간'은 모든 종교를 포용할 수 있는 조화의 원리를 바탕으로 하는 범세계적 종교성을 띠는 이념이라고 한다.

『삼국유사』는 대종교의 교사(敎史)에 대해 기록하기를, 환웅이 이 세상을 홍익인간하기 위해 천부삼인(天符三印)을 가지고

286) http://www.daejonggyo.com/sub03/sub03_01.html
287) 홍범(弘範) 제1장 제6조.

삼선사령(三仙四靈)[288]을 거느리고 백두천산 신단수(神檀樹) 아래 강림하였다고 적고 있다. 그리고 곡(穀), 명(命), 병(病), 형(刑), 선악(善惡)의 360여 가지 일을 주재하며 이화세계(理化世界)하였다고 기록하고 있다. 이는 교정일치(敎政一致)의 정사(政事)와 교화(敎化)를 통해 종교적 통치의 바탕을 이룬 것이다.

대종교의 신관(神觀)은 조화(造化)·교화(敎化)·치화(治化)의 3대 권능을 두루 갖춘 삼신일체 사상이다. 『신리대전』과 『신사기』에는 삼일신 사상에 근거하여 한얼님을 설명하고 있는데, 한얼님은 조화주 환인(桓因)과 교화주 환웅(桓雄)과 치화주 환검(桓儉)이다. 환인은 한울나라를 열어 뭇누리를 만들고 큰 누리로 만물을 되게 하며 기른다. 환웅은 한얼님이 인간이 되어 도를 세우고 교화를 베풀어 어리석은 백성을 감화시키며 한얼님 교시를 널리 펴서 뭇사람들을 감화시킨다. 환검은 다섯 가지 일, 즉 곡, 명, 병, 형, 선악을 맡아 인간을 크게 이롭게 하며 나라를 세우고 법통을 이루었다. 한얼님은 나누면 셋이며 합하면 하나인데, 하나는 체(體)를 말하는 것이고 셋은 용(用)을 말하는 것이다.[289] 한얼님의 세 자리인 한임, 한웅, 한검은 『삼일신고(三一神誥)』의 신훈(神訓)에서 말한 한얼님의 3대 작용인 큰 덕(사랑)과 큰 슬기와 큰 힘이 '한(一)'의 기원점이 된다. 한얼님의 큰 사랑(大德)이 있어 우주와 만물을 낳으므로 한얼님은 아버지인 임(因=父의 옛말)[290]이 되고, 큰 슬기(大慧)가 있

288) 삼선사령이란 토지를 맡은 팽우(彭虞)와 글을 맡은 신지(神誌)와 농사를 맡은 고시(高矢) 등 세 선관과 풍백(風伯)·우사(雨師)·뇌공(雷公)·운사(雲師) 등 네 신령을 말한다.

289) 대종교총본사 편, 『대종교요감』(서울: 대종교출판사, 1993), 234-255.

290) 임은 인과 환치되어 사용되기도 하였다.

어 만물을 화육하므로 스승인 웅(雄=師의 옛말)이 되며, 큰 능력(大力)이 있어 우주와 만물을 완성하므로 임금인 검(儉=帝의 옛말)이 되는 세 가지 자리 쓰임(用)이 있어 삼신일체 한얼님이라고 한다.

대종교의 삼일 철학은, 하나가 곧 무한대이듯 천상과 지상이 같고 하늘과 인간이 같기 때문에 천·지·인(天地人) 삼극(三極)을 하나로 동일시한다. 인간을 하늘과 같은 소우주로 보고, 인간은 한얼님의 자손(天孫)이요, 하늘의 백성(天民)임을 깨우치며 한얼을 공경하고(敬天), 조상을 받들어 모시며, 이웃과 사람을 귀히 여기며 사랑(愛人)하는 것을 한얼의 윤리(天倫)로 삼으며 충효(忠孝)사상을 장려한다. 궁극적 목적은 뭇 대중이 신앙생활을 통하여 깨달은 사람이 되어 세계평화를 이루게 하는 것이다.

대종교에서는 사람이 태어나면서부터 세 가지 참함(三眞), 곧 참성품(眞性), 참생명(眞命), 참정기(眞精)를 고루 완전하게 받았다고 본다. 하지만 사람에게 육체가 생기고 삶을 이어가는 동안에 세 가지 가달인 마음(心), 기운(氣), 몸(身)에 의해 삼진이 흐려져서 욕심이 생기고, 병이 나고, 죄를 짓고, 늙고, 죽는 다섯 가지 괴로움을 겪는다. 그러나 삼망(三妄)을 억누르고 삼진을 돌이키면 다시 참 사람이 되어 한얼과 일체가 된다. 즉 반망즉진(返妄卽眞)하고 삼진귀일(三眞歸一)하는 것이 대종교의 '신인일체주의'이다. 그 구체적인 방법은 조화경, 교화경, 치화경에 제시되어 있는 지감, 조식, 금촉의 삼법을 수행하는 것이다.

'지감(止感)'이란 만(萬) 가지 느낌, 즉 잡념을 없애는 것이다.

지감법을 수행하면 마음이 평온해져서 막힘이 없게 된다. 이는 마음을 밝혀서 본 성품을 본다는 불교의 참선(參禪)과 같다.

'조식(調息)'이란 숨을 고르게 하는 것이다. 조식법을 수행하면 호흡이 안정되어 참 생명을 알게 되고 모든 것이 순리대로 된다. 호흡을 운용하여 성품을 단련하는 도가의 도인(導引)과 같다.

'금촉(禁觸)'이란 외물과의 접촉에 의한 유혹을 물리치는 것이다. 금촉법을 수행하면 몸이 평안해져서 참정기가 보전된다. 이것은 몸을 닦아 성품을 다스린다는 유가의 극기(克己)와 같다.

5. 대종교의 신앙생활

1) 각사(覺辭)와 밀고(密告)

각사[291]는 마음으로 비는 말이며, 대종교인은 각사를 독송하는 수행을 한다. 밀고[292]는 한얼님으로부터 받은 3장으로 이루어진 말을 일컫는 것으로, 해석 없이 단순히 암송만 한다.

---

291) 각사(覺辭)는 "세 검 한 몸이신 우리 한배검이시여 가만히 위에 계시사 한으로 듣고 보시며 낳아 살리시고 늘 내려주소서(神靈在上天視天聽 生我活我 万万世降衷)"라는 내용이다.

292) 밀고(密告)는 비밀로 하여 알리는 말이다. 대종교에서는 교조 나철이 한얼님으로부터 받은 말로, 뜻 없이 단지 외우는 형태의 주문을 일컫는다(大吉祥密告 : 位 壯官了阿 辣妹嫋姿阿 摩帝知弗厓 波奈由儉 倍達具母 我卽嘉時呢 何芚姮羅道 夫助實 周期尋何嘯 祓戠咿覺哈汲咿 吾囉. 淨身密告 : 文挹孫辣是 弗甑 增而時沙時沙 土卷胡須謁玆 爾勤沒 時沙時沙 弗戠咿 吾囉. 淨境密誥 : 波奈由 手大久漢轄 於留倍留 日木水登 良方魏盈 牙邑金肖 波奈由 示止咿 吾囉).

2) 5대 종지와 5대 의무

5대 종지는 교인으로서 반드시 준행하여야 할 종문계율(倧門戒律)로 공경으로 한얼님을 받들 것(敬奉天神), 정성으로 성품을 닦을 것(誠修靈性), 사랑으로 겨레를 합할 것(愛合種族), 고요함으로 행복을 구할 것(靜求利福), 부지런함으로 살림에 힘쓸 것(勤務産業) 등의 다섯 가지 계율이다.

5대 의무는 종단의 규약을 지킬 것(敎規遵行), 교리를 공부할 것(敎理硏修), 교인을 널리 천거할 것(敎人廣薦), 경일을 정성껏 지킬 것(敬日恪守), 천곡 또는 성금을 정성으로 올릴 것(天穀獻誠) 등 다섯 가지 의무이다.

6. 대종교에 대한 평가

때때로 종교(혹은 종교와 관련된 신화)는 단순한 종교의 차원을 넘어서 정치적으로 중요한 역할을 하기도 한다. 일본에서는 신도가 천황의 절대적 권위를 확립하였으며, 인도에서는 힌두교가 카스트 계급제도를 정당화하고 하층민의 반발을 억제하는 역할을 담당하였다. 우리나라의 경우 대종교가 민족의 혼을 일깨우고 우리 민족이 천황의 신민이 아니라 천손(天孫)이라는 자각을 갖게 하여 일제에 맞서고자 하였다. 이러한 정치적 측면에서 본다면 앞서 말한 일본의 신도나 인도의 힌두교보다 우리나라의 대종교가 훨씬 바람직한 역할을 수행했다고 평가할 수 있을 것이다. 하지만 정치적 역할을 잘 감당하였다고 해서 진정한 종교가 될 수 있는 것은 아니다. '진리'를 말하지 못하는 종교는 종교로서의 가치를 상실했다고 할 수 있다.

대종교에는 창조와 구속과 부활의 진리가 전혀 존재하지 않는다. 대종교는 참 사람이 되어 한얼과 일체가 되기 위해 지감, 조식, 금촉의 삼법을 수행하지만 이런 방법을 통해서는 사람이 변화될 수 없고 선을 쌓을 수도 없다. 사람의 근본적인 변화는 성령의 임재로 말미암아 예수 그리스도를 알 때에만 가능하다.

대종교는 홍익인간과 이화세계의 거창한 슬로건을 내걸었지만 실상 구체적인 방안이 체계적으로 제시되어 있지 않다. 특히 홍익인간은 범세계적으로 모든 종교를 포용할 수 있는 종교성과 조화의 원리가 있는 이념이라고 주장하지만, 달리 생각하면 독창성이 없는 이념이라고 할 수 있다. 따라서 대종교는 종교라기보다는 하나의 이데올로기에 가깝다

대종교의 수행방법은 기타 인본주의 종교들과 마찬가지로 자율적 자기수행에 불과하다. 특히 대종교의 의식 중 하나인 밀고는 교조 나철이 한얼님으로부터 받았다고 하는데, 이는 단지 외우기만 하는 일종의 주문이다. 이러한 무의미한 의식을 통해 대종교가 말하고자 하는 것이 무엇인지 의문이다. 특히 교주 나철은 스스로 목숨을 끊었는데, 일반적인 자살과는 다른 종교적인 의미가 있다고 할지라도 역시 자살이며, 이는 생명의 주인이신 하나님을 알지 못하는 어리석음을 드러내는 것으로 생명에 대한 그의 부적절한 인식을 여실히 보여주는 사건이다.

단군이라는 신화적 인물을 통해서 민족을 하나로 엮고자 했던 시도는 민족적인 입장에서는 이해할 수 있으나 그것이

전부였다는 점에서 대종교의 종교적 한계가 드러난다. 더욱이 대종교의 결정적인 문제는 구원과 영생의 관념이 결여되어 있다는 점이다. 참 종교는 분명한 진리와 정연한 의식체계가 있어야 하고, 영원한 생명에 대한 비전과 명확한 구원의 길이 제시되어야 한다.

제 14 장
천도교

1. 천도교 형성의 배경

천도교는 조선 후기 1860년에 최제우(崔濟愚)를 교조로 하는 동학(東學)을 1905년 제3대 교주 손병희(孫秉熙)가 천도교(天道敎)로 개칭한 종교이다.293) 최제우는 조선시대 말엽의 혼란한 세태와 타락한 윤리도덕을 절감한 나머지 고통 받는 사람들을 구하겠다는 일념으로 오랜 수도 끝에 포덕 1년(1860년) 4월 5일에 천도교(동학)를 창명(創明)하였다. 당시 우리나라는 오랜 세월에 걸친 소수 양반 지배 계급의 붕당정치로 인해 민생이 도탄에 빠져 순조 11년의 홍경래의 난 이후 전국 곳곳에서 민란이 연이어 일어났다. 또한 외척이 득세하여 정권을 장악하면서 국가의 기강이 바로 서지 못하였다. 게다가 조선조의 지도이념이었던 유학이 공리공론에 빠져 제 역할을 하지 못할 뿐 아니라 불교 역시 국가의 억불정책으로 흉흉한 민심을 다스릴 여력이 없었다. 이 와중에 지향할 바를 찾지 못한

---

293) 손병희는 1905년 12월 1일 교조 최제우의 『논학문(論學文)』 중에 '道雖天道 學則東學'이란 문구로부터 교명(敎名)을 얻어 천도교로 선포하였다.

백성들이 정감록과 같은 도참설에 현혹되어 방황하였다.294) 천도교는 이러한 내우외환의 위기의식이 팽배한 시대에 이 세상을 다시 개벽하여 모든 인간이 인간다운 삶을 살 수 있는 이상사회를 건설하고자 하였다.

2. 천도교의 창시자와 주요 인물

1) 최제우(崔濟愚 : 1824-1864)

동학을 창도한 최제우는 1824년(갑신년) 10월 28일 경주시 현곡면 가정리(柯亭里)에서 태어났다. 최제우의 자는 성묵(性默)이며 호는 수운(水雲)이다. 천도교에서는 그를 수운대신사(水雲大神師)라고 부른다. 그의 아버지는 당시 경상도 일대에서 산림처사로 이름 높았던 근암(近菴) 최옥이며 어머니는 재가녀인 청주 한씨(淸州 韓氏)였다. 그의 먼 선조로는 신라 말기의 석학 고운 최치원(孤雲 崔致遠)이 있고, 7대조는 임진왜란 때 의병장이며 병자호란 때 순국한 정무공 최진립(貞武公 崔震立)이다.

최제우는 최옥이 63세 되는 해 만득자(晩得子)로 태어났다. 가난한 집안과 재가녀의 아들이라는 출신 때문에 불우한 어린 시절을 보낸 최제우는 17세에 아버지를 여의었는데, 이때부터 인생의 무상함을 느끼고 참된 진리를 찾아 천하를 돌아다녔다. 이러한 최제우의 구도(求道)의 행적을 천도교에서는 '주유팔로(周遊八路)'라고 부른다. 그는 주유팔로를 통하여 세상의 많

294) 천도교중앙총부교서편찬위원회, 『천도교약사』(서울 : 천도교중앙총부출판부, 2006), 21.

은 가르침과 만나보았지만, 궁극적으로 이러한 기존의 가르침들은 세상의 어지러움을 구할 수 있는 진정한 도가 아니라는 사실을 알게 되었다.

실의와 낙망 속에서 세월을 보내던 최제우는 이 무렵에 신비한 체험을 하게 되었다. 울산 인근의 여시바윗골에 있는 정자에서 소일을 하던 최제우는 어느 신비한 기인(奇人)을 만나 천서(天書)를 얻게 되었다. 천서의 내용은 전해지지 않지만, 그 안에는 '하늘에 기도를 하라'는 내용이 담겨져 있었다고 한다. 즉 세상을 구할 도를 밖에서 찾을 것이 아니라, 기도를 통하여 하늘로부터 구하라는 가르침이었다고 한다. 이후 최제우는 세상을 떠돌며 가르침을 구하던 행각을 그치고 하늘에 기도하기 시작했다. 천도교에서는 을묘년(1855)에 하늘로부터 천서를 받았다는 의미로 '을묘천서(乙卯天書)'라고 부른다.

마침내 최제우는 고향인 경주 현곡면 구미산에 위치한 용담정에서 한울님으로부터 무극대도(無極大道)를 받게 되는 결정적인 종교체험을 하게 된다.[295] 이때가 경신년(1860년) 4월 5일이었는데, 천도교에서는 이 날을 천도교 원년(元年)으로 삼아 '천일기념일(天日紀念日)'로 기리고 있다. 최제우는 처음에 이 도의 이름을 '무극대도'라고만 하였다가 1862년 1월경에 지은

---

295) 체험의 내용은 다음과 같은 것이었다. 최제우는 갑자기 몸과 마음이 몹시 떨리면서 "두려워하지 말고 두려워하지 말라"는 한울님의 음성을 처음 듣게 되었다. 이어서 "내 또한 공이 없으므로 너를 세상에 출생케 하여 사람에게 이 법을 가르치게 하노니 의심하지 말고 의심하지 말라"는 말과 함께 영부(靈符)와 주문(呪文)을 받았다. 이 법이란 '오심즉여심(吾心卽汝心)'의 심법이며 '시천주(侍天主)'의 도법을 말한다. (천도교중앙총부교서편찬위원회, 『천도교약사』, 28)

『논학문(論學文)』에서 무극대도는 천도(天道)이며 그 학은 서학이 아닌 '동학(東學)'이라고 천명하였다.

최제우는 득도를 한 이후, 1년 가까이 수행과 수련에 정진했다. 이러한 수행 기간을 거친 후 1861년(신유년) 6월에 이르러 비로소 세상 사람들을 향하여 포덕(布德)을 시작하였다. 양반과 천민의 구별없이 모든 사람은 한울님을 모시고 있으므로 세상의 모든 사람이 근원적으로 모두 평등하다는 시천주(侍天主)의 가르침은 당시 새로운 삶의 질서를 꿈꾸던 많은 사람들로부터 열렬한 호응을 얻었다. 그리하여 최제우가 머무는 경주 용담정에는 연일 도에 들기를 청하는 사람들이 찾아와 북적이게 되었다. 이와 같은 포덕과 세상 사람들의 많은 관심으로 인하여 최제우는 관청의 탄압을 받게 되었고, 1861년 11월에는 결국 용담을 떠나 전라도 남원에 있는 작은 암자로 피신하여 동학의 중요 경전인 『논학문(論學文)』, 『권학가(勸學歌)』, 『도수사(道修詞)』 등을 저술하게 되었다.

신유포덕[296] 이후 일부 주변의 음해와 중상에도 불구하고 동학을 신봉하는 사람들이 계속해서 늘어나자 그 지역도 점차 확대되어 갔다. 이에 최제우는 많은 도인들을 효과적으로 교화하기 위하여 교단조직을 만들었는데 이를 접(接)이라고 하였다. 포덕 3년 12월 29일, 지역별로 인맥 중심의 접을 만들어 접주를 임명하고 관리하게 하였는데, 이것이 천도교(동학) 최초의 신앙공동체이며 교단조직이다.

---

296) 포덕은 천도교에서 한울님의 덕을 세상에 편다는 뜻이며, 신유포덕은 신유년(포덕 2년) 6월에 천도교가 세상 사람들을 향한 구체적인 전도를 시작한 것을 이르는 말이다.

최제우는 지속되는 관의 탄압과 함께 포덕 4년(1863) 12월 10일 마침내 조정에서 파견한 선전관 정운구(鄭雲龜)에 의해 체포되어 수감되었다가, 포덕 5년(1864) 3월 10일 대구에서 좌도난정(左道亂正)[297]의 죄명을 쓰고 41세의 나이로 참형을 당하였다. 천도교에서는 최제우를 교조(敎祖)로 받든다.

2) 최시형(崔時亨 : 1827-1898)

천도교의 2대 교주는 최시형으로 천도교에서는 해월신사(海月神師)라 부른다. 최시형은 1827년 3월 21일 경주 동촌 황오리라는 작은 마을에서 가난한 농사꾼인 아버지 최종수(崔宗秀)와 어머니 월성 배씨(月城 裵氏) 사이에서 태어났다. 그의 원래 이름은 경상(慶翔)이었으나 그가 스스로 펼친 법설인 용시용활(用時用活), 곧 살아있는 도(道)란 그 때에 따라 생활 속에서 적용되고 또 활용되어야 한다는 가르침을 강조하기 위하여 스스로 이름을 '시형(時亨)'으로 고쳤다. 해월(海月)이라는 호는 최제우가 지어준 것이다. 5세 때 어머니를 여의고, 12세 때 아버지를 여읜 최시형은 친척집에 기탁하여 머슴과 같이 살았으며, 17세에 제지소에 들어가 기술을 익히며 한지 장사를 하기도 하였다.

19세에 밀양 손씨(密陽 孫氏)와 결혼한 뒤 처가가 있는 흥해(興海)에서 살다가, 28세 때 경주 승광면 마복동으로 이사하여 마을 대표인 집강(執綱)이 되었는데 일을 잘 처리하였으므로

---

297) 조선 시대 유교(儒敎) 이외에 도교나 불교 등의 다른 종교로써 유교의 가르침과 법도를 어지럽히는 행위를 하여 백성들을 현혹시키거나 나라의 정치를 문란케 하는 일을 뜻하는 말이다.

마을 사람들이 기념비를 세워주었다고 한다. 1861년 최제우가 세상을 건질 새로운 도를 편다는 풍문을 듣고 용담으로 찾아가 동학에 입도하였다. 동학에 입도한 최시형은 열심히 수련에 임하여 결국 천어(天語)를 듣는 깊은 경지에까지 이르게 되었다.

최제우는 마침내 포덕 4년(1863) 8월 14일 최시형을 동학의 2대 교주로 임명하였다. 그러나 1864년 최제우가 체포되어 대구에서 참형 당한 후 수제자인 최시형을 잡으려는 관의 추적이 강화되자 이를 피하여 태백산맥과 소백산맥 등에서 36년간을 숨어 지내며, 관헌의 감시를 피해 안동, 울진 등지에서 포교에 힘써 흩어진 동학의 교도들을 다시 모아들였다. 또 교단을 정비하여 교세를 넓혀가는 한편 스승인 최제우로부터 받은 도에 정진하여 동학의 명실상부한 지도자로 부상하게 되었다. 이와 같은 시기를 천도교에서는 '숨어서 도를 펴던 시대', 곧 은도시대(隱道時代)라고 부른다. 1871년(고종 8년) 이필제와 더불어 영해(寧海)에서 대신사의 신원을 위한 교조신원운동을 펼쳤으나 실패하였고, 동학에 대한 정부의 탄압이 가중되자 소백산의 암굴에 피신하였다.

그 뒤 1880년과 1881년에는 영월을 거쳐 인제에서 스승인 최제우가 남겨놓은 경전을 모아 『동경대전(東經大全)』을 간행하고,[298] 이어 단양에서 『용담유사(龍潭遺詞)』를 간행하였다.[299] 이

---

298) 포덕 21년 5월 9일 인제군 갑둔리 김현수(金顯洙)의 집에서 경전 편찬을 위한 각판소(刻板所)를 설치하고 최제우의 한문으로 된 경전과 시문(詩文)들을 모아 11일에 간행을 시작하여 6월 14일에 완간하였다. 이것이 『동경대전(東經大全)』이란 이름으로 간행된 최초의 목판본이다. (천도교중앙총부교서편찬위원회, 『천도교약사』, 54)

러한 최시형의 노력은 관의 탄압 속에서도 수만 명의 교도를 규합하였고, 동학의 교세를 확산시키는 데 결정적인 역할을 했다. 또한 최시형은 동학의 조직을 보다 체계적으로 공고히 하기 위하여 접(接)제도를 부활시키고 이어 포(包)제도를 만들어 전국의 동학교도를 조직적으로 관장하고 운영할 수 있는 바탕을 마련하였다. 1884년 갑신정변으로 정국이 소란하여 동학에 대한 탄압이 완화되자, 조직 강화에 힘써 육임제(六任制)[300]를 확립하고 전국에 육임소(六任所)를 설치하여 종교로서의 체제를 갖추어 나갔다.

1892년에는 손천민(孫天民), 손병희 등의 주장에 따라 충청도 관찰사에게 교조의 신원과 포교의 자유 및 탐관오리의 숙청 등을 요구하는 글을 보냈으나 묵살당하였다. 이듬해 2월 제2차 신원운동을 전개하여, 박광호(朴光浩)를 소두(疏頭)로 하여 각 도의 동학 대표자 40여 명을 보내어 고종에게 직접 상소를 올리고 대궐 앞에서 사흘 밤낮을 통곡하게 했다. 고종으로

---

299) 포덕 22년 6월 단양군 남면 샘골(泉洞) 여규덕(呂圭德)의 집에 경전개간소를 설치하고 국문으로 된 최제우의 가사 8편을 모아 목판본으로 간행하여 반포하였다. 이것 역시 『용담유사(龍潭遺詞)』라는 이름으로 나온 최초의 한글경전이다. (천도교중앙총부교서편찬위원회, 『천도교약사』, 54)

300) 포덕 25년 10월에 최시형이 교장(敎長), 교수(敎授), 도집(都執), 집강(執綱), 대정(大正), 중정(中正)의 육임제(六任制)를 창안하였다. 육임제는 각 포에 두게 되어 있는데, 교장은 자질이 있고 인망이 두터운 사람으로, 교수는 성심으로 수도하여 가히 교리를 전할 수 있는 사람으로, 도집은 위풍이 있고 기강이 밝으며 시비선악의 한계를 아는 사람으로, 집강은 시비를 밝히고 기강을 바로잡을 수 있는 사람으로, 대정은 공평하고 부지런하고 중후한 사람으로, 중정은 바른 말을 능히 할 수 있는 강직한 사람으로 삼았다. (천도교중앙총부교서편찬위원회, 『천도교약사』, 56)

부터 선처를 약속받고 일단 해산했으나, 시행될 기미가 보이지 않으므로 다시 제3차 신원운동을 계획하고 보은의 대도소(大都所)에 전국 교도들의 집결을 명령하였다. 동학교도들은 교조의 신원(伸寃)과 부패관리의 처단 및 종교의 자유를 주장하며 척왜양창의(斥倭洋倡義)의 기치를 들고 대대적인 시위를 감행하려 했다. 이에 당황한 조정이 선무사 어윤중을 파견하여 선처를 약속하고 경상도 관찰사 조병식(趙秉式), 영장(營將) 윤영기(尹泳璣) 등의 탐관을 파면하자 동학교도들은 자진 해산했다.

1894년 고부 접주 전봉준이 농민과 동학도를 지휘하여 동학농민운동을 일으키자, 최시형도 이에 호응하여 북접(北接) 산하 동학도를 궐기시켜 회덕(懷德)의 관아를 습격하고 무기를 탈취했으나 관군과의 충돌을 피해 우선 해산시켰다. 그러나 요구조건의 수락을 전제로 동학군을 해산시켰던 전봉준이 일본군의 상륙과 정부의 요구조건 불이행을 이유로 음력 9월에 다시 기포(起包)하자 그도 북접 각지의 접주들에게 총궐기를 명령하였으며, 10만 명의 병력을 인솔하여 논산에서 남접군(南接軍)과 합세하였다. 하지만 관군·일본군의 연합군과 공주에서 싸워 참패하고, 논산, 장수 등지에서 연패하여 영동·청주로 피신했다가 1898년 원주에서 송경인(宋敬仁)의 밀고로 붙잡혀, 한양으로 압송되어 72세에 참형을 당하였다. 최시형은 죽은 뒤 고종의 특지로 1907년에 신원되었다.

3) 손병희(孫秉熙 : 1861-1922)

천도교의 3대 교주는 손병희이다. 충청북도 청원에서 세금

징수를 담당하는 향리의 아들로 태어났다. 본래 이름은 손응구(孫應九)이며, 망명 중 사용한 가명은 이상헌(李祥憲), 최시형에게 받은 도호(道號)는 의암(義菴)이다. 천도교에서 의암성사(義菴聖師)로 불리우는 손병희는 천도교의 포덕 23년인 1882년에 조카 손천민의 권유로 동학에 입도했는데, 3년 뒤 최시형을 만나 그의 수제자가 되었다.

동학에 입도한 이후 손병희는 호방했던 생활을 일시에 청산하고, 전도인(傳道人)으로부터 받은 주문 21자를 매일 3만 독(讀)씩 읽고 외우며 지극한 수련에 임하였다. 1894년 동학농민운동 때는 북접 소속으로서 남접의 전봉준과 함께 동학군을 진두지휘를 하며 활약하였다. 관군의 추격을 피해 원산 및 관서지방으로 피신한 그는 동학농민혁명 실패로 무너진 동학의 재건과 포교 활동에 큰 공을 세움으로써 정신적 스승이었던 최시형의 뒤를 이어 1887년 12월 24일 천도교의 3대 교주가 되었다. 이후 손병희는 동학운동의 지도자만이 아닌 근대화 운동의 지도자로서의 면모를 보였다. 독립협회의 인사 등 개화파 인물들과 만나서 일부는 동학에 입교시켰으며 이들로부터 개화사상을 받아들였다.

그러던 와중에 동학에 대한 탄압이 거세지면서 먼저 동학에 입교하여 자신에게 포교했던 조카 손천민이 체포되어 처형당하자, 안경장수로 변장하여 중국으로 피신하였다. 그러나 조선 정부의 압력으로 중국에서도 살 수 없게 되자 1901년 일본으로 망명했다. 여기에서 같은 망명자 신분이었던 오세창, 권동진, 박영효, 조희연 등 개화파 전직 관료들과 교류하였으며, 개방적인 도시였던 상하이와 메이지 유신(1867년) 이후 개혁의 바람이 불고 있던 도교 등을 돌아보면서 인재 양성의 시급함을 깨달았다. 이에 1903년부터 24명의 우수한 청년들을 선발하여 일본에 유학을 시켰다. 망명 중 신문 기고 등으로 내정개혁론과 근대화론을 설파하다가 1904년에는 갑진개혁운동(甲辰改革運動)을 일으켜 오세창, 권동진과 더불어 진보회를 조직했다. 그는 회원들에게 머리를 자르고 개화복을 입을 것을 명하는 등 개화운동을 전개하였다.[301)]

이후 1905년 12월 1일, 동학을 '천도교'라는 이름으로 개칭하고 1906년 일본에서 귀국했다. 동학교도, 즉 천도교 신도라면 무조건 잡아갈 정도로 극심히 탄압하던 대한제국이 외세의 간섭으로 무기력해진 상황이 되었기 때문이다. 손병희는 1906년 1월 천도교 중앙총부를 서울에 두고 각 군에 교구를 설치하여 근대적 종교체계를 갖추는 한편, 진보회(進步會)를 일진회(一進會)로 규합하여 친일 행각을 벌인 송병준, 이용구 등 60여 명의 친일 간부 교인들을 출교시키고 새로운 출발을 시작하였다.

귀국 후에는 교령 자리를 박인호에게 승계하고 교육사업(보성전문학교 인수)과 출판사업에 관심을 쏟다가 1919년 민족대표 33인 중 한 명으로 3·1운동을 주도했다. 기미독립선언서 낭독 후 일본 경찰에 체포되어 징역 3년형을 선고받았으며 병보석으로 출옥한 후 1922년 62세의 나이로 가족들이 보는 가운데

---

301) 전반적으로 천도교의 문화운동론의 패러다임은 문명비판론과 문화추구론, 사회진화론과 사회유기체론, 정신주의와 엘리트주의를 띠고 있었다. [조규태, 『천도교의 문화운동론과 문화운동』(서울 : 국학자료원, 2006), 51-70]

별세하였다. 저서로는 일본 망명 시절에 국부 달성과 근대화를 주장하며 저술한 『삼전론(三戰論)』(1902)과 『명리전(明理傳)』(1903) 등이 있다.

4) 박인호(朴寅浩 : 1854-1940)

천도교 4대 교주인 박인호의 초명은 용호(龍浩), 자는 도일(道一), 도호는 춘암(春菴)으로 1854년 12월 25일 충청남도 예산에서 출생했다. 천도교인들을 그를 춘암상사(春菴上師)라고 부른다. 29세가 되던 1883년에 동학에 입도한 박인호는 공주 가섭사에서 제2대 교주인 최시형에게 직접 지도를 받은 소수의 제자들 중 한 명이다. 동학에 입도한 이후 10년간 밤낮으로 의관을 벗지 않고 생선, 고기, 술, 담배 등을 멀리하며 수련에 정진하였다. 고향인 예산에서 포교하던 중 동학농민운동에 덕의대접주(德義大接主)로 충청도 일대의 동학군 7,000명을 통솔하여 참가하였다. 그 후 1901년에는 경도주(敬道主)가 되었고, 교장, 중앙총부 고문, 금융관장, 경도사(敬道師) 등의 직책을 두루 지냈다. 이후 손병희의 갑진개혁운동에 동참했고, 1907년 12월 10일 천도교의 차도주(次道主)가 되었다가 1908년 1월 18일 대도주(大道主)의 종통(宗統)을 선수 받아 천도교의 4대 교주가 되었다.

박인호는 이후 천도교 중앙총부의 지도체제를 새롭게 갖추고 교세 확장에 온 힘을 기울였으며, 보성학교와 동덕여학교 등을 인수하여 경영하였다. 또한 그는 전국에 800여 개의 교리강습소를 설치하고 운영하여 민족교육에 앞장 섰다. 1919년 손병희의 주도로 3·1운동이 일어났을 때에 박인호는 천도교의 중책을 수행하기 위하여 민족대표에서 빠졌지만, 48인의 한 사람으로 일경에 체포되어 옥고를 치르기도 하였다.302) 그는 천도교의 자금을 최린을 통해 3·1운동 경비로 지원하였으며, 이종일, 이종린, 김홍규, 윤익선과 함께 《조선독립신문》의 발간과 인쇄 작업을 맡았다. 박인호는 이 사건으로 체포되었으나 이듬해 무죄 선고를 받고 풀려났다.

손병희 사후 박인호는 최린의 신파와 대립하여 일본에 대해 비타협적인 입장을 고수했으며(1922년), 교내의 모든 일을 중의(衆議)에 맡기고 정신적 지도자로 남게 되었다. 또한 박인호는 1926년 조선공산당과 천도교 구파가 순종의 사망으로 인한 국장을 계기로 6·10만세운동을 연합 조직할 때에 가담하였다. 그 후 일제가 만주를 침범하는 등 군국주의 통치가 심화되던 1938년 박인호는 지방의 교역자들을 불러 일제 패망을 기원하는 특별기도를 지시하였는데, 이것이 무인멸왜기도(戊寅滅倭祈禱)운동이다.

박인호는 1940년 86세의 나이로 사망했다. 천도교는 박인호의 사망 이후 교주를 선출하는 제도가 실시되어 지금까지도 매 3년마다 교단의 대의원들이 모여 전국대회를 통하여 교령을 선출하고 교단의 모든 것을 위임한다.

---

302) 손병희가 민족대표를 선정함에 있어 박인호에게 교도들을 단속해 줄 것을 부탁하는 유시문(諭示文)을 주고 그를 제외시킨 것은 독립선언 후에 교회에 파급될 영향을 염려한 것으로, 교회를 지키기 위한 조치였다고 볼 수 있다. [이동초, 『천도교 민족운동의 새로운 이해』(서울 : 도서출판 모시는 사람들, 2010), 141]

3. 천도교의 경전

천도교의 경전으로는 최제우가 저술한『동경대전(東經大全)』과『용담유사(龍潭遺詞)』가 있다. 그리고 제2대 교주 최시형의『해월신사법설(海月神師法說)』과 제3대 교주 손병희의『의암성사법설(義菴聖師法說)』이 있다. 이 가운데 한문체로 된『동경대전』의 4편과 한글 가사체로 된『용담유사』8편을 주요 경전으로 삼는다.[303)]

1) 동경대전

(1) 포덕문(布德文, 1861년 봄)

「포덕문」은 우주생성 이후 인류문화의 변천과 그것이 현재에 어떻게 이르고 있는지를 기술하고 있으며, 더 나아가 타락한 당시의 시대적 세태와 함께 서양열강의 침공 등으로 인한 위기의식과 이러한 상황의 어려움을 극복하기 위한 최제우의 고뇌와 무극대도의 득도 및 그 이후에 겪게 되는 세상의 정세 등을 기록하고 있다.[304)]

(2) 논학문(論學文, 1862년 1, 2월)

「논학문」은 무극대도가 서학이 아닌 동학이라는 점을 명확히 밝히고, 동학의 신앙 요체인 주문 21자를 해석하였다. 이

303) 천도교중앙총부교서편찬위원회,『천도교약사』, 35-39. 이 12편의 경전의 내용 설명은 천도교의 경전이기 때문에 전체적으로 천도교약사에 있는 내용을 그대로 옮긴 것이다.
304) 윤석산 주해,『동경대전』(서울 : 동학사, 1996), 301-302.

에 따른 종교적 수행절차를 정해 동학의 이론적 바탕을 제시하였다. 「논학문」은 이 우주를 이루고 있는 천, 지, 인 삼재(三才)와 오행(五行)을 전통적인 동양적 사유에 바탕을 두고 설명하였다. 또한 사시성쇠(四時盛衰)와 풍로상설(風露霜雪) 등의 우주적 현상이 한 치의 오차도 없이 한울님의 섭리에 의하여 이루어지고 있다는 사실을 사람들이 간파하지 못함으로 천하가 어지러워졌다고 지적하였다. 최제우는 자신의 도는 천도이며 학은 동학이라고 가르쳤다.[305]

(3) 수덕문(修德文, 1862년 6월)

「수덕문」은 도인들이 도를 닦는 데 도움이 되는 내용을 담고 있다. 최제우는 옛 성인이 가르친 인의예지에서 벗어나 수심정기(守心正氣)를 새로운 수행덕목으로 정했다고 밝히고 있다.[306] 「수덕문」은 동양사회를 유지시켜 온 오랜 사상적 체계의 하나인 유교적 가르침을 바탕으로 동학을 설명하고, 도인이 지켜야 할 계율과 동학 수행의 효험 등을 기술하고 있다.[307]

305) Ibid., 304-306.

306) 仁義禮智 先聖之所敎 守心正氣 惟我之更定(『東經大典』「修德文」). 수심정기는 원래 「논학문(論學文)」 중에서 최제우가 스스로 자신의 도의 핵심이라고 강조하고 있다. “나의 도는 무위이화(無爲而化)이다. 마음을 지키고 기운을 바르게 하면 성품을 거느리게 되고 가르침을 받을 수 있어서 자연스럽게 화하여 나오는 것이다(吾道 無爲而化矣 守其心正其氣 率其性受其敎 化出於自然之中也).” (『東經大典』「論學文」)

307) 윤석산 주해, 『동경대전』, 307.

(4) 불연기연(不然其然, 1863년 11월)

최제우가 마지막으로 지은 경전이다. '기연'이란 만물에 드러나는 현상이며, '불연'이란 그 만물의 근원을 이루고 있는 것이기에 외면상 '기연'과 '불연'이 서로 다른 것처럼 보여도 궁극적으로는 동일한 뿌리를 지니고 있다는 것이다. 최제우는 이 본질적 문제를 인간의 이성으로 궁구해 보면 그렇지 않고, 그렇지 않고, 또 그렇지 않은 것이지만, 이를 한울님의 섭리로 생각해 보면 그렇고, 그렇고, 또 그렇다고 말할 수 있다고 하였다.[308] 따라서 그는 동학의 본의를 알기 위해서는 '기연'과 더불어 '불연'의 세계를 함께 살펴야 한다고 주장하였다.

2) 용담유사

(1) 교훈가(敎訓歌, 1861년 6월)

「교훈가」에서는 최제우가 자녀와 조카들에게 교훈하는 형식을 빌려 도인들에게 올바른 수도의 방법을 훈시하고 있다. 「교훈가」는 제자들에게 마음공부(心學)의 중요성을 강조하면서 입도한 사람은 그 날부터 군자가 된다고 가르치고 있다.

(2) 안심가(安心歌, 1861년)

「안심가」는 첫머리의 "현숙한 내 집 부녀 이 글 보고 안심하소"라는 구절이 말해주듯, 최제우가 부인에게 득도 이전의 모진 고생을 위로하고, 득도 이후 서학이라고 음해하는 것에

---

308) 比之於究其遠 則不然不然 又不然之事 付之於造物者 則其然其然 又其然之理. (『東經大典』「不然其然」)

대해 안심하라는 내용을 우회적으로 표현하고 있다.

(3) 용담가(龍潭歌, 1860년 4월)

「용담가」는 경주의 역사적 정통성을 강조하면서 구미산의 산세가 승지(勝地)임을 노래함과 동시에 최제우의 구도 초기부터 득도에 이르기까지 희비가 엇갈렸던 과정을 자서전처럼 읊고 있다.

(4) 몽중노소문답가(夢中老少問答歌, 1862년 6월)

제목을 보면 꿈속에서 노인과 소년이 문답한 내용으로 짐작되지만 실제 형식은 그렇지 않다. 극도로 부패한 이 세상이 다시 개벽되어야 한다는 것을 강조하면서 이를 위해 머지않아 무극대도가 출현할 것을 말하고 있다.

3) 기타

(1) 도수사(道修詞, 1861년 12월)

「도수사」는 도를 닦는 기본자세를 가르치고 있다. 법을 따르고 인간으로 최선을 다하는 삶을 강조하였으며, 스승과 제자 사이의 도를 강조하였다.

(2) 권학가(勸學歌, 1862년 1월)

「권학가」는 당시의 메마른 인심과 풍속을 지적하고, 시운(時運)을 일성일쇠(一盛一衰)하는 순환사관으로 규정했다. 또한 세상 사람들의 각자위심(各自爲心)을 경계하고, 무극대도가 창건된 동기를 밝혔다.

(3) 도덕가(道德歌, 1863년 7월)

「도덕가」는 기존의 도덕 및 가치관을 비판하면서 이에 대한 새로운 규범을 제시한 경전이다. 한울님은 지공무사(至公無私)하여 불택선악(不擇善惡) 한다는 선악관의 새 지평과 함께 수행에 필요한 계명들을 제시하였다.

(4) 흥비가(興比歌, 1863년 8월)

이 가사의 첫 구절에 '시운(詩云)'이라는 말이 있듯이 흥비가란 시경(詩經)의 육의(六義), 즉 풍(風), 부(賦), 비(比), 흥(興), 아(雅), 송(頌)의 여섯 가지 체(體) 가운데 흥비(興比) 두 글자를 따서 지은 제목이다. 「흥비가」는 처세에 관한 교훈을 담은 경전이다.

4. 천도교의 교의

천도교의 1대 교조인 최제우는 1860년 4월 5일, 결정적인 종교체험을 통해, 한울님이라는 절대신에게서 '내 마음이 곧 네 마음'이라는 '오심즉여심(吾心卽汝心)'의 심법(心法)을 받았다. 이를 통해 최제우는 한울님이 다른 어느 곳에 있는 것이 아니라 바로 자신 안에 있다는 사실을 깨닫고, '내 몸에 모셔져 있다'는 '시천주(侍天主)'를 가장 핵심적인 종교사상으로 삼게 되었다.

시천주는 천인여일관(天人如一觀)을 의미하기도 한다. 즉 내 안에 자리한 참 주체인 한울님의 뜻에 어긋남이 없이 사는 것을 의미한다. 훗날 최제우와 최시형의 뒤를 이은 손병희에 의하여 천명되는 '이신환성(以身換性)', 곧 '육신을 성령으로 바꾸라'는 설법 역시 이러한 시천주에 근원을 둔 가르침이다. 시천주를 또 다른 말로 표현하면 신인합일(神人合一)이다. 곧 인간이 태어날 때 한울님으로부터 품부(稟賦) 받은 천심(天心)을 다시 회복하여 이를 자신의 삶 속에서 실천하는 삶을 뜻한다. 최제우는 시천주 사상을 근간으로 하여 여러 가지 교의들을 정립하였다.

1) 신관

'한울님'이라는 신에 대한 명칭은 땅(地)의 상대개념인 하늘(天)을 염두에 두고 붙인 것이 아니다. 이는 하늘과 땅을 모두 포함하는 우주적 개념을 지닌 칭호이다. 즉 한울님은 하늘과 땅, 우주 어디에나 편만(遍滿)하며 동시에 내 몸에 주체적으로 모셔져 있다고 보는 것이 천도교의 신관이다.

한울님의 '한'은 우리나라의 고유한 사상으로 '하나, 크다, 무궁'의 뜻이며, '울'은 양적 의미에서는 우주 전체를 가리키는 말이고 질적 의미에서는 '우리'라는 말이다. 그러므로 '한울'은 소아(小我)인 나를 포함하는 '큰 나' 곧 '대아(大我)'라는 뜻으로 해석할 수 있다.[309] 천도교인들의 '한울'이라는 말 속

---

309) 이돈화, 『신인철학』(서울 : 천도교중앙총부출판부, 1982), 9.

에는 범신관, 만유신관이 담겨져 있으며, 한울님이란 인격적 신을 말하는 것이 아니라 부분에 대한 전체, 소아에 대한 대아로 우주 전체를 종교적 명칭으로 사용하는 말이다.[310)]

2) 우주관

수많은 만상(萬象)이 편재되어 있어도 이들 모두는 우주에 가득 차 있는 한울님의 지기(至氣)와 함께 서로 유기적으로 연결되어 있으며, 나아가 궁극적으로 무궁한 우주와 함께 '하나의 커다란 생명'으로 되어 있다는 것이 천도교의 우주관이다. 즉 이 우주를 한울님의 지기에 의한 하나의 커다란 영성(靈性)의 생명체로 보고 있는 것이다.

3) 인간관

천도교는 인간을 존귀한 존재로 보는 것에서 그치는 것이 아니라, 무궁한 한울님과 더불어 무궁한 존재로 여긴다. 이와 같이 유한한 존재인 인간을 신과 같은 무궁한 존재로 보는 것이 시천주 사상이다. 또한 무궁한 한울님의 삶을 나의 삶 속에서 실천함으로써 궁극적으로 '나' 역시 무한한 우주와 더불어 '무궁한 나'가 될 수 있다고 본다. 천도교의 인간관은 무궁한 나를 깨달아가는 과정을 중시한다. 세상의 모든 사람들이 빈부나 귀천의 구분 없이 누구나 무궁한 존재로서 존엄하고 평등하다는 본질적인 평등주의를 내포하고 있다. 이러한 인간관에 의하여 사인여천(事人如天), 인내천(人乃天) 등의 사상도 등

---

310) Ibid., 10.

장하게 된다.

최제우는 "사람과 한울이 둘이 아니요, 한울기운이 내 기운이 되며 내 기운이 한울기운이 되어 서로 떠나지 못하는 그 이치를 가지게 하는 것"[311]이라 하였다. 그러므로 '사람 섬기기를 한울님같이 하라'는 사인여천의 천도교의 윤리가 나오게 되었고, '사람이 이에 한울님'이라는 인내천의 종지(宗旨)가 생겨난 것이다. 더 나아가 최시형은 그의 대인접물(待人接物) 사상에서 사람, 동물, 식물, 광물 등 모든 것이 다 한울님이므로 한울님 같이 대하라고 하였다.[312]

4) 사후관(死後觀)

천도교에서는 모든 생명이 우주라는 커다란 생명에서 온 것으로 보기 때문에 사람이 죽는 것을 '본래의 자리로 돌아간다'라는 의미인 '환원(還元)'이라고 칭한다. 우리의 조상들이 '죽음'을 '돌아가셨다'라고 말한 것과 같은 의미이다. 모든 생명체는 육체적으로 소멸하게 되면, 공간적 차원을 달리하여 천당이나 지옥으로 가는 것이 아니라 생명의 근원인 우주의 생명으로 돌아가서 자손과 후학의 성령(性靈)과 융합일치 되어, 이 현세에 성령으로 다시 출세(出世)한다는 것이 천도교의 내세관이며 사후관이다.

---

311) 이돈화, 『천도교창건사』(서울 : 경인문화사, 1969), 22.

312) 천도교중앙총부교서편찬위원회, 『천도교경전』(서울 : 천도교중앙총부출판부, 1977), 132-134.

5) 가치관

천도교의 가치 기준은 사람의 마음(心)과 기운(氣)에 있다. 최제우는 이를 중심으로 올바른 삶과 올바르지 못한 삶, 또는 선과 악, 나아가 군자와 소인을 이야기한다.

최제우는 『용담유사』에서 선(善)하고 악(惡)한 마음을 쓰는 것은 기운(氣)에 의한 것이라고 지적하고 있으며, 『동경대전』「탄도유심급(歎道儒心急)」을 통하여 "흐린 기운을 씻어내고 맑은 기운을 어린아이 기르듯 하라 한갓 마음이 지극한 것을 말하는 것이 아니라 오직 마음을 바르게 하는 데에 있다"[313]고 가르치고 있다. 즉 기운을 바르게 하고 깨끗하게 하여 본래의 바탕을 회복하는 것이 올바른 삶이고 선한 삶이며, 바로 군자의 삶이라고 한다. 이러한 가치관은 『동경대전』「논학문」에 잘 나타나 있다.[314] 이러한 기운과 마음을 지니기 위한 방법으로 최제우는 수심정기(守心正氣)를 설파하였다. 즉 회복된 본래의 마음을 지키고(守心), 기운을 바르게 하여(正氣) 이를 올바르게 삶 속에서 실천하는 수행법이다.

천도교의 가치관은 우주의 덕과 더불어 혼연일체가 될 수 있는 삶을 영위할 때에 비로소 최고의 가치를 이루게 된다고 한다.

---

313) 消除濁氣 兒養淑氣 非徒心至 惟在正心.

314) "군자의 덕은 기운에 바름이 있고 마음이 옮기지 않으므로 천지와 더불어 그 덕에 합해지는 것이요, 소인의 덕은 기운이 바르지 못하고 마음이 옮기므로 천지와 더불어 그 뜻에 어긋나는 것이다." (然而君子之德 氣有正而心有定 故與天地合其德 小人之德 氣不正而心有移 故與天地違其命)

5. 천도교의 사상적 특성

1) 인내천(人乃天) 사상

최제우에 의해 천명된 시천주 사상은 조선조 봉건사회의 신분질서를 유지했던 기질지성(氣質之性)에 의한 인간이해를 부정하며[315] 인간은 한울님을 모시고 있는 존재로서 모두가 평등하다고 가르쳤다. 이러한 입장은 최시형에 이르러 '사람이 곧 한울'이라는 인시천(人是天)으로 표명되었다. 그리하여 사람이 곧 한울이니 '사람 섬기기를 한울님 같이 하라'는 사인여천(事人如天)의 사회적 윤리가 발전하였다. '시천주'에서 '인시천'으로, 나아가 '사인여천'의 원리로 거듭 뻗어나간 천도교의 가르침은 손병희에 이르러 '사람이 이에 한울'이라는 '인내천(人乃天)'을 내놓게 되었다.

인내천은 사람이 곧 한울님이라는 뜻이며, 이는 천인합일(天人合一)과 신인일체(神人一體)의 진리를 창조적으로 전개한 것이다. 따라서 종래의 신 중심에서 사람 중심으로 사상이 전환되었음을 의미한다. 이와 같은 인간 주체사상의 인내천은 사람이 모든 가치의 중심이며 모든 행위의 주체가 자신임을 자각하는 것이다.

2) 개벽(開闢) 사상

개벽은 암흑과 혼돈에서 천지가 처음 열린다는 뜻인데, 천도교의 개벽 사상은 인문(人文)의 개벽을 의미한다. 천도교는

---

315) 차옥숭, 『한국인의 종교경험 : 천도교 대종교』, 29.

역사를 크게 두 시대로 구분하여 지나간 세상을 선천(先天)이라고 하고 창도 후 미래의 새 세상을 후천(後天)이라 한다. 천도교는 후천개벽을 내세우는데,[316] 이는 낡은 선천의 문화가 무너지고 새로운 후천의 문화가 열린다는 뜻이다. 천도교도들에게는 다음 3대 개벽의 사명이 부여된다.

(1) 정신개벽

낡은 관념을 청산하는 새로운 정신적 혁명을 의미한다. 정신개벽은 잘못된 관습과 편견된 생각과 악덕에서 벗어나 인간 본연의 위치를 찾아서 만리만사를 바로 보고 바로 판단하는 수양과 올바른 생활태도, 성실한 행동에서 이루어진다고 한다.

(2) 민족개벽

민족개벽은 민족의 완전한 해방을 뜻하며 새로운 민족으로서의 자의식을 가지는 것을 의미한다. 민족집단은 구습을 벗어나 창조적 생활운동을 전개하며 신선한 민족정기를 발양하여 병든 민족의식을 혁신하고 순화하여야 한다.

(3) 사회개벽

사회개벽은 개인의 정신개벽과 집단의 민족개벽에서 한 걸음 더 나아가 인류의 평화를 목적으로 하는 세계개벽이다. 따

316) 최제우는 순환론적인 역사관을 가지고 있었다. 최제우는 자신이 신비체험을 통해 무극대도를 받았던 1860년 4월 5일을 기점으로 그 이전을 선천, 이후를 후천개벽의 새로운 시대로 보고 있다. [Ibid., 34]

라서 민족간, 국가간의 갈등, 침략, 정복 등의 행동을 지양하고 이상사회에 도달할 것을 요구한다. 사회개벽은 낡은 사회제도의 근본적 개혁을 의미하기도 한다.

3) 보국안민(輔國安民) 사상

보국안민은 국가와 민족을 보전하고 모든 백성이 편안하게 살 수 있는 길을 열어가는 것을 추구한다. 특히 최제우가 도(道)를 펼치던 조선조 말기는 서양의 열강들이 위협적으로 통상을 요구하던 시기였다. 따라서 보국안민 사상은 일본과 청나라, 서양의 조선침략을 경계하고 배격함과 동시에 민족의식을 싹트게 하여 동학농민운동, 개화운동, 위정척사운동 등과 같은 운동을 주도하였다.

보국안민의 정신은 민중들이 스스로의 힘으로 역사의 주체가 되어 국가적, 민족적 위기를 극복해 나가는 근대적 양상을 보여주었다는 점에서 중요한 의의가 있다.

4) 동귀일체(同歸一體) 사상

동귀일체는 사람과 한울이 하나임을 깨닫고 모든 사람이 참된 하나로 귀일함을 뜻한다. 나와 겨레와 인류가 하나가 되고 모든 사람의 마음과 생각이 하나가 되어 하나의 진리로 돌아감을 말한다. 이러한 동귀일체는 천인합일(天人合一), 개전일체(個全一體)의 원리에서 개인주의와 전체주의의 한계성을 극복하고 양극을 통합하는 협동의 이념이며 자유와 평등을 동시에 추구하는 사상이다.

6. 천도교의 조직체계

천도교의 대표기관은 천도교중앙총부이다. 천도교는 중의제(衆議制)에 의한 민주적 중앙집권체제를 기본으로 하고 있다. 중앙총부의 체제는 이원(二元)조직으로 구성되어 있는데, 하나는 교령사(敎領司), 현기사(玄機司), 종무원(宗務院),[317] 종의원(宗議院), 감사원(監査院) 등의 기관을 중심으로 하는 교화행정기구이고, 또 하나는 연원회(淵源會)라는 속인제(屬人制) 조직의 정신지도기구이다.

중앙총부의 최고 결의기구는 3년에 한 번씩 개최되는 전국대의원대회이다. 여기서 교회의 대표인 교령을 비롯해서 종의원의원, 중앙감사 등 주요 교직자를 선출하며 교령이 지명한 종무원장을 인준한다. 중앙총부 산하에는 각 지방에 교구(敎區) 및 전교실(傳敎室)이 있어 교구장을 중심으로 교인들의 교화 및 포덕(포교)을 담당한다. 또한 시일(侍日)에는 교구별로 교인들이 교당에 모여 시일식, 즉 정기적인 종교집회를 거행한다. 그밖에 교인들의 수련 및 수행을 위한 수도원이 전국 곳곳에 있다.

연원회는 도정(道正) 및 도훈(道訓)으로 구성되며, 연원회의에서 의장단을 선출하고 예우직인 종법사(宗法師)와 선도사(宣道師)를 추대한다. 부문단체로는 청년회, 여성회, 학생회, 유소년부, 동학민족통일회 등이 있고, 출판기관인 신인간사(新人間社)에서 월간지 <신인간>과 <천도교월보>를 발행하고 있다. 이 밖에

317) 종무원은 종무원장을 비롯하여 교화관장, 교무관장, 경리관장, 신인간사 주간, 교사편찬위원회 간사, 교서편찬위원회 간사, 종학원 원장 등의 주요 보직이 있다. (천도교중앙총부교서편찬위원회, 『천도교약사』, 513-515, 531-532)

중앙총부와는 별도로 재단법인 천도교유지재단이 있다.

7. 천도교의 수행과 신앙방법

손병희는 최제우와 최시형의 가르침을 이어 천도교인들이 행해야 할 수행의 조목으로 심고(心告)와 오관(五款)을 공포하였다. 그렇지만 천도교에서는 위기명을 극복하는 것을 수행의 기초이자 주요한 문제로 인식하고 있기 때문에 먼저 위기명을 언급하고 심고와 오관을 다루고자 한다.

1) 위기명(違其命)

천도교에서는 사람이 경천, 경인, 경물에 이르러야 천지기화(天地氣化)에 합일될 수 있다고 하였다. 천도교의 윤리 중 '합기덕(合其德)'이란 모든 개체의 생명, 특히 인간은 본체 생명인 한울님의 뜻에 합일하기 위하여 정성과 공경과 신의를 가지고 살아야 한다는 것이다. 합기덕의 반대 개념은 '위기명(違其命)'으로 한울님의 뜻에 어긋나는 마음과 행위이며 곧 죄가 된다. 천도교의 죄관은 네 가지 위기명을 그 기준으로 삼고 있다.

제1위기명은, 번복지심(翻覆之心)을 갖는 것이다. 천도교를 믿는 마음을 지키지 않고 돌이키는 것으로 한울의 이치를 거역하는 것이다.

제2위기명은, 물욕교폐(物慾交蔽)하는 것이다. 물질의 욕심 때문에 옳지 못한 일을 하는 것으로 비겁하고 추한 행위이다.

제3위기명은, **헛말로 인유**(引誘)**하는 것이다**. 헛된 말로 이끌어 유혹하는 것은 거짓말로 남을 속이는 행위로 세상을 어지럽히는 일이다.

제4위기명은, **안으로 불량**(不良)**하고 겉으로 꾸며내는 것이다**. 속으로 남을 미워하고 해칠 마음을 가졌으면서 겉으로 그렇지 않은 척 하는 것은 한울님을 속이는 것이므로 이는 자기를 죽이는 동시에 세상을 망하게 하는 것이다.[318]

2) 심고(心告)

심고법은 크고 작은 일을 막론하고 일을 시작할 때와 끝냈을 때 한울님에게 정성껏 고하는 것을 말한다. 심고는 식고(食告), 통상심고, 의식심고로 구분할 수 있다. 천도교에서는 심고를 잘 하여야 깊은 신앙을 하게 되고, 한울님의 감응을 받아 모든 일을 뜻대로 할 수 있다고 가르친다.

3) 오관(五款)

오관은 주문(呪文), 청수(淸水), 기도(祈禱), 시일(侍日), 성미(誠米)의 다섯 가지로, 천도교인이 행해야 할 종교적 의식(儀式)과 수행의 방법들이다.

---

318) 천도교중앙총부교서편찬위원회, 『천도교개관』(서울 : 천도교중앙총부출판부, 1979), 63-64.

(1) 주문(呪文)

'주문'은 곧 천도교의 주문을 읽으며 수련에 임하는 것으로 한울님의 덕을 천하에 펴는 법문이며, 교인들로 하여금 천도교의 진리를 깨닫게 하는 기도문이다. 현재 21자 주문, 강령주문(降靈呪文), 본주문(本呪文), 신사주문(神師呪文)이 사용되고 있다.

<21자 주문>은 기도할 때와 수련할 때에 묵송(默誦) 또는 현송(顯誦)으로 외운다. 21자 주문은 <강령주문>[319]과 <본주문>[320]으로 구성되어 있다. 강령주문은 한울님의 지극한 기운

---

319) 至氣今至 願爲大降. 최제우는『東經大典』「論學文」에서 강령주문의 뜻을 스스로 밝히고 있다. 묻기를 "강령의 글은 어찌하여 그렇게 되는 것입니까?" 대답하기를, "'지(至)'라는 것은 지극한 것, 지극히 큰 것을 이르는 것이고, '기(氣)'는 지극히 커서 그 시작과 끝을 가늠할 수 없는 것이기 때문에 빈 것과 같고, 한울님의 기이기 때문에 신령한 것이며, 우주에 가득 차는 것으로써, 간섭하지 않는 것이 없으며, 명령하지 않는 것이 없다. 따라서 형용이 있는 것 같으나 형상하기 어렵고, 들리는 듯 하나 보기는 어려우니, 이것 역시 우주를 덮고 있는 크고 큰, 만물의 원기를 이루는 기운의 하나이다. '금지'라는 것은 지금 도에 들어 비로소 한울님 기운을 접하여 한울님 기운을 체험하는 것을 말하는 것이요. '원위'라는 것은 청하여 비는 것을 말하는 것이요. '대강'이라는 것은 한울님 기운과 나의 기운이 하나로 융화하게 되기를 원하는 것을 말한다." (曰降靈之文 何爲其然也 曰至者 極焉之爲至 氣者 虛靈蒼蒼 無事不涉 無事不命 然而如形而難狀 如聞而難見 是亦渾元之一氣 今至者 於斯入道 知其氣接者也 願爲者 請祝之意也 大降者 氣化之願也)

320) 侍天主 造化定 永世不忘 萬事知. 최제우는『東經大典』「論學文」에서 본주문에 대하여 다음과 같이 설명하고 있다. "'시'라 함은 안으로 신령이 있고 밖으로 기화가 있어 온 세상의 사람이 각각 알아 옮기지 아니하는 것이요. '주'라는 것은 존경하여 부모와 같이 섬기는 것이요. '조화'라는 것은 한울님의 자연스런 이법, 즉 무위이화요. '정'이라는 것은 그 덕에 합하여 그 마음을 정하는 것, 즉 한울님의 덕과 합치되어 회복된 한울님 마음을 마음에 정하여 갖는 것이요.

이 지금 나에게 이르러 크게 강림하기를 원한다는 뜻이며, 본 주문은 한울님을 내 안에 모시고 무위이화(無爲而化) 곧 나의 좁은 인위(人爲)를 버리고 대자연의 법도를 따라 무위자연(無爲自然)하도록 마음을 정하고 결단하여 평생 잊지 않고 정성을 기울일 때 만 가지 이치를 깨닫게 된다는 뜻이다. 그리고 <신사주문>[321]은 매시일(侍日) 저녁 9시에 봉행하는 시일 기도식 때 105회 묵송 또는 현송으로 한다.

(2) 청수(淸水)

천도교의 모든 의식은 항상 청수 한 그릇을 봉전하는 것으로 시작한다. 청수 봉전은 최제우가 참형당할 때 청수를 받들고 민족과 인류를 위해 기도한 데서 유래한다. 또한 천도교 가정에서는 매일 저녁 9시에 온 가족이 한 자리에 모여 청수 한 그릇을 놓고 주문을 묵송하는 기도식을 갖는다. 이를 수행하면 온 가족이 화목해지고 큰 우환 없이 지낼 수 있게 되며 특히 자녀들에게 올바른 인생관과 국가관을 심어준다고 믿는다.

'영세'라는 것은 사람의 평생이요. '불망'이라는 것은 한울님 생각하는 마음이 잠시라도 떠나지 않는 마음을 지니는 것을 뜻하는 것이요. '만사'라 함은 수의 많음, 즉 많은 것을 말하는 것이요. '지'라 함은 그 도, 즉 만사의 이치인 한울님의 무궁한 도를 깨달아 그 지혜를 받는다는 것이다. 그러므로 그 덕을 밝고 밝게 하여 생각하고 생각하여 잊지 아니하면, 지극히 지기에 화하여 지극한 성인에 이르게 되는 것이다." (侍者 內有神靈 外有氣化 一世之人 各知不移者也 主者 稱其尊而與父母同事者也 造化者 無爲而化也 定者 合其德定其心也 永世者 人之平生也 不忘者 存想之意也 萬事者 數之多也 知者 知其道而受其知也 故明明其德 念念不忘 則至化至氣 至於至聖)

321) 神師靈氣 我心定 無窮造化 今日至.

(3) 시일(侍日)

천도교에서는 매주 일요일을 '시일'이라 부른다. 이 날 오전 11시에 모든 교인들은 교구별로 교당에 모여 함께 심고를 드리고 경전을 봉독하며 설교를 듣고 천덕송(天德頌)을 합창하면서 한울님과 스승님의 은혜에 감사드리는 시일식(侍日式)을 봉행한다. 천도교인은 이 시일식에 참석하여 지상천국 건설, 천도교와 국가의 발전, 그리고 세계평화를 기원한다. 시일식 후에는 21자 주문을 21회 또는 105회 합송하거나 수련과 교리 강좌를 통해 교리연구와 신앙심 고취에 힘쓴다.

(4) 성미(誠米)

원래 성미는 가정에서 밥을 지을 때 집안의 내수도(內修道, 부인)가 식구 한 사람마다 지극한 심고를 드리며 한 숟가락씩 뜨는 쌀을 의미한다. 이렇게 모은 쌀을 그 달 말에 소속 교구에 헌납하는데, 오늘날에는 쌀 대신에 현금으로 바친다고 한다. 성미는 한울님으로부터 받은 귀중한 양식을 적은 양이나마 한울님의 뜻을 펴는 데 이바지 하겠다는 표시이다.

(5) 기도(祈禱)

기도는 한울님의 감응을 기원하는 의식이다. 천도교인이 봉행하는 기도에는 매일기도, 시일기도, 특별기도가 있다. 매일기도는 매일 밤 9시에 가족들과 함께 청수를 봉전하고 주문을 외는 기도식이고, 시일기도는 시일날 밤에 하는 기도로 이 날은 청수와 함께 정미 5홉을 예탁에 올리고 신사주문을 105

회 외운다. 특별기도는 7일, 21일, 49일, 105일 등 일정한 기간을 정하여 특별한 목적을 달성하기 위한 기도이다.

8. 각종 행사의례

1) 입교식과 복교식

천도교에 입교하기로 마음을 정한 사람 또는 8세가 된 교인의 자녀들은 입교식을 해야 한다. 입교식은 한울님을 영원히 모시겠다는 맹세를 하는 의식으로, 도를 전하는 전교인(傳敎人)과 도를 받는 수교인(受敎人), 그리고 참례인(參禮人)이 함께 자리하여 서천문(誓天文)을 낭독하고, 21자 주문을 전수하며, 청수를 나누어 마시는 절차로 진행된다. 입교식 후 새로 도를 받은 수교인은 전교인의 지도에 따라 21일간의 특별기도를 봉행한다. 천도교인으로서 오랫동안 신앙을 중단하였다가 다시 신앙생활을 계속하려는 사람은 절차에 따라 복교식을 거쳐야 한다.

2) 기념식

천도교에는 7대 기념일이 있다. 대신사의 득도일과 해월신사, 의암성사, 춘암상사의 승통일을 4대 기념일로 정하여 이를 득도 및 승통기념일322)이라 한다. 그리고 동학혁명을 기포

322) 득도기념일과 승통기념일은 (1) 천일기념일: 4월 5일(포덕 1년 4월 5일 최제우가 동학, 천도교를 창도한 날), (2) 지일기념일: 8월 14일

한 날(1894년 3월 21일)을 동학혁명기념일, 동학을 천도교로 선포한 날(1905년 12월 1일)을 현도기념일, 3·1 독립운동을 일으킨 날(1919년 3월 1일)을 3·1절로 정하고 해마다 기념식을 거행한다.

9. 천도교에 대한 평가

천도교는 19세기 시대적 필요에 따라 나타난 하나의 자연종교이다. 천도교의 사상은 본체론을 바탕으로 자연발생적 입장에 진화론을 혼합했으며, 그 도덕적 기준인 정성, 공경, 신의(誠, 敬, 信)도 유교의 영향을 받았다. 그리고 전체 원리와 사상 속에 재래 종교의 유·불·선과 대종교의 색채까지 흐르고 있음을 알 수 있다. 천도교의 의식 속에는 청수, 주문, 성미, 제사 및 주문암송 등의 샤머니즘과 주술 등 종교적 요소들이 다분하다. 또한 내세의 소망이 따로 없고 현실세계에서 진선미를 바탕으로 바르게 살면 그것이 곧 낙원이며 후천개벽의 세계라고 한다.

천도교의 신관은 우주 전체를 하나의 생명체로 한울님(大我)으로 보고, 만물 개체도 우주 전체의 생명체를 받은 한울님(小我)으로 보는 일신관적 범신론이다. 천도교의 한울님이란 부분에 대한 전체, 소아에 대한 대아로 우주 전체를 종교적 명칭

(포덕 4년 8월 14일 최시형이 최제우로부터 교단 종통을 전해 받은 날), (3) 인일기념일: 12월 24일(포덕 38년 12월 24일 손병희가 최시형으로부터 교단 종통을 전해 받은 날), (4) 도일기념일: 1월 18일(포덕 49년 1월 18일 박인호가 손병희로부터 대도주의 종직을 전해 받은 날) 등이다.

으로 사용하는 말이다. 따라서 천도교에서 말하는 한울님은 인간과 교제할 수 있는 인격적인 신이 아니다.

천도교에서는 우주관을 창조론적 입장에서 보지 않는다. 최제우는 『동경대전』 「불연기연」에서 "옛 노래에 이르기를, '천고의 만물이여 각각 이루어짐이 있고 각각 형상이 있도다.' 라고 하였는데, 보는 바로써 이를 논하면 곧 그렇고 그런 듯 하나 온 바로부터 이를 헤아리면 멀고도 심히 멀도다. 이 역시 아득한 일이요 헤아리기 어려운 말이로다"[323)]라고 하였다. 이는 곧 천도교에는 우주만물이 언제 어떻게 생성되었는지에 대한 지식이 없음을 나타낸 것이다.

소멸한 개체생명은 본체생명으로 환원되어 현세에 성령으로 다시 출세(出世)한다는 것이 천도교의 내세관이며 사후관이다. 여기에는 윤회, 전생의 관념이 내포되어 있으며, 최후의 심판과 천국과 지옥을 부정하는 현세주의의 관념을 견지하고 있음이 드러난다.

천도교는 가치 기준이 사람의 마음(心)과 기운(氣)에 있다고 주장하면서 흐린 기운을 씻어내고 맑은 기운을 기를 것과 마음을 바르게 할 것을 말하고 있는데, 이는 인간의 본래의 바탕을 선한 것으로 볼 수 없다는 점을 인식하지 못한 것이다.

천도교는 한국에서 일어난 종교운동으로서 근대적인 인간 해방 운동을 전개하였고, 보국안민(輔國安民)의 이상을 내걸고 민권운동을 통하여 봉건제도와 부정부패를 척결하려는 민중의 의도를 전달하여 한국 근대화의 계기를 만들었다는 점에서 문

---

323) 歌曰 而千古之萬物兮 各有成各有形 所見以論之 則其然而似然 所自以度之 則其遠而甚遠 是亦 杳然之事 難測之言.

화적 의의가 크다. 그러나 종교 자체로서는 창조와 죄와 구원의 관념이 없으며 내세관이 없는 하나의 혼합주의 종교운동이다. 인내천 사상도 인간의 존엄을 주장한 면에서는 의미가 있으나, 기독교적으로 볼 때 타락한 인간을 하나님의 자리에 올려놓는 것은 신성모독이며 극도의 인본주의이다.

제 7 부
우리가 믿는 기독교

제 15 장
기독교의 기본 교의

1. 하나님의 계시와 성경

하나님은 영이시므로 인간의 이성이나 지성으로는 하나님을 알 수 없다. 하나님은 오직 계시를 통해 자신을 나타내 보이시므로, 우리는 계시를 통하여 하나님의 존재와 사역을 알게 된다. 계시에는 일반계시(general revelation)와 특별계시(special revelation)가 있다. 일반계시란 창조에 나타난 자연계시와 인간의 양심을 통해 주신 도덕계시를 말하며, 특별계시는 성경을 통해 주신 말씀계시이다.

하나님은 창조세계에 자신의 지혜와 권능을 나타내셨다.[324] 또한 하나님은 각 인간의 마음에 도덕법을 두시고 양심으로써 선악을 분별하게 하셨다.[325] 그러나 일반계시로는 인류의 유일한 구원자이신 예수 그리스도를 알 수 없기 때문에, 하나님

324) "창세로부터 그의 보이지 아니하는 것들 곧 그의 영원하신 능력과 신성이 그가 만드신 만물에 분명히 보여 알려졌나니 그러므로 그들이 핑계하지 못할지니라"(롬 1:20).

325) "이런 이들은 그 양심이 증거가 되어 그 생각들이 서로 혹은 고발하며 혹은 변명하여 그 마음에 새긴 율법의 행위를 나타내느니라"(롬 2:15).

은 말씀으로 구원에 이르는 길을 계시하셨다. 신구약 성경은 하나님의 계시의 기록이며, 예수 그리스도를 중심으로 구원에 관한 모든 내용을 담고 있다.

성경은 성령의 영감으로 무오하게 기록되었기 때문에[326] 그 모든 내용은 진리이며, 신앙과 생활의 유일한 규범이다.[327] 또한 성령께서 성경을 하나님의 말씀으로 받아들이도록 인간의 마음에 감동을 주시므로, 우리는 성경을 통하여 예수님을 알게 되고 그를 믿음으로 구원받게 된다.

2. 삼위일체 창조주 하나님

우리가 믿는 하나님은 스스로 계신 분이시며, "나는 있느니라(I am.)"고 말씀하시는 인격적 존재이시다. 우주 만물을 지으신 창조주 하나님[328]은 영원부터 영원까지 만유를 주관하시고 다스리시는 왕이시다.[329]

창조란 인간과 천지와 그 안의 모든 것을 만드신 하나님의 사역이다.[330] 따라서 하나님의 창조명령의 말씀이 있기 전에

---

326) "먼저 알 것은 성경의 모든 예언은 사사로이 풀 것이 아니니 예언은 언제든지 사람의 뜻으로 낸 것이 아니요 오직 성령의 감동하심을 받은 사람들이 하나님께 받아 말한 것임이라"(벧후 1:20-21).

327) "모든 성경은 하나님의 감동으로 된 것으로 교훈과 책망과 바르게 함과 의로 교육하기에 유익하니"(딤후 3:16).

328) "집마다 지은 이가 있으니 만물을 지으신 이는 하나님이시라"(히 3:4).

329) "주의 나라는 영원한 나라이니 주의 통치는 대대에 이르리이다"(시 145:13).

330) "내가 땅을 만들고 그 위에 사람을 창조하였으며 내가 내 손으로 하늘을 펴고 하늘의 모든 군대에게 명령하였노라"(사 45:12).

는 어떤 유형의 존재도 없었다. 그리고 이 무(無)로부터의 창조(creatio ex nihilo)를 통해 하나님은 자신이 창조하신 피조물과 절대적으로 구별되는 분이시라는 사실을 명백히 알게 하셨다.

성경은 삼위일체 하나님을 말한다. 삼위일체(三位一體)란 한 분 하나님께서 세 위격으로 존재하신다는 의미이다. 성부 하나님, 성자 하나님, 그리고 성령 하나님의 삼위가 한 하나님이시다. 삼위 하나님은 능력과 영광이 동등하시며 동일 본질을 가지고 계신다. 하나님의 계시가 점진적으로 나타남에 따라 아버지와 아들과 성령의 위격이 드러나게 되었다.[331] 성부 하나님은 근본 계시자이시고, 성자 하나님은 성육신(成肉身)하심으로 하나님의 계시를 나타내셨으며, 성령 하나님은 인간에게 하나님의 계시를 깨닫게 하신다.

삼위일체란 보내시는 아버지와, 보내심을 받은 아들과, 우리로 하여금 깨닫게 하시는 성령에 관한 교리이다. 삼위일체라는 용어가 성경에 나타나지는 않지만, 성경의 많은 부분들이 삼위일체 교리를 증거하고 있다.[332] 예수님께서도 지상명령(至上命令)에서 아버지와 아들과 성령을 언급하시며 각각에 정관사를 붙여서 세 위격을 강조하심과 동시에, '이름들로'가 아니라 '이름으로'라는 단수명사를 사용하심으로 삼위가 한 분이신 것을 분명히 하셨다.[333]

---

331) "성령이 비둘기 같은 형체로 그의 위에 강림하시더니 하늘로부터 소리가 나기를 너는 내 사랑하는 아들이라 내가 너를 기뻐하노라 하시니라"(눅 3:22), "나와 아버지는 하나이니라"(요 10:30).

332) "주 예수 그리스도의 은혜와 하나님의 사랑과 성령의 교통하심이 너희 무리와 함께 있을지어다"(고후 13:13).

333) "그러므로 너희는 가서 모든 민족을 제자로 삼아 아버지와 아들과 성령의 이름으로 세례를 베풀고"(마 28:19).

3. 인간의 타락

하나님은 자신의 형상으로 인간을 지으셨고, 그와 교제하기를 기뻐하셨으며 자신을 섬기게 하셨다. 그러나 아담이 마귀의 유혹에 넘어가 하나님의 명령을 어기고 선악과를 먹으므로 죄가 세상에 들어오게 되었다.[334] 죄를 지은 대가는 죽음이며[335] 인간은 범죄하였기 때문에 영원히 죽을 수밖에 없게 되었다.[336] 하나님께서 인간을 선하게 창조하셨으나 인간이 하나님의 명령에 불순종하고 타락하여 하나님과의 관계가 단절된 것이다.

그러나 하나님은 인간을 사랑하셔서 구원의 길을 마련해주셨다. 하나님은 이스라엘 민족을 택하시고 율법을 주시며 제사장 직분과 제사제도를 통하여 속죄의 진리를 깨닫게 하셨다. 또한 선지자들을 보내주셔서 구세주에 대한 소망을 품게 하시며, 지극히 높은 대제사장이 사람의 죄를 위한 희생제물이 될 것을 예언하셨다.[337] 그리고 때가 되어 성자 하나님께서 택하신 사람을 구원하시기 위하여 육신을 입고 친히 이 땅에 오셨는데, 그 분이 바로 예수 그리스도이시다.[338]

---

334) "선악을 알게 하는 나무의 열매는 먹지 말라 네가 먹는 날에는 반드시 죽으리라 하시니라"(창 2:17).

335) "죄의 삯은 사망이요"(롬 6:23).

336) "그러므로 한 사람으로 말미암아 죄가 세상에 들어오고 죄로 말미암아 사망이 들어왔나니 이와 같이 모든 사람이 죄를 지었으므로 사망이 모든 사람에게 이르렀느니라"(롬 5:12).

337) "그리스도께서는 장래 좋은 일의 대제사장으로 오사 손으로 짓지 아니한 것 곧 이 창조에 속하지 아니한 더 크고 온전한 장막으로 말미암아 염소와 송아지의 피로 하지 아니하고 오직 자기의 피로 영원한 속죄를 이루사 단번에 성소에 들어가셨느니라"(히 9:11-12).

4. 예수님의 동정녀 탄생

예수님의 동정녀 탄생은 그리스도의 신성과 인성을 동시에 나타내며, 기독교의 중요한 교의를 드러내는 하나님의 역사이다. 예수님께서 신성과 인성을 한 인격에 가지신 것은 하나님의 초월적인 능력의 역사로, 하나님의 경륜 가운데 이루어진 일이다. 모든 사람은 인류를 타락케 한 아담의 죄의 영향 아래 있기 때문에 스스로를 구원할 수 없으며 멸망의 길로 빠질 수밖에 없다. 하지만 예수님은 보통생육법이 아닌 성령의 역사로 세상에 오셨기 때문에 죄 없는 자신을 희생하심으로 인류의 죄를 대속하실 수 있다.

하나님의 아들로서 인간이 되신 예수 그리스도는 하나님의 특별한 계시로 말씀이 육신이 되어 이 땅에 오신 것이다.[339) 예수님은 사람이 되실 때 성령으로 잉태되어 성육신하시고 남자를 알지 못한 동정녀 마리아에게서 태어나셨다.[340) 이 같이 예수님은 생물학적 방법이 아니라 하나님의 초자연적 역사로 잉태되셨는데, 이는 온 인류를 타락케 한 아담의 죄(원죄)와 관

338) "태초에 말씀이 계시니라 이 말씀이 하나님과 함께 계셨으니 이 말씀은 곧 하나님이시니라"(요 1:1), "하나님이 그 아들을 세상에 보내신 것은 세상을 심판하려 하심이 아니요 그로 말미암아 세상이 구원을 받게 하려 하심이라"(요 3:17).

339) "말씀이 육신이 되어 우리 가운데 거하시매 우리가 그의 영광을 보니 아버지의 독생자의 영광이요 은혜와 진리가 충만하더라"(요 1:14).

340) "마리아가 천사에게 말하되 나는 남자를 알지 못하니 어찌 이 일이 있으리이까 천사가 대답하여 이르되 성령이 네게 임하시고 지극히 높으신 이의 능력이 너를 덮으시리니 이러므로 나실 바 거룩한 이는 하나님의 아들이라 일컬어지리라"(눅 1:34-35).

련이 없다는 사실을 분명히 하신 것이다. 그러므로 예수님의 동정녀 탄생을 믿지 않는 것은 곧 하나님의 말씀을 믿지 않는 것이다.

5. 예수님의 십자가 죽으심과 부활

하나님의 형상으로 창조된 인간이 하나님의 말씀을 어기고 타락하여 영원히 죽게 되었다. 예수님은 이러한 인간을 죄에서 구원하시기 위해 하나님의 어린 양으로 고난을 당하시고 십자가를 지셨다.[341] 성자 하나님이신 예수 그리스도께서 인간의 죄 때문에 하나님의 진노와 저주의 대상이 되시고 십자가에서 피 흘려 죽으신 것이다.

모든 사람을 위하여 죽음의 고난을 당하신 예수님의 희생은 하나님의 사랑의 최고의 증거이다.[342] 이 십자가의 피의 대속으로 말미암아 인간이 구원에 이르기 때문에 오직 예수 그리스도께만 구원이 있다.[343] 그러므로 가장 무섭고 중한 죄는 십자가에 못 박히신 예수 그리스도를 믿지 않는 것이다.

예수님은 십자가에 못 박혀 죽으시고 삼일 만에 죽음을 이기시고 부활하시어 생명의 주가 되셨다. 또한 예수께서 죽으

---

341) "요한이 예수께서 자기에게 나아오심을 보고 이르되 보라 세상 죄를 지고 가는 하나님의 어린 양이로다"(요 1:29).

342) "우리가 아직 죄인 되었을 때에 그리스도께서 우리를 위하여 죽으심으로 하나님께서 우리에 대한 자기의 사랑을 확증하셨느니라"(롬 5:8).

343) "다른 이로써는 구원을 받을 수 없나니 천하사람 중에 구원을 받을 만한 다른 이름을 우리에게 주신 일이 없음이라"(행 4:12).

시고 다시 살아나심으로 인하여 모든 믿는 자들도 부활하게 될 것이다.[344] 그리고 성령님은 우리 안에 내주하셔서 이 모든 구속 사역을 우리로 하여금 믿게 하시며,[345] 우리를 주님의 형상으로 자라게 하신다.

부활하신 예수 그리스도는 영으로 우리 가운데 임재해 계시며 우리가 하나님의 뜻에 합당한 삶을 살도록 간구하신다.[346] 예수님께서 우리를 구원하시기 위해 죽으시고 부활하셨다는 사실을 믿는 믿음으로 우리는 의에 이르고 구원에 참여하여 영생을 소유하게 되며 영광중에 재림하실 예수님을 소망하게 된다.

6. 예수님의 재림과 최후 심판

예수님의 재림의 때는 어느 누구도 알지 못하지만 반드시 도래한다.[347] 예수 그리스도는 세상 사람들이 전혀 예상하지

---

344) "이제 그리스도께서 죽은 자 가운데서 다시 살아나사 잠자는 자들의 첫 열매가 되셨도다 사망이 한 사람으로 말미암았으니 죽은 자의 부활도 한 사람으로 말미암는도다"(고전 15:20-21).

345) "보혜사 곧 아버지께서 내 이름으로 보내실 성령 그가 너희에게 모든 것을 가르치고 내가 너희에게 말한 모든 것을 생각나게 하리라"(요 14:26).

346) "그의 성령을 우리에게 주시므로 우리가 그 안에 거하고 그가 우리 안에 거하시는 줄을 아느니라"(요일 4:13), "죽으실 뿐 아니라 다시 살아나신 이는 그리스도 예수시니 그는 하나님 우편에 계신 자요 우리를 위하여 간구하시는 자시니라"(롬 8:34).

347) "그 날과 그 때는 아무도 모르나니 하늘의 천사들도, 아들도 모르고 오직 아버지만 아시느니라"(마 24:36).

못한 때에 다시 오실 것이며,[348] 승천하시던 때처럼 모든 사람들이 보는 가운데,[349] 영광과 능력과 심판의 권세를 가지고 재림하실 것이다.[350] 주님 재림 시 모두가 부활하는데 성도는 영생을 얻기 위해, 악인은 영벌을 받기 위해 부활한다.[351]

예수님의 재림은 죽은 자들의 육체적 부활과 구원을 완성하며 악인들의 최종심판을 위한 것이다. 모든 사람들이 그리스도의 심판대 앞에 서게 될 때에 그들의 선악간 모든 행위가 드러나게 되며, 공의로운 재판장이신 그리스도께서 그들의 운명을 최종적으로 결정하실 것이다.[352] 이 심판을 통해 예수 그리스도를 믿어 의롭다 함을 받은 성도들은 영원한 하늘나라로 들어가게 되고, 그리스도를 믿지 않는 자들은 영원한 지옥의 형벌을 받게 될 것이다.[353]

예수님의 이 최후심판으로 말미암아 악이 제거되고, 하나님의 공의가 실현되며, 구속사역이 완성될 것이다. 그 날에

---

348) "이러므로 너희도 준비하고 있으라 생각하지 않은 때에 인자가 오리라"(마 24:44).

349) "너희 가운데서 하늘로 올려지신 이 예수는 하늘로 가심을 본 그대로 오시리라 하였느니라"(행 1:11).

350) "주께서 호령과 천사장의 소리와 하나님의 나팔 소리로 친히 하늘로부터 강림하시리니"(살전 4:16).

351) "무덤 속에 있는 자가 다 그의 음성을 들을 때가 오나니 선한 일을 행한 자는 생명의 부활로, 악한 일을 행한 자는 심판의 부활로 나오리라"(요 5:28-29).

352) "이는 우리가 다 반드시 그리스도의 심판대 앞에 나타나게 되어 각각 선악간에 그 몸으로 행한 것을 따라 받으려 함이라"(고후 5:10).

353) "거기에서는 구더기도 죽지 않고 불도 꺼지지 아니하느니라"(막 9:48), "누구든지 생명책에 기록되지 못한 자는 불못에 던져지리라"(계 20:15).

이 세대는 끝나게 되며, 내세에서 의인의 구원이 이루어진다.[354] 종말은 하나님 나라의 완성으로 삼위 하나님께서 만유 가운데 그 영광을 드러내시는 때이다.

7. 구원은 오직 믿음으로

성경은 예수 그리스도를 주로 고백하는 자들에게만 구원이 있음을 강조한다. 죄로 인하여 하나님과 단절된 인간은 율법의 행위로는 구원에 이를 수 없게 되었다. 하나님은 자신의 구원을 위해 아무것도 할 수 없는 인간을 긍휼히 여기시고 구원의 길을 예비하셨다. 죄로 인해 멸망당할 수밖에 없는 상태에서 예수 그리스도를 믿는 자만이 구원을 얻게 되는데, 성부 하나님은 구원사역을 계획하시고, 성자 하나님은 구원을 성취하시며, 성령 하나님은 그 구원을 개인들에게 적용하신다.

모든 사람은 죄인이며 자신의 선행이나 공로로는 어느 누구도 의롭게 될 수 없다.[355] 그러나 하나님께서 예수 그리스도를 믿는 자들을 의로운 자로 여겨주시기 때문에, 오직 예수 그리스도를 믿음으로 구원에 이를 수 있다.[356] 이 믿음은 우

354) "그 때에 의인들은 자기 아버지 나라에서 해와 같이 빛나리라"(마 13:43).

355) "이는 우리가 율법의 행위로써가 아니고 그리스도를 믿음으로써 의롭다 함을 얻으려 함이라 율법의 행위로써는 의롭다 함을 얻을 육체가 없느니라"(갈 2:16).

356) "복음에는 하나님의 의가 나타나서 믿음으로 믿음에 이르게 하나니 기록된 바 오직 의인은 믿음으로 말미암아 살리라 함과 같으니라"(롬 1:17).

리를 위하여 대속의 피를 흘리신 그리스도를 주님으로 고백하는 것이다.[357] 이 믿음의 고백은 우리의 힘으로 되는 것이 아니라 성령님의 감동으로 말미암은 것이다. 성령님은 우리가 예수님의 구속사역을 믿는 신앙을 갖도록 역사하신다.[358]

예수님이 우리를 구원하시기 위해 죽으시고 부활하셨다는 사실을 믿는 믿음으로 우리는 의롭다 함에 이르고 구원에 이른다. 우리가 구원받을 만한 어떠한 행동도 하지 않았는데 하나님께서 주시는 구원을 받았기 때문에 은혜이며, 우리가 바랄 수 없는 상태에서 구원을 얻었기 때문에 이를 하나님의 선물이라 한다.[359] 이 같이 구원은 하나님께서 값없이 주시는 은혜라는 것이 기독교의 근본 신앙이다. 우리의 구원은 하나님의 절대적 주권에 의한 전적인 하나님의 은혜이다.

---

357) "네가 만일 네 입으로 예수를 주로 시인하며 또 하나님께서 그를 죽은 자 가운데서 살리신 것을 네 마음에 믿으면 구원을 받으리라" (롬 10:9).

358) "그러므로 내가 너희에게 알리노니 하나님의 영으로 말하는 자는 누구든지 예수를 저주할 자라 하지 아니하고 또 성령으로 아니하고는 누구든지 예수를 주시라 할 수 없느니라"(고전 12:3).

359) "너희는 그 은혜에 의하여 믿음으로 말미암아 구원을 받았으니 이것은 너희에게서 난 것이 아니요 하나님의 선물이라"(엡 2:8).

제 16 장
기독교 신앙의 핵심

1. 믿음의 기준이 되는 사도신경 (The Apostles' Creed)

1) 사도신경

전능하사 천지를 만드신 하나님 아버지를 내가 믿사오며,
그 외아들 우리 주 예수 그리스도를 믿사오니,
이는 성령으로 잉태하사 동정녀 마리아에게 나시고,
본디오 빌라도에게 고난을 받으사,
십자가에 못박혀 죽으시고,
장사한지 사흘만에 죽은 자 가운데서 다시 살아나시며,
하늘에 오르사, 전능하신 하나님 우편에 앉아 계시다가,
저리로서 산 자와 죽은 자를 심판하러 오시리라.
성령을 믿사오며, 거룩한 공회와,
성도가 서로 교통하는 것과,
죄를 사하여 주시는 것과, 몸이 다시 사는 것과,
영원히 사는 것을 믿사옵나이다. 아멘.

2) 사도신경 해설

사도신경은 교회의 가장 보편적인 신조 중 하나로 신앙의 기본이 되는 성경의 가르침을 요약한 것이다. 신조(Creed)란 라틴어의 credo에서 파생된 단어로 '나는 믿습니다(I believe)'라는 뜻이며, 그 신조에 담긴 모든 내용을 믿는다는 고백이다.

사도신경에는 삼위일체 하나님과 창조, 예수 그리스도의 동정녀 탄생, 십자가의 죽으심과 부활, 재림과 심판, 성령님과 교회, 성도의 교통과 사죄, 부활과 영생 등 기독교의 핵심교리가 담겨 있다. 사도신경을 세 절로 요약하면 다음과 같다. 첫째, 나는 나를 만드시고 만유를 창조하신 하나님 아버지를 믿습니다. 둘째, 나는 나를 구원하시고 인류를 구원하신 성자 하나님이신 예수 그리스도를 믿습니다. 셋째, 나는 나를 성화시키시고 하나님의 모든 택한 백성들을 성화시키시는 성령 하나님을 믿습니다.[360)]

150년경 이후에 그리스도인들은 기독교 교리를 요약한 '신앙의 규범'을 받아들였는데, 이는 사도신경의 초기 형태이다. 사도들의 가르침을 다양한 형태로 담고 있는 사도신경은 새 신자들을 훈련시키는 데 유용하였다.

또한 로마교회는 예배 시 세례를 받는 신자에게 사도신경의 내용에 따라 묻고 대답하게 함으로써 신앙을 고백하게 했다. 세례자가 "당신은 전능하신 하나님 아버지를 믿습니까?"라고 묻고, 수세자가 "나는 믿습니다"라고 대답하면 세례를

---

360) Philip Schaff, *Creeds of Christendom*, vol. 3. (Grand Rapids : Baker Book House, 1977), 518.

준다. 이러한 질의응답 방식으로 예수 그리스도와 성령님에 대한 신앙도 확증한다. 이 같은 세 번의 고백과 세 번에 걸친 세례로 수세자의 이전 삶의 죄들이 씻겨진다고 여겼다.[361)]

사도신경(symbolum apostolorum)이라는 명칭은 390년 교황 시리키우스(Siricius)에 의한 밀라노 종교회의의 한 문서 속에서 처음 발견되었다.[362)] 그러나 그 내용은 교회가 훨씬 이전부터 예배에서 고백해온 것이며, 9세기 중엽에 이르러 오늘날과 같은 형태를 갖추게 되었다.

이와 같이 사도신경은 오랜 기간 동안 여러 교회 회의들을 거치면서 기독교 신앙의 요점들을 일목요연하게 표현한 그리스도인의 가장 주요한 신앙고백이다. 사도신경은 비록 십계명이나 주기도문처럼 정경과 같은 수준으로 여겨지지는 않지만, 하나님의 말씀에 부합하며 기독교 신앙을 간결하게 표명한 것으로 교회들이 널리 인정한 신조이다.[363)]

2. 행함의 기준이 되는 십계명 (Ten Commandments)

1) 십계명

하나님이 이 모든 말씀으로 말씀하여 이르시되 나는 너를 애굽 땅, 종 되었던 집에서 인도하여 낸 네 하나님 여호와니라.

---

361) Jack Rogers, *Presbyterian Creeds* (Kentucky : Westminster John Knox Press, 1991), 60-61.
362) Ibid., 62.
363) Philip Schaff, *Creeds of Christendom*, vol. 3, 704.

제1계명: 너는 나 외에는 다른 신들을 네게 두지 말라.

제2계명: 너를 위하여 새긴 우상을 만들지 말고 또 위로 하늘에 있는 것이나 아래로 땅에 있는 것이나 땅 아래 물 속에 있는 것의 어떤 형상도 만들지 말며 그것들에게 절하지 말며 그것들을 섬기지 말라. 나 네 하나님 여호와는 질투하는 하나님인즉 나를 미워하는 자의 죄를 갚되 아버지로부터 아들에게로 삼사 대까지 이르게 하거니와 나를 사랑하고 내 계명을 지키는 자에게는 천 대까지 은혜를 베푸느니라.

제3계명: 너는 네 하나님 여호와의 이름을 망령되게 부르지 말라. 여호와는 그의 이름을 망령되게 부르는 자를 죄 없다 하지 아니하리라.

제4계명: 안식일을 기억하여 거룩하게 지키라 엿새 동안은 힘써 네 모든 일을 행할 것이나 일곱째 날은 네 하나님 여호와의 안식일인즉 너나 네 아들이나 네 딸이나 네 남종이나 네 여종이나 네 가축이나 네 문안에 머무는 객이라도 아무 일도 하지 말라. 이는 엿새 동안에 나 여호와가 하늘과 땅과 바다와 그 가운데 모든 것을 만들고 일곱째 날에 쉬었음이라. 그러므로 나 여호와가 안식일을 복되게 하여 그 날을 거룩하게 하였느니라.

제5계명: 네 부모를 공경하라 그리하면 네 하나님 여호와가 네게 준 땅에서 네 생명이 길리라.

제6계명: 살인하지 살라.

제7계명: 간음하지 말라.

제8계명: 도둑질하지 말라.

제9계명: 네 이웃에 대하여 거짓 증거하지 말라.

제10계명: 네 이웃의 집을 탐내지 말라. 네 이웃의 아내나 그의 남종이나 그의 여종이나 그의 소나 그의 나귀나 무릇 네 이웃의 소유를 탐내지 말라(출 20:1–17).

2) 십계명 해설

십계명이란 '열 마디의 말씀'이라는 뜻으로 모세가 시내 산에서 하나님께로부터 받은 율법의 기본이다.[364] 십계명의 전체 내용은 출애굽기 20:1-17과 신명기 5:6-21에 기록되어 있다. 십계명은 하나님께서 언약 관계에 근거하여 구원의 역사로 출애굽시킨 이스라엘 자손을 언약 백성으로 세우시기 위해 주신 명령이다.

십계명은 이스라엘이 출애굽한지 3개월 만에 시내 산에 도착한 후 선포되었다. 하나님은 산 위에서 온 회중이 듣는 가운데 십계명을 공포하셨다.[365] 하나님은 두 개의 돌판 양면에 친히 말씀을 새기시고 모세에게 주셨다. 하나님께서 이스라엘과 언약을 세우신 후 40일이 되는 날 모세가 이 돌판을 받았는데, 이를 '언약의 돌판'이라 한다.[366] 유대 전승에 의하면 이때는 오순절 시기와 같다고 한다. 오순절은 유월절로부터 50일이 되는 날이며, 신약에서는 성령님께서 강림하신 날이다.

---

364) "여호와께서 그의 언약을 너희에게 반포하시고 너희에게 지키라 명령하셨으니 곧 십계명이며 두 돌판에 친히 쓰신 것이라"(신 4:13).

365) "여호와께서 이 모든 말씀을 산 위 불 가운데, 구름 가운데, 흑암 가운데에서 큰 음성으로 너희 총회에 이르신 후에 더 말씀하지 아니하시고 그것을 두 돌판에 써서 내게 주셨느니라"(신 5:22).

366) "그 때에 내가 돌판들 곧 여호와께서 너희와 세우신 언약의 돌판들을 받으려고 산에 올라가서 사십 주 사십 야를 산에 머물며 떡도 먹지 아니하고 물도 마시지 아니하였더니"(신 9:9).

하지만 이스라엘 백성은 그 사이에 송아지 형상의 우상을 만들어 숭배하였고, 이를 본 모세는 크게 분노하여 그 돌판을 산 아래로 던져 깨뜨렸다. 그러나 인자하신 하나님은 다시 언약을 세워주시고 모세가 준비한 새 돌판 위에 십계명을 처음과 같이 다시 쓰셨다. 모세는 그 돌판을 하나님께서 명하신 대로 언약궤(증거궤) 속에 넣었다.[367] 십계명 중 1-4계명은 하나님께 관한 것이며, 5-10계명은 인간에 대한 것이다. 십계명은 하나님의 백성이 하나님과의 관계가 어떠해야 하며, 또한 사람들과는 어떤 관계를 가져야 하는지 알게 한다.

십계명은 하나님과 사람에 대한 불멸의 도덕률로, 예수님은 이 율법의 정신을 하나님께 대한 사랑과 이웃에 대한 사랑으로 요약해 주셨다. "예수께서 이르시되 네 마음을 다하고 목숨을 다하고 뜻을 다하여 주 너의 하나님을 사랑하라 하셨으니 이것이 크고 첫째 되는 계명이요 둘째도 그와 같으니 네 이웃을 네 자신 같이 사랑하라 하셨으니 이 두 계명이 온 율법과 선지자의 강령이니라"(마 22:37–40).

---

367) "여호와께서 레위 지파를 구별하여 여호와의 언약궤를 메게 하며"(신 10:8), "그 궤를 성막에 들여놓고 가리개 휘장을 늘여뜨려 그 증거궤를 가리니"(출 40:21).

3. 기도의 모본이 되는 주기도문 (The Lord's Prayer)

1) 주기도문

하늘에 계신 우리 아버지여,
이름이 거룩히 여김을 받으시오며,
나라가 임하시오며,
뜻이 하늘에서 이루어진 것 같이 땅에서도 이루어지이다.
오늘 우리에게 일용할 양식을 주시옵고,
우리가 우리에게 죄 지은 자를 사하여 준 것 같이
우리 죄를 사하여 주시옵고,
우리를 시험에 들게 하지 마시옵고,
다만 악에서 구하시옵소서.
나라와 권세와 영광이
아버지께 영원히 있사옵나이다.
아멘(마 6:9–13).

2) 주기도문 해설

예수님께서 제자들에게 기도에 대하여 가르쳐 주신 주기도문은 마태복음 6:9-13과 누가복음 11:2-4에 기록되어 있다. 주님은 "너희는 이렇게 기도하라"고 하시면서 기도하는 방법과 그 내용을 가르쳐 주시며 기도의 모본을 보여주셨다. 주기도문은 서론, 여섯 가지의 간구, 그리고 송영으로 구성되어 있다.

주기도문은 "하늘에 계신 우리 아버지여"로 시작한다. 이를 통해 기도의 대상이 '하늘에 계신 아버지'이심을 나타내는

데, 모든 사람이 하나님을 이와 같이 부를 수 없으며 이는 오직 그리스도 안에 있는 자들만의 특권이다. 또한 기도를 드리는 주체가 '우리'인 것은 교회가 하나의 공동체, 곧 신자들로 구성된 몸이라는 사실을 의미한다.

주기도문의 여섯 가지의 간구는 두 부분으로 나누어진다. 처음의 셋은 하나님의 영광을 위한 간구로 "이름이 거룩히 여김을 받으시오며", "나라가 임하시오며", "뜻이 하늘에서 이루어진 것 같이 땅에서도 이루어지이다"이다. 이는 삶의 모든 영역에서 하나님의 주권적 임재를 인정하고, 우리의 바른 삶을 통해 하나님의 이름을 높이며, 그의 뜻이 성취되도록 순종해야 한다는 기도이다.

또한 나중의 셋은 사람의 육적이고 영적인 요구를 위한 간구로 "일용할 양식을 주시옵고", "우리 죄를 사하여 주시옵고", "시험에 들게 하지 마시옵고"이다. 이는 우리의 필요를 충족시키는 기도로, 하루의 양식만을 구한 것은 생명의 주권이 하나님께 있음을 매일 고백한 것이며, 또한 하나님께서 우리 죄를 사해 주셨기 때문에 우리도 다른 자를 용서해줄 의무가 있다는 것과, 시험이 없는 삶을 바라는 것이 아니라 시험을 감당할 만한 능력을 구하는 기도이다.

이상의 여섯 가지 간구는 하나님의 뜻이 우리의 요구보다 앞선다는 것을 알게 해준다.[368] 그리고 주기도문의 송영, "나라와 권세와 영광"은 하나님의 주권을 인정하며 하나님을 영원히 찬양하는 것으로 구약성경에 이와 비슷한 표현이 있

368) "너희는 먼저 그의 나라와 그의 의를 구하라 그리하면 이 모든 것을 너희에게 더하시리라"(마 6:33).

다.[369] 마지막으로 기도를 맺는 "아멘"이란 '진실로 그렇다, 혹은 그렇게 되기를 소망한다'라는 뜻으로[370] 그 기도가 이루어질 것에 대한 확신을 고백한 것이다.

우리는 기도할 때 아버지 하나님의 능력과 주권을 믿으며, 우리의 기도를 들으신다는 확신을 가져야 한다. 주님께서 가르쳐 주신 기도를 통하여 우리는 하나님께서 그의 자녀를 돌보시는 것과 필요에 따라 채워주시는 사랑을 깨닫게 된다.

---

369) "여호와여 위대하심과 권능과 영광과 승리와 위엄이 다 주께 속하였사오니 천지에 있는 것이 다 주의 것이로소이다 여호와여 주권도 주께 속하였사오니 주는 높으사 만물의 머리이심이니이다"(대상 29:11).

370) "여호와 이스라엘의 하나님을 영원부터 영원까지 송축할지로다 하매 모든 백성이 아멘 하고 여호와를 찬양하였더라"(대상 16:36), "하나님의 약속은 얼마든지 그리스도 안에서 예가 되니 그런즉 그로 말미암아 우리가 아멘 하여 하나님께 영광을 돌리게 되느니라"(고후 1:20).

이 글을 맺으면서,

지금까지 우리는 세계의 주요한 종교들을 살펴보았다. 세상에는 많은 종교들이 있는데, 이 가운데는 다신론의 종교도 있고 일신론의 종교도 있으며, 혼합주의적인 종교도 있고 배타적인 종교도 있다. 또한 민족적인 종교도 있고 보편성을 띠고 있는 종교도 있다. 더 나아가 어떤 종교는 종교로 보기에 무리가 있어 보이기도 한다. 우리가 살펴본 바로는 각 종교는 나름대로 어느 정도 체계를 갖추고 있으며, 전부 다 그렇다고 할 수는 없지만 일반적으로 도덕적 성향과 문화적 가치를 지니고 있다고 할 수 있다.

그러나 기독교를 제외한 모든 종교들에는 많은 문제점들이 드러나는데, 이러한 종교들은 하나님을 정확히 알지 못하므로 그 교의와 실천에 있어 많은 오류가 있기에 인류에게 진정한 평안과 구원을 제시해 줄 수 없다. 그 중 가장 핵심적인 문제는 예수 그리스도를 통한 구원의 길을 우리에게 제시해 주지 못함으로 결국 우리를 하나님께 인도하는 일에 실패하고 있다는 사실이다. 이는 우리들로 하여금 자신과 우주의 창조주이신 하나님을 알지 못하고 살아가는 삶이 얼마나 비참한지 새삼 깨닫게 한다. 그러므로 우리는 그러한 종교들에 참여하는 일은 하나님을 떠난 우상숭배가 된다는 것을 명심해야 한다.

우리가 믿는 하나님은 어제나 오늘이나 영원토록 동일하게 살아계시며 역사하신다. 하나님은 믿는 자들을 미리 택하시고 그리스도 안에서 당신의 자녀가 되게 하시며, 그들과 더불어 교제하기를 원하신다. 따라서 하나님의 자녀인 우리의 제일 되는 목적은 하나님을 영화롭게 하는 것과 그를 영원토록 즐거워하는 것이다. 또한 우리의 궁극적 소망도 영원히 하나님과 함께 사는 것이다. 이 땅에서 우리는 하나님의 영광을 위하여 살다가 마지막에 하나님의 나라에 들어가게 될 것이다. 그때 우리는 하나님과의 온전한 교제 가운데 하나님은 우리의 하나님이 되시고 우리는 그의 백성이 될 것이다. 이 모든 것을 가능하게 하는 것은 우리를 무한히 사랑하셔서 그리스도를 통해 구원을 베푸시는 하나님의 은혜이다. 그러므로 우리는 오직 하나님만이 타락한 인간을 구원하시는 유일한 참 신이심을 믿어야 한다.

참고문헌

공일주. 『중동의 기독교와 이슬람』. 서울 : 예영커뮤니케이션, 2003.

김은수. 『비교종교학개론』. 서울 : 대한기독교서회, 2006.

나종근 엮음. 『무함마드』. 서울 : 시공사, 2003.

노남도. 『이슬람의 실체를 밝힌다』. 서울 : 도서출판 실로암, 2009.

대종교총본사 편. 『대종교중광60년사』. 서울 : 대종교출판사, 1971.

대한불교조계종포교원. 『불교의 이해와 신행』. 서울 : 조계종출판사, 2010.

목정배 편저. 『불교교리사 : 대승불교의 사상, 신앙, 실천』. 서울 : 지양사, 1987.

박영지. 『종교학개설』. 서울 : 기독교문서선교회, 1998.

박형룡. 『박형룡박사 저작전집X : 비교종교학』. 서울 : 한국기독교교육연구원, 1981.

불교교재편찬위원회. 『불교사상의 이해』. 서울 : 불교시대사, 2010.

불교연구회 편. 『불교경전입문』. 서울 : 지양사, 1986.

손주영. 『이슬람 : 교리, 사상, 역사』. 서울 : 일조각, 2005.

오강남. 『세계종교둘러보기』. 서울 : 현암사, 2004.

윤석산 주해. 『동경대전』. 서울 : 동학사, 1996.

윤찬원. 『도교철학의 이해』. 서울 : 도서출판 돌베개, 1998.

이돈화. 『신인철학』. 서울 : 천도교중앙총부출판부, 1982.

이돈화. 『천도교창건사』. 서울 : 경인문화사, 1969.

이동초. 『천도교 민족운동의 새로운 이해』. 서울 : 도서출판 모시는 사람들, 2010.

전호진. 『이슬람 원리주의의 실체』. 서울 : 한반도국제대학원대학교출판부, 2007.

조규태. 『천도교의 문화운동론과 문화운동』. 서울 : 국학자료원, 2006.

차옥숭. 『한국인의 종교경험 : 천도교 대종교』. 서울 : 서광사, 2000.

채필근. 『비교종교론』. 서울 : 대한기독교서회, 1992.

천도교중앙총부교서편찬위원회. 『천도교개관』. 서울 : 천도교중앙총부출판부, 1979.

천도교중앙총부교서편찬위원회. 『천도교경전』. 서울 : 천도교중앙총부출판부, 1977.

천도교중앙총부교서편찬위원회. 『천도교약사』. 서울 : 천도교중앙총부출판부, 2006.

최영길. 『꾸란해설』. np, 1988.

한국종교문화연구소. 『세계종교사입문』. 서울 : 도서출판 청년사, 2003.

Anderson, J. N. D. *Christianity and Comparative Religio*n. 박영관 역. 『비교종교론』. 서울 : 기독교문서선교회, 1991.

Anderson, Norman ed. *The World's Religions*. 민태운 역. 『세계의 종교들』. 서울 : 생명의 말씀사, 2003.

Braswell, Jr., George W. *Understanding World Religions*. 권혁봉 역. 『세계종교의 이해』. 서울 : 요단출판사, 1986.

Ching, Julia. *Confucianism and Christianity*. 임찬순·최효선 역. 『유교와 기독교 : 동서문화의 비교연구』. 서울 : 서광사, 1993.

Durkheim, Emile. *Les Formes élémentaires de la Vie religieuse*. 노치준·민혜숙 역. 『종교생활의 원초적 형태』. 서울 : 민영사, 1992.

Ellul, Jacques. *Islam et judéo-christianisme*, 이상민 역. 『이슬람과 기독교』. 서울 : 도서출판 대장간, 2009.

Flood, Gavin D. *An Introduction to Hinduism*. 이기연 역. 『힌두교 : 사상에서 실천까지』. 서울 : 산지니, 2008.

Schirrmacher, Christine. *The Islamic View of Major Christian Teachings*. 김대옥·전병희 역. 『이슬람과 기독교교의』. 서울 : 도서출판 바울, 2010.

Smith, Huston. *The World's Religions*. 이종찬 역. 『세계의 종교』. 서울 : 도서출판 은성, 2001.

Story, Fancis. 『불교의 초석 사성제』. 재연 역. 서울 : 연방죽선원, nd.

Weber, Max. *Gesammelte Aufsatze zur Religionssoziologie II : Hinduismus und Buddhismus*. 홍윤기 역. 『종교사회학 II : 힌두교와 불교』. 서울 : 한국신학연구소, 1987.

가브리엘, 마크. *Jesus and Muhammad.* 이용중 역. 『예수와 무함마드』. 서울 : 지식과사랑사, 2009.

스사누라 아키라. 『힌두교』. 문을식 역. 서울 : 도서출판 여래, 2003.

村岡典嗣. 『일본신도사』. 박규태 역. 서울 : 예문서원, 1998.

Anthony, Michael ed. *Evangelical Dictionary of Christian Education.* Grand Rapids : Baker Academic, 2001.

Britannica Encyclopedia of World Religions. Chicago : Encyclopedia Britannica, Inc., 2006.

McDowell, Josh and Stewart, Don. *Handbook of Today's Religions.* Nashville : Thomas Nelson Publishers, 1983.

The Encyclopedia of the Jewish Religion. New York : Holt, Rinehart and Winston, 1966.

Bukkyo Dendo Kyokai, *The Teaching of Buddha.* Tokyo : Bukkyo Dendo Kyokai, 2003.

Bush, Drake ed., *The Mainstream of Civilization.* USA : Thompso Learning Inc., 1994.

Cannon, Dale. *Six Ways of Being Religious : A Framework for Comparative Studies of Religion.* Belmont : Wadsworth Publishing Co., 1996.

Cavendish, Richard. *The Great Religions.* New York : MacMillan Company, 1980.

Chapman, Colin. *The Cross and Crescent-Responding to the Challenge of Islam.* IVP, 1995.

Codrington, R. H. *The Melanesians.* Ann Arbor : Midway, 1891.

Coward, Lipner and Young eds. *Hindu Ethics.* Albany : SUNY Press, 1991.

Dharmakosajarn, Phra. *A Buddhist World View.* Bangkok : Mahaihulalongkornrajavidyal University, 2005.

Easwaran, Eknath tr. *The Upanishad.* Tomales, CA : Nilgiri Press, 1987.

Eliade, Mircea. *Patterns in Comparative Religion.* Cleveland : World

Publishing Co., 1963.

Emerick, Yahiya. *The Complete Idiot's Guide to Understanding Islam.* New York : Alpha Books, 2002.

Hamilton, Clarende H. *Buddhism : A Religion of Infifnite Compassion.* New York : The Liberal Arts Press, 1954.

Hume, Robert E. *The World's Living Religions.* New York : Charles Scribner's Sons, 1959.

Humphreys, Christmas. *Buddhism.* Harmondsworth, England : Pelican Books, 1951.

Longworth, P. ed. *Confrontation with Judaism.* New York : Bloch, 1967.

Mahadevan, T. M. P. *Outlines of Hinduism.* Bombay : Chetana, 1960.

Noss, John B. *Man's Religion.* New York : Macmillan Company, 1969.

Oakes, Lora and Galin, Lucia. *Ancient Egypt.* New York : Hermes House, 2002.

Oxtoby, Willard G. *World Religions : Western Traditions.* Oxford : Oxford Universiry Press, 2002.

Rawlings, Maurice *Life-Wish : Reality or Hoax.* Nashville : Thomas Nelson Inc., 1981.

Sen, K. M. *Hinduism.* Baltimore : Penguin, 1962.

Sharpe, Eric J. *Comparative Religions : A History.* La Salle : Open Court, 1986.

Smart, Ninian. *Religious Experience of Mankind.* New York : Charles Scribner's Sons, 1969.

Smith, Huston *The World's Religions.* San Francisco : HarperSanfrancisco, 1991.

Watt, W. Montgomery. "The Christian Criticized in the Quran", in *The Muslim World* 57, no. 3, 1967.

Whiston, William tr., *The Works of Josephus.* Grand Rapids : Kregel Publications, 1981.

Woodward, F. L. *Some Sayings of the Buddha.* London : Gordon Press, 1931.

저자소개

지은이 신현광은 총신대학교에서 기독교교육을 전공하고(B.A., M.A.) 同 대학원에서 실천신학을 전공하여 신학박사학위(Th.M., Ph.D.)를 받았다.

그는 Calvin Theological Seminary의 Henry Meeter Center for Calvin Studies에서 Faculty Research Fellow로 참여했으며, Emory University의 Candler School of Theology에서 Visiting Scholar로 연구했다.

또한 그는 총회교육국에서 집필간사로, 여러 교회에서 교육목사와 협동목사로 사역했으며, 안양대학교 교목실장과 신학대학 학장을 역임했다. 현재 안양대학교 기독교교육과 교수로 재직 중이며 한국복음주의실천신학회 회장으로 활동하고 있다.

저서로는 『교육목회와 교회성장』, 『하나님의 언약과 생활 Ⅰ, Ⅱ』, 『창세기, 살아 숨쉬다』, 역서로는 『기독교교육학총론』, 『하나님 중심의 복음전도』 등이 있고, 그 외 다수의 공저와 논문이 있다.

그리스도인이 보는 세계종교

펴낸날 2011년 2월 25일 초판 1쇄
지은이 신현광 **펴낸이** 김정식
펴낸곳 민영사 **등록** 1990년 5월 7일 제1-1050호
주소 서울시 마포구 염리동 36-249 (201호)
전화 82-2-711-1224~5 **팩스** 82-2-711-1226
홈페이지 www.minyoungsa.com

정가 18,000원 ISBN 978-89-8134-119-0 93230